财务手段论

胡振兴 著

五洲传播出版社　科学出版社

北　京

图书在版编目（CIP）数据
财务手段论 / 胡振兴著. -- 北京 : 五洲传播出版社 : 科学出版社, 2025. 1. -- ISBN 978-7-5085-5308-5
Ⅰ. F275
中国国家版本馆CIP数据核字第202489AP08号

财务手段论

著　　者：胡振兴
责任编辑：刘 波
装帧设计：东方人华平面设计部
出版发行：五洲传播出版社　科学出版社
地　　址：北京市海淀区北三环中路 31 号生产力大楼 B 座 6 层
邮　　编：100088
发行电话：010-82005927，010-82007837
网　　址：http://www.cicc.org.cn，http://www.thatsbooks.com
印　　刷：北京启航东方印刷有限公司
版　　次：2025年 1 月第 1 版
印　　次：2025年 1 月第 1 次印刷
开　　本：710毫米X1000毫米 1/16
印　　张：14
字　　数：278 千字
书　　号：ISBN 978-7-5085-5308-5
定　　价：78.00 元

前　言

《财务手段论》是 2015 年出版的《横论财务——财务行为论》的姊妹篇。财务行为作为财务资源配置的资金性、媒介性载体，其实施形成一定的空间结构，构成财务运作的横维。而财务手段作为财务资源配置的技术性、工具性载体，其运用服从一定的时序分布，构成财务运作的纵维。两者交互影响，相得益彰，贯穿财务运作的主线。

手段与技巧、方法、方式、方案、途径、策略、措施等，尽管其词义在特定语境中可以换用，但在具体情境中有所差异。技巧、方法的含义最广，方式、方案主要强调行动模式，途径、路子的用法较为形象，策略、措施主要侧重解决问题。手段虽有褒贬之分，但无好坏之别。若加入一定的价值判断，不同的人则会得出不同的结论：有人说手段高明，有人说手段强硬，有人说手段拙劣，有人说手段毒辣，有人说不择手段，如此等等。

财务运作包括财务主体、财务对象、财务目标、财务理念、财务行为、财务手段和财务环境七个要素。财务手段是指财务人（财务主体）为实现财务价值最大化（财务目标），基于财务人格改善、财务环境利用和财务理念革新，在财务资源（财务对象）配置行为中所运用的各种技能、方法、方式、路径、措施的总和，具体内容包括财务战略、财务预测、财务决策、财务预算、财务激励、财务监督和财务评价。

1. 财务战略

财务战略（Strategy）是以企业财务价值最大化为目标，根据建立的一套战略体制，对未来财务活动（投资和筹资）的高质量发展前景做出科学的战略判断。财务战略具有全局性和长期性。财务战略虽以谋求市场竞争优势为焦点，但要以企业内部和外部财务资源的缜密分析为基础。财务战略是企业战略的内核。若说企业战略决定企业的未来发展方向，则财务战略事关企业的未来发展规模。

财务战略对企业财务活动起着动员财务资源 、引领财务手段的作用。财务战略是财务决策和财务计划的基本依据，通常要遵循战略分析、战略制定和战略实施三个步骤。企业财务活动不同，战略选择不同。投资战略选择建立在经营性杠杆与核心竞争力反复权衡的基础上，筹资战略选择建立在金融性杠杆与经营性杠杆合理搭配的基础上。企业财务能力不同，战略选择亦不同。在基本业务能力阶段，宜采取内含发展的投资战略和低负债、不分配的筹资战略；在关键业务能力阶段，宜采取一体化的投资战略和面向资本市场、低股利的筹资战略；在核心业务能力阶段，宜采取多角化投资战略和充分利用金融性杠杆、稳定增长股利的筹资战略。例如：企业初创期面临较高的经营性风险，必须匹配较低的金融性风险；企业成熟期面临较低的经营性风险，可以承受较高的金融性风险。

2. 财务预测

财务预测（Forecasting）是以企业财务价值最大化为目标，根据建立的一套预测体制，在未来财务活动（投资和筹资）的可持续发展趋势中做出合理的预测判断。财务预测虽然以过往的财务资料为依据，但必须考虑现实的市场条件及其变化。财务预测具有超前性，其功能有预见和预警之分。财务预测有利于养成前瞻性的财务战略思维，居安思危，有助于支持科学性的财务决策方案，防患未然。

财务预测对企业财务活动起着财务风险防范的作用，是先导财务手段。财务预测是财务战略的具体延伸，是财务决策的可靠依据，是财务预算的编制基础，是连接财务战略与财务决策的桥梁。为了提高财务预测质量，要进行定性预测，也要进行定量预测。

3. 财务决策

财务决策（Decision-Making）是以企业财务价值最大化为目标，根据建立的一套决策体制，在未来财务活动（投资和筹资）的若干备选方案中做出最佳的决策判断。财务决策按制度完善性分为程序化决策和非程序化决策；按信息拥有度分为确定性决策和非确定性决策。

财务决策对企业财务活动起着运筹帷幄、决胜千里的作用，是核心财务手段。财务决策是财务战略的落地，是财务预测的深化，是财务计划的纲领，是编制财务预算、进行财务控制的基础。为提高财务决策质量，要科学合理设计不确定性决策尤其是风险决策的程序和方法。企业财务活动不同，决策导向不同。投资决策建立在投资收益和投资风险反复权衡的基础上；筹资决策建立在筹资成本和筹资风险反复权衡的基础上。

4. 财务预算

财务预算（Budget）是企业通过建立的一套预算机制，对未来财务活动（投资和筹资）过程与结果做出全面、具体和综合的预算，指导财务人员尤其是高管付出更多时间和精力，尽心尽力服务于财务目标。财务预算规定了财务人员在特定时期内做什么、谁去做、何时做和怎样做。通过财务预算，对企业各部门财务资源乃至非财务资源进行分配和控制，以便有效组织和协调企业财务活动，防范财务风险，执行财务战略，实现财务目标。

财务预算统驭企业财务活动，起着“预则立，不预则废”的作用，是基本财务手段。财务预算是财务决策的具体化和财务计划的定量化，是财务激励和财务监督的依据，是财务评价的凭证。目前应用较多的财务预算方法有：与固定预算相对应的弹性预算、与定期预算相对应的滚动预算、与增量预算相对应的零基预算等。

5. 财务激励

财务激励（Stimulate）是企业通过建立的一套激励机制，对未来财务活动（投资和筹资）过程与结果做出适度、柔性和有效的激励，促使财务人员尤其是高管付出更多时间和精力，尽心尽力服务于财务目标。财务激励分为短期激励和长期激励，前者主要采取货币薪酬、资金等方式，后者主要采取股权、福利等方式。

财务激励调节企业财务活动，起着打通利益链条的作用，是重要的财务手段。财务激励是一种正向柔性约束，是财务预算执行的手段、财务监督的基础和财务评价的依据。通过把握财务高管激励与普通财务人员激励、责任激励与权力激励、物质激励与精神激励等方式的分寸，防止财务激励不足或过度。

6. 财务监督

财务监督（Supervise）是企业通过建立一套监督机制，对未来财务活动（投资和筹资）过程与结果做出及时、强力和有效的监督，迫使财务人员尤其是高管付出更多时间和精力，尽心尽力服务于财务目标。财务监督按主体关系分为内部监督和外部监督；按主体人格分为所有者监督、经营者监督和其他利益攸关人监督。

财务监督影响企业财务活动，起着疏通信息渠道的作用，是关键的财务手段。财务监督是一种反向刚性约束，是执行财务预算的手段、财务激励的补充和财务评价的依据。

7. 财务评价

财务评价（Evaluate）是企业通过建立一套评价机制，对未来财务活动（投资和筹资）过程与结果做出客观、公正和准确的评价，敦促财务人员尤其是高管付出更多时间和精力，尽心尽力服务于财务目标。财务评价依据一定的评价目的，遵循一定的评价原则，以企业财务报告及相关非财务资料为基础，采用先进的评价标准和科学的评价方法，客观、公正地评价企业过去和当前的财务战略和财务预算执行情况以及财务资源配置和使用状态，为股东、债权人、经营者等利益攸关人提供经济决策依据。

财务评价考核企业财务活动，起着善后问责的作用，是必需的财务手段。财务评价以财务分析为前提，是财务激励和财务监督的深化，是检验财务预算合理性的衡器，是制定下一阶段财务战略的基础，帮助企业利益攸关人了解企业过去，把握企业现在，预测企业未来。

本书的主要创新是：从财务资源配置环节和时序角度来考察财务运作活动，构建了相对独立的财务手段框架，进一步完善了财务运作体系，对财务管理人员的学习和研究提供一定的参考资料。

本书参阅了国内外许多财务管理专家和学者的著作，从中吸收了大量有益的成果，在此表示诚挚的感谢。由于作者水平有限，书中难免会有疏漏和不妥之处，恳请各位读者批评指正。

目　录

第一章　财务战略：引领财务手段

捭而出之，或捭而纳之；阖而取之，或阖而去之。——鬼谷子

战略管理是分析式思维，是对资源的有效配置。——彼得·德鲁克

公司成功是（正确）战略与（合适）组织能力的乘积。——杨国安

财务战略（Strategy）是财务选择起点和引领财务手段，财务决策和财务计划的基本依据。财务战略的思想渊源是形成竞争优势。财务战略的最终目标是发掘、创造和实现核心价值。财务战略的根本前提是配置核心资源。财务战略的关注焦点是培育核心能力。

第一节　财务战略概述

亨利·明茨伯格（Henry Mintzberg）将战略概括为5P，即计划（Plan）、计谋（Ploy）、模式（Pattern）、定位（Position）、观念（Perspective）。

财务战略究竟是什么？

一、财务战略的历史演化

战略最初应用于军事领域，后来扩展到各个领域，尤其是经济领域。企业战略在财务领域的广泛应用，形成了财务战略。

（一）财务战略的思想渊源

战略起源于军事领域，其含义是对战争整体的全局性、长远性进行筹划和指导，是一种决策过程和思维方式。孙子兵法曰：不战而屈人之兵，善之善者也。故上兵伐谋，其次伐交，其次伐兵，其下攻城。卡尔·冯·克劳塞维茨（Carl Von Clausewitz）在《战争论》中指出：战略是为了实现战争目标，对整体战争计划以及如何在每次战役中分配和应用军事工具，发挥每个人的作用所进行的研究和运用。

如果说军事战略的历史渊源是战争优势，那么财务战略的现代思想基石是市场竞争优势。成功的企业是相似的，几乎均是依靠在激烈的市场竞争中赢得制胜主动权。迈克尔·波特（Michael E. Porter）自20世纪80年代以来相继出版了《竞争战略》（1980年）、《竞争优势》（1985年）和《国家竞争优势》（1991年）三部

著作，系统阐述了有关竞争理论及其发展演化，尤其是竞争与战略的关系。五种竞争力与三种战略的关系如表 1-1 所示。

表 1-1　五种竞争力与三种战略的关系

行业竞争力	行业战略		
	成本领先战略	产品差异性战略	集中战略
卖家砍价能力	更好抑制大卖家的议价能力	更好地将卖方的涨价部分转嫁给买方	进货少的卖方的议价能力强，但集中差异化能够将涨价部分转嫁出去
买家砍价能力	具备向大买家出更低价的能力	由于选择范围小，削弱了大买家的谈判能力	没有选择范围，大买家丧失谈判能力
潜在进入者威胁	杀价能力，阻止潜在对手进入	培养顾客忠诚度，挫伤潜在对手的信心	建立核心能力，阻止潜在对手进入
替代品威胁	利用低价，抵御替代品	顾客习惯于特定产品，降低了替代品威胁	特定产品和核心能力，能够阻止替代品威胁
原有对手的竞争	更好地进行价格竞争	品牌忠诚度，使顾客不会理睬现有竞争对手	现有竞争对手无法满足集中差异化顾客的需要

（二）财务战略的现实应用

随着社会经济的发展，战略远远超越了最初的概念内涵，并广泛应用于社会经济各个领域。20 世纪 30 年代，“战略”正式引入到对企业的研究，但当时并没有引起人们的足够关注。20 世纪 60 年代，企业战略成为一个流行概念。20 世纪 90 年代，波特的基本竞争战略理论得到了扩展，相继出现了一些新的竞争战略研究，主要有：最优竞争战略、定点超越战略和综合竞争战略（战略钟）。

战略钟模型（Strategic Clock Model，SCM）由克利夫·鲍曼（Cliff Bowman）提出，是分析企业竞争战略选择的一种工具，将产品或服务的价格和附加值综合在一起考虑，沿着 8 种途径（有些是成功的，有些是失败的）来完成企业经营行为，为企业管理者和咨询顾问提供了思考竞争战略和取得竞争优势的方法，如图 1-1 所示。

途径 1：低价的成本领先战略。降低产品或服务的价格的同时，通过包装等方式提高产品或服务的质量，是建立企业竞争优势的典型途径，但这种竞争策略容易被竞争对手所模仿。在这种情况下，若一个企业不能将价格降低到比竞争对手还低，或者顾客由于低价难以对产品或服务的质量做出准确的判断，则采用竞争策略是得不偿失的。

途径 2：高值的产品差异化战略。企业以相同或略高于竞争对手的价格向顾客提供可感受的附加值，其目的是通过提供更好的产品或服务来获得更多的市场份额，或者通过稍高的价格来提高收入，可以通过采取诸如产品外观、质量、功能等有形差异化战略；也可以采取诸如服务质量、客户服务、品牌文化等无形差异化战略。

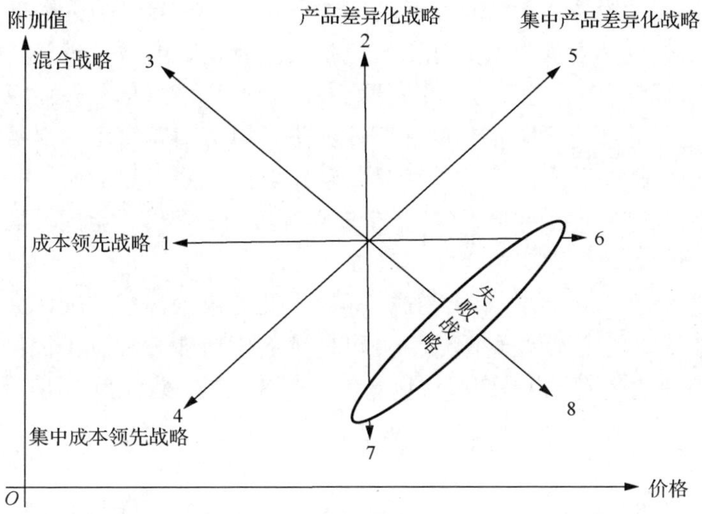

图 1-1　战略钟模型

途径 3：混合战略。企业为顾客提供可感知的附加值的同时保持低价格，能否成功取决于企业理解和满足客户需求的能力，以及是否具有保持低价格策略的成本基础，且难以被模仿。

途径 4：低价低值的集中成本领先战略。企业关注的是对价格非常敏感的细分市场情况，降低产品或服务的附加值的同时，降低产品或服务的价格。

途径 5：高价高值的集中产品差异化战略。企业以特别高的价格为顾客提供更好的产品或服务，但采用这种竞争策略意味着企业只能在特定的细分市场中参与经营和竞争。

途径 6、7、8：失败战略。企业一般都是处在垄断经营地位，完全不考虑产品的成本和产品或服务的附加值。企业采用这种经营战略的前提是市场中没有竞争对手提供类似的产品和服务。否则，竞争对手很容易夺得市场份额，并很快削弱采用这一策略的企业的地位。

Bowman 的“战略钟”带有明显的“管理学风格”，Porter 的“五力模型”具有浓厚的“经济学色彩”，前者重视企业管理和战略行为的作用，后者强调市场价格机制的作用。

二、财务战略特征

虽然学界对“财务战略”的理解尚未完全统一，但达成了一些基本共识：财务战略是为了实现财务目标，在缜密分析企业内部资源和外在环境的基础上，对企业未来发展阶段的投资和筹资活动进行全局性、长期性、创造性的谋划。第一，财务战略行为包括投资和筹资，是企业基本财务活动，自然成为财务战略制定的主要内容。尽管有学者提出财务战略应包括风险管理、财务杠杆等，但这些内容包含在投资和筹资之中。第二，财务战略关注企业环境变化，以便扬长避短，趋利避害。正是财务环境不确定性的加剧，催生了财务战略管理；财务环境的变化深刻影响着财务战略管理的变化，两者是动态对应关系。第三，财务战略管理通俗地讲是“靠山吃山，靠水吃水”，打造核心竞争力。第四，全局性着眼于以企业整体经营活动为对象，为谋求竞争优势进行筹划，具有方向性、纲领性和指导性。第五，长期性从价值稳定增长的高度，评价企业的未来发展路径，具有前瞻性和相对稳定性。第六，创新性着眼于企业可持续的创新能力和竞争优势。战略是企业参与市场竞争的产物，也是应对市场竞争的有效工具，具有竞争性和环境适应性。

（一）财务战略目标：核心财务价值

核心财务价值（Core Values）是指在现代多元化价值体系中，居于引领地位、主导作用的价值。核心价值是社会成员判断企业成功所依据的是非标准，是企业必须拥有的终极信念，是解决企业发展矛盾的基本准绳，关系企业的生存和发展，是企业哲学的重要组成部分。

1. 财务战略目标指向

理查德·派克（Richard Pike）和理查德·多宾斯（Richard Dobbins）（1986）对英国多个大型公司做的实证研究结果表明：资本回报率最大化居第一，收入最大化居其次，市场占有率最大化居第三，股东价值最大化排第四。但是，当年的财务环境无法与目前相比，财务战略目标大致有三类：

（1）收益。以财务收益最大化为目标，简单直观易懂，信息的客观性高，经济学家提倡，企业家偏爱，评估机构乐于采用，但致命缺陷是没有考虑时间价值和风险价值。

（2）价值。以财务价值最大化为目标，信息的相关性高，管理学家推崇，资本家易于接受，战略投资者倚重，但其最大瓶颈是难以准确估计。

（3）现金流。以现金均衡而有效的流动最大化为目标，这种情况少见。现金流实际上是收付实现制下的“收益”和没有折现的“价值”，因此，无论是信息质量的高低，还是企业利益攸关人的态度，居于上述二者之间。

鉴于各目标的优劣，应当选择“价值”作为财务战略目标。

2. 财务价值的估计

1958年，弗兰克·莫迪格利尼（Franco Modigliani）与莫顿·米勒（Mertor Miller）

提出的MM理论是资本结构理论发展史上最经典的事件，企业价值成为现代财务学的一个核心概念。从财务理论与实践的角度看，人们进行财务决策，需要对企业价值进行全面和深入的分析和估计，通常有以下三种方式：

（1）资产价值。是指资产负债表左边各资产项目的真实交易价格。前提是各资产存在活跃市场的公开报价，不存在活跃市场的，能够参考最近进行相同或相似的资产交易价格。

（2）资本价值。是指资产负债表右边各资本项目的现有市场价格。前提是股东对持有企业发行在外的股票价值、债权人对持有企业的债务价值能够客观计量。

（3）内在价值。是指资产负债表左边各资产项目在其寿命内所产生的现金流的贴现值。前提是能够准确预测各资产的现金流持续时间及其风险利率。

从理论上讲，这三种价值应当相等，但是，无论哪种价值，都应当采用第三方估价，符合MM理论的基本思想。

3. 财务战略目标的冲突

目前，学界对待财务战略目标的看法并不一致，主要原因有：

（1）目标脱节化。由于财务战略制定不完善，其内容不能贯穿于财务战略管理的全过程，不能很好地指导财务战略执行，也不能完全地为财务战略目标服务。

（2）目标多元化。目前，一些学者提出财务战略目标有许多层次，如财务战略应为所有利益攸关人服务，让管理层受雇于众多“主人”。若“主人”过多，并非人人都得到应得的利益。有人说，明确的行动只有单一目标函数，目标过多，会使管理层产生决策困惑、效率低下甚至竞争失败，多重目标等于没有目标。

（3）目标模糊化。虽然大多数学者提出财务战略目标是财务价值最大化，但并未明确价值的衡量方法，无法切实地指导实践，降低财务资源配置和利用效率。

（二）财务战略重心：核心财务资源

一般来说，企业核心竞争力的形成至少要满足三个基本条件：是否存在建立竞争优势的核心资源和核心能力；是否具有独特、持续的竞争优势而难以被竞争对手追赶；是否能够创造市场所认可的价值或顾客所感知的价值。什么是核心财务资源？

核心财务资源（Core Resources）是指相对稀缺、竞争对手难以模仿或不能替代的高价值资源，是企业获得持续竞争优势的源泉。在现代商业模式中，核心资源通常分为硬资源和软资源两类。

1. 硬资源

硬资源也称有形资源或显性资源，属于企业的通用性资源，通常能够用货币计量，包括现金、土地、厂房、车床、设备、运输工具、原材料、能源等，是企业生存的基本条件。

2. 软资源

软资源也称无形资源或隐性资源，属于企业的专用性资源，大多目前还不能用货币计量，包括四类：一是人力资产，包括早期团队成员、联合创始人等，有技术研发的，有经营管理的，有劳动技工的，不包括体力外包、脑力外协等。二是无形资产，包括专利、商标、品牌、商誉等。三是关系资源，有的属于契约资源，包括股东与被投资者、经营者与普通员工、债权人与债务人、政府与社区居民、供应商与客户、竞争者与合作伙伴等，其中经营者与普通员工的互动衍生出来的企业家能力、领导风格、企业文化等。四是信息资源，包括与业务核算、会计核算、统计核算相对应的业务信息、会计信息、统计信息等。

软资源对竞争优势的形成和公司价值的创造起着关键作用：一是促进企业的研发创新和技术进步；二是推动企业的管理升级和经营变革；三是提高企业的市场占有和财务绩效；四是提升企业的劳动力素质和务实的专业水平、忠诚的工匠精神与积极的人格魅力。

（三）财务战略焦点：核心财务能力

根据竞争优势的形成条件，如果说财务战略的重心是配置核心资源，那么财务战略的焦点是培育核心能力。

核心财务能力（Core Financial Capability）是指施加于可控财务资源和环境的作用力，是相对强势、竞争对手难以达到或无法具备的行动力，表现为对内部资源和外在环境进行高度整合的能力，是企业获得持续竞争优势的源泉。从这个意义上讲，包括内部能力和外在能力。

1. 内部能力

内部能力也称硬实力，从狭义上讲，是盈利能力、偿债能力、营运能力、成长能力的总和；从广义上讲，包括团队学习能力、组织协调能力、技术研发能力、生产制造能力、市场营销能力、文化创新能力等。

2. 外在能力

外在能力是指发现、识别和捕捉产业、技术、市场、社会等信息，利用与政府、社区、供应商、顾客、消费者、竞争对手、替代品生产商、大学和科研院所等，进行科学整合的能力。

内部能力和外在能力不是孤立、静态存在的，而是密切相关、动态变化的。

外在能力是构成企业动态核心能力的必要条件，激烈的市场竞争要求企业必须具备很强的外在环境信息的预判和处理能力，同时要求企业根据内部资源状况进行合理配置，以便维持竞争优势，因此，内部能力恰恰是构成企业动态核心能力的关键装置。

（四）核心价值、核心资源与核心能力的关系

核心价值、核心资源和核心能力有何关系？如果说核心资源犹如人的身体，核心能力好似人的大脑，那么核心价值就宛若人的眼睛，决定企业的发展方向。

从整体上看，企业发展都离不开核心资源与核心能力。有的企业倾向于以资源为主，有的企业倾向于以能力为主，有的企业倾向于资源与能力的结合。企业必须认清自身的核心资源与核心能力。两者的关系是：第一，核心资源相当于人的身体，是企业发展的基础；核心能力相当于人的大脑，是企业壮大的关键。第二，核心资源可以视为一种存量；核心能力更多地表现为一种流量。第三，如果虽有核心资源，但不具备资源配置的核心能力，资源就不过是空中楼阁；如果虽有核心能力，但无施展核心资源的能力，能力就像一纸空文。第四，企业核心能力培育的过程，也是企业核心资源配置的过程。

传统财务管理关注的焦点是资金流向，财务战略从更高层面上关注核心资源的使用和核心能力的提升，通过核心资源与核心能力的有效匹配，全面持续优化供应链、知识链和价值链，实现财务目标。因此，核心资源与核心能力有异曲同工之功效。

当核心资源与核心能力之间发生矛盾时，企业应当侧重关注核心能力建设。当今的商业竞争是非常残酷的，不在乎“拥有什么”，而在乎“能用什么”。若仅有资源而不能运用，那意义何在？正如奥卡姆剃刀（Occam’s Razor）定律所言：如无必要，勿增实体。

三、财务战略分类

财务战略是企业战略的组成部分，与企业战略密不可分，但财务战略要遵循财务活动的一般原则，侧重于资金的使用与筹措。一般从以下三个方面划分。

（一）企业财务行为主导的财务战略

从企业财务行为角度，财务战略分为投资战略和筹资战略。

1. 投资战略

投资战略是财务战略的核心内容，决定了企业能否把有限资源（主要是资金）合理配置和有效使用。它把资金投放和运营与企业整体战略紧密结合，通过资金

的投放和运营，解决与企业长期发展战略有关的资金投放和运营的方向、区域、规模、结构等重大问题。投资战略的主要目标是实现企业整体战略，创造竞争优势，基本内容有：第一，盈利性目标是企业获得生存的根本保证；第二，发展性目标是企业实现可持续增长的直接体现；第三，公益性目标是企业承担社会责任的基本途径。

投资成功与否，直接关系企业的兴衰和存亡。投资涉及资源配置效率，是企业可持续发展的必要保证，也是企业财富创造的根本前提，一直以来受到理论界和实业界的普遍关注。

2. 筹资战略

筹资战略是财务战略的关键内容，它是在总体财务战略的指导下通过分析企业内外经营环境和判断企业未来发展趋势，对企业资金筹措的目标、规模、结构、渠道和方式等，进行长期和系统的谋划，既要筹集到维持企业正常生产经营所需要的资金，又要确保稳定的资金来源，降低筹资成本与筹资风险，增强筹资灵活性和筹资竞争力，提高筹资效率。企业也应当根据战略需求不断拓宽筹资渠道，对筹资方式进行合理搭配，构筑既体现战略要求又适应外部环境变化的筹资战略。

筹资是为投资服务的。企业一般采用股性和债性两种筹资形式。股性筹资具有永续性，对维持企业长期发展非常有利。债性筹资主要包括发行企业债券和银行借款。与股性筹资相比，债性筹资的优势是成本低，且最重要的是能够起到避税作用。但债性筹资有分期固定利息支付和到期还本的要求，当企业出现经营波动尤其是现金流出现不平衡（哪怕是短期，更遑论长期）时，还款压力对企业发展是一个致命的打击。因此，企业应通过权衡筹资成本和筹资风险，选择最适合的筹资方式组合。

（二）企业经营方针主导的财务战略

从企业经营方针角度，财务战略有扩张型、稳健型和收缩型之分。

1. 扩张型战略

扩张型战略也称进攻型、冒险性、积极式战略，是以实现企业资产规模的快速扩张为目的的财务战略，主要是为了配合企业的一体化战略和多元化战略。为了实现这种财务战略，企业往往需要将绝大部分乃至全部利润留存。同时，为了弥补内部积累的不足，需要进行外源性长期筹资，且主要是利用负债而不是发行股票，原因是负债既能够为企业带来杠杆效应，又能够防止股权收益的稀释。总之，扩张型战略的基本特征是“高负债，高收益，少分配”。

2. 稳健型战略

稳健型战略也称平衡型、维持性、调整式战略，是以实现企业财务绩效的稳定增长和资产规模的平稳扩张为目的的财务战略，以尽可能优化现有资源配置和提高现有资源使用效率作为首要任务，以利润积累作为实现企业资产规模扩张的基本筹资来源。筹资战略的稳健性表现在：控制负债额度与负债比率，强调税后利润留存，正确处理内部积累和股利发放的关系；对利用负债实现企业资产规模及经营规模的扩张往往持十分谨慎的态度；慎重进入与企业核心资源、核心能力、核心业务并不相关的领域，坚持专业化、规模化战略。总之，稳健型战略的基本特征是“适度负债，中等收益，适度分配”。

3. 收缩型战略

收缩型战略也称防御型、保守性、消极式战略，是以预防出现财务危机和求得新的生存和发展为目的的财务战略，最极端的情况是放弃型、清算型战略。以尽可能减少现金流出和增加现金流入作为首要任务，通过采取削减和精简分支机构，盘活存量资产，节约成本支出，集中一切可以集中的财力，用于企业的主导业务，增强企业主导业务的市场竞争力。由于企业可能曾经遭遇过挫折，也可能曾经实施过扩张型战略，摆在企业面前的主要战略任务是甩掉历史形成的负债包袱和摆脱当前发生的经营困难。总之，收缩型战略的基本特征是“低负债，低收益，高分配”。

（三）企业生命周期主导的财务战略

从企业生命周期角度，财务战略分为初创期、成长期、成熟期和衰退期。

1. 初创期战略

初创阶段，企业应当采用“低负债，集中投资，零股利”的稳健成长型财务战略。

从投资行为看，处于初创期的企业，一些成熟的技术创意或者原始的产品概念尚未转化为现实，需要建立研发创新体系。此阶段，企业的投资方向是提升企业的技术创新能力。主要特征是：第一，由于过分强调研发，研发费用的过度膨胀，导致初创期过度投资。第二，研发创新具有很大的不确定性，导致投资失败。

从筹资行为看，处于初创期的企业，由于研发投入很大，又没有收入，除依靠股东投入的本金外，主要采用的外部筹资方式是创业投资。主要原因是：第一，企业可用于抵押的资产几乎没有，无法指望向银行借款；第二，创业投资通常采用优先股形式，其成本固定，并且具有一定的杠杆效应；第三，创业投资的筹资成本低于一般股权投资的筹资成本；第四，企业处于初创期，研发费用较高，且无利润可言，就谈不上分配股利。

2. 成长期战略

成长阶段是企业发展的黄金时期，企业应当采用“一体化投资，高负债，低股利”的扩张型财务战略。

从投资行为看，处于成长期的企业，经营业绩高速增长，规模不断扩大，市场占有率持续走高，销售稳步增长，业务不断拓宽，现金流充足，具有一定的市场知名度和影响力，拥有一定的扩张欲望和实力，也面临较多的高盈利投资机会。此阶段，企业的投资方向和重点是如何培育企业的核心竞争力，主要特征是：第一，随着企业组织的壮大，所有权与经营权开始分离，委托代理问题出现，管理者可能会为了私人利益，构建“商业帝国”，导致成长期过度投资；第二，管理层和投资者之间的信息不对称，新技术、新工艺和新产品往往较难取得投资者的一致认可，投资者往往根据市场平均水平估计公司项目的投资报酬，筹资成本较高，形成筹资约束，可能导致净现值大的项目因资金问题被迫放弃，导致投资不足。

从筹资行为看，处于成长期的企业，由于投入很大，产品成本很高，产品利润很薄，企业仅依靠内部积累，不能满足企业日益增长的需求，必须从外部筹资。当然，对于高成长性和低盈利性的企业，最理想的筹资方式是借贷。主要原因是：第一，企业规模的扩大，可用于抵押的资产增加；第二，企业已经具有一定的市场知名度，各类银行或其他金融机构愿意为其提供资金；第三，企业销售提高，利润增加，企业的偿债能力增强；第四，债务成本一般低于股权成本，企业愿意采取举债方式筹集与扩充企业规模相匹配的资金。对于影响筹资行为的股利分配而言，企业处于成长期，产品成本较高，销售利润较薄，能够用于分配的企业税后利润较少，一般会采用不分配股利的方式，采用零现金股利政策。

3. 成熟期战略

成熟阶段是企业发展的鼎盛时期，企业应当采用“多元化投资，低负债，高股利”的多元化财务战略。

从投资行为看，处于成熟期的企业，品牌形象已经树立，生产经营比较稳定，盈利趋好，资产流动性增强，变现能力和偿债能力提高。此阶段，企业拥有较多的营运资金和足够的留存收益，同时建立了复杂的内部层级制度，并且形成了专业的职业经理人队伍，主要特征是：第一，企业经营业绩增长趋于稳定，投资机会较少，缺乏新的利润增长点，资金需求相对减少，拥有大量的自由现金流，这时，管理者可能将现金投入能够带来私人收益的非盈利项目，导致成熟期过度投资；第二，企业信息逐步走向公开，管理层和投资者的信息不对称性减弱了，外部筹资环境趋好，筹资约束得到缓解，可能会诱使管理层投资于净现值为负的项目。

从筹资行为看，处于成熟期的企业，筹资能力较强，利润水平较高，可以获得各种优惠贷款的机会，具备进入公开市场发行股票和债券的资产规模和信息条件，除非遇到非常有利的投资项目，否则不会过度举债。同时，投资机会较少，企业也不愿过多负债。对于影响筹资行为的股利分配而言，企业处于成熟期，已经积累大量现金，具备股利支付的能力和实力，而且投资者对收益期望较高，企业应该给予股东高额回报，否则，会影响股东再投资的积极性，不利于企业发展和下一轮再筹资。

4. 衰退期战略

衰退阶段是企业发展走向衰弱和退出的时期，企业应当采用“收缩或转移投资，高负债，高或低股利”的收缩型财务战略。

从投资行为看，进入衰退期的企业，开始走下坡路，销售业绩和经营状况会出现不同程度的恶化，企业组织趋于僵化。此阶段，企业应该通过盘活存量资产、节约成本等手段，集中一切资源，用于企业主导业务，增强企业主导业务的市场竞争力，延长企业主导业务的退出时间，总体表现为投资不足，主要特征是：第一，代理问题会延续，甚至会加重，管理者更关注自身的既得利益，并进行职业防御，因为投资失败，可能会使管理者丢掉工作，错过较大潜力的职业转换机会，所谓“投资失败带来的痛苦往往要高于投资成功带来的快乐”，道理就在于此；第二，企业开始萎缩，但信息与成熟期一样透明度较高，只是筹资条件变差，企业会竭力寻找第二次创业的机会。

从筹资行为看，进入衰退期的企业，产品老化，市场需求下降，销量加速下滑，经营业务开始萎缩，利润水平大幅下降，此时企业现金流入少，净现金流不断下降甚至为负，且企业前期积累的资金大部分用于偿还债务，金融性风险加大，外部筹资能力降低，负债筹资不具备实际条件，且除非找到有利的投资项目，否则负债筹资的价值不大。对于影响筹资行为的股利分配而言，企业处于衰退期，为应对企业发展的平稳过渡，无法持有较多的现金，此时应该采取较稳定的现金股利政策，向股东和投资者传递一种信息，企业管理者有自信和能力帮助企业渡过难关。

总之，企业作为一个生命有机体，也要经历从诞生到衰退死亡的发展过程。企业的发展轨迹及其市场地位和作用决定了企业财务战略选择不能采取机械静态和刚性的形式，应当采取多维动态和弹性的形式，不断进行“输血”和“换血”，永葆青春活力。

四、财务战略流程

企业财务战略流程是指财务战略管理的基本问题，一般分为财务战略分析、财务战略规划和财务战略实施三个步骤。

（一）财务战略分析

企业财务战略分析通常采用 SWOT 分析法，即 S（Strengths，优势）、W（Weaknesses，劣势）、O（Opportunities，机会）、T（Threats，威胁）。

1. 内部财务资源

内部财务资源优势（S）和短板（W）包括“硬件”形式的有形资产（固定资产、存货等）、“软件”形式的无形资产（专利、商标权等）和表外资产（财务组织、企业文化、经营者素质等）。

2. 外在财务环境

外在财务环境机遇（O）和威胁（T）包括宏观环境（政治与法律、经济、社会与文化、技术）、行业环境、市场环境（供应商、顾客的议价能力，潜在竞争者、替代产品的威胁、现有竞争者的竞争实力）和国际环境。

（二）财务战略规划

企业财务战略规划是财务战略管理的中心环节。为制定一个确保企业可持续发展的财务战略，必须确定财务战略主体的使命、方针和目标。

1. 财务战略选择要与宏观经济气候相适应

“繁荣、衰退、萧条、复苏”周期性波动的出现，是现代经济不可避免的现象，是企业生产经营面临的宏观经济气候。经济波动的上升时期，企业宜采取扩张型财务战略。采用各种筹资方式，增加人员尤其是管理人员和技术人员，扩大存货水平，加大投资力度，满足扩张需求。经济繁荣初期，采取快速扩张型财务战略；经济繁荣后期，采取稳健扩张型财务战略。经济波动的下降阶段，企业宜采取收缩型财务战略，减少甚至停止扩张，保证主导业务的资源利用，减少存货，调整资产配置，减少现金支出。经济衰退和萧条对企业财务战略有破坏作用，也有“自动调节”作用。一些企业破产，退出商海；一些企业亏损，陷入困境，寻求新的出路；一些企业顶住压力，逆境中站稳了脚跟，并成功实现转型。

2. 财务战略选择要与企业发展阶段相匹配

企业发展一般要经历初创期（种子发育期、启动期）、成长期（生长期、扩张期）、成熟期和衰退期（抽身退出、转型再生、第二次创业、逐步衰亡）。初创期，经营性风险很高，这时要着重控制金融性风险，多采用股性筹资，少采用债性筹资。成熟期，经营性风险较低，这时要加大债务杠杆的运用，多采用债性筹资，少采用股性筹资。因此，企业要将经营性杠杆和金融性杠杆进行反向搭配使用，使金融性杠杆服务于经营性杠杆。

经营性风险和金融性风险都高的财务战略，使企业总风险处于高水平，增大了企业破产的可能性，不利于企业健康发展。反之，经营性风险和金融性风险都低的财务战略，尽管可以控制企业总风险，但企业价值往往被低估，阻碍企业发展速度。

3. 财务战略选择要与企业增长方式相协调

企业增长方式有粗放（外延）型和集约（内涵）型之分，企业增长方式会随着经济社会的发展从粗放增长向集约增长转型。为适应这种转型，财务战略需要进行调整。一是突出投资战略，提高资源配置能力和效率。主要从生产要素配置、科技进步和劳动者素质提高等基础环节入手，实现基础项目对经济增长的超前发展，在投资规模和方向上创造长期发展的条件。二是建立与现代企业制度相对应的现代企业产权制度，完善财务风险预警机制，优化资本结构。以股东财富最大化为财务目标，约束短期数量增长的追求，强化集约经营与技术创新的行为取向，限制高投入、低产出的资源使用，提高企业资源配置效率。

（三）财务战略实施

企业财务战略实施是指通过一定程序、方式和方法，执行财务战略行动计划，包括制订实施计划、拟定行动方案、编制财务预算、确定工作程序、实施战略控制等内容，根本目的是将战略转化为实践。

1. 财务战略行动方案

企业财务战略行动方案包括调整结构（组织系统、业务流程、责权利关系）、整合资源（信息、人力、市场、技术、财务）和管理变革（诊断环境、确定风格、明确职责），主要步骤有：第一，制订比行动方案更全面更详细的计划；第二，进一步细化拟定中间计划的行动方案；第三，编制以货币形式反映企业未来时期内经营活动及成果的财务预算；第四，确定完成某一任务的工作程序，合理安排人、财、物力；第五，将财务战略的实际情况与预定目标进行比较，检测二者的偏离程度，并采取有效措施进行纠正，使之保持协调一致。

2. 财务战略实施保障

企业财务战略实施保障是指确定实施财务战略的组织结构、人员配备、激励机制、监控对财务目标实现的有效性。为此，必须做到：更新财务观念，强化财务意识；完善财务政策，规范财务行为；再造财务组织，增强财务能力；优化财务信息，加大财务监控；遵循财务契约，用好财务人才；配置财务资源，提高财务效率。

3. 财务战略绩效评价

企业财务战略绩效评价是指对财务战略实施效果进行分析、检查和总结的过程，以便选择最适合企业生存和发展的方案。既能够评估以往的财务战略实施情况，又能够制定新一轮的财务战略方案，在财务战略管理中起着承上启下的作用。主要分为两个步骤：一是根据财务战略的各项具体目标，选定合适的财务战略指标，将评价指标的实际值与标准值进行比较，揭示其差异；二是选择科学合理的评价方法，检验评价指标与评价标准的科学性。一般来说，可持续财务战略绩效评价体系包括：第一，财务战略、绩效标准与价值评价的有机衔接程度；第二，关键绩效指标（Key Performance Indicator，KPI）的指标体系与权数；第三，基于价值的管理（Value Based Management，VBM）与经济增加值（Economic Value Added，EVA）、平衡计分卡（Balanced Score Card，BSC）等评价工具的有机融合；第四，选择什么标准作为绩效考核与管理依据，并奖励经营者和员工，可供选择的标准包括预算标准、资本成本标准和市场预期标准。

财务战略分类较多，以下各节还将陆续论述基于企业核心价值的财务战略、基于企业核心资源的财务战略和基于企业核心能力的财务战略。

第二节　基于企业核心价值的财务战略

随着经济全球化的不断加快，市场竞争愈发激烈。为了谋求长远发展，企业不得不将短期利润目标转向长期盈利能力，将专业化职能管理转向全局性决策管理，企业战略管理思想由此产生。此后，财务管理作为企业职能之一上升到战略高度，并得到高度重视。随着价值管理理论的出现与发展，人们逐渐认识到，财务价值最大化是企业长期盈利能力的最终体现。因此，财务战略对财务价值的影响已达成基本共识，就是要通过财务战略管理来增加财务价值，但首先要回答的问题是，财务价值与财务战略之间是什么关系？

一、财务价值与财务战略的关系

从价值角度看，财务战略是指为财务价值创造而选择从事哪些经营活动，以及如何开展市场竞争，由此决定了财务价值创造的基本模式和主要潜力。从目标角度看，如何为实现财务目标而设计的总体政策和具体方案的组合，以保持持久的竞争优势和实现财务价值，是财务战略管理要解决的问题。

投资战略制定及执行，决定资产结构和资产收益，主导财务价值创造。擅长投资战略的企业，能够不断发现良好的投资机会，并善于把握和利用这些投资机会。在确定性环境里，投资决策有净现值法、内含报酬率法、回收期法等方法。在不确定性环境里，项目所产生的未来现金流是不确定的，需要按风险调整现金流法或风险调整贴现率法等方法对投资决策进行修正。传统的投资决策暗含着一种假设，决策者只能被动地接受或拒绝项目，接受项目后必须不折不扣地执行。这种“投资决策刚性”与现实不符，决策者在执行过程中，有大量的灵活性及选择权，而这种选择权是有价值的。

筹资战略制定及执行，决定资本结构和资本成本，支持财务价值创造。传统的资本结构理论只是从某个角度对资本结构给出适当的解释，现实的筹资决策必须考虑多种影响因素，包括：企业所处的区域、行业、政策和环境，企业的资产类型、收益稳定性、市场占有率、社会评价和经营者个性等。

财务战略对财务价值的影响往往是决定性的。一方面，财务战略是财务价值创造的重要动力；另一方面，有效的财务战略会维持财务价值。简言之，通过财务战略管理手段直接或间接推动财务价值创造的同时，也要保持已经存在的财务价值不会受到损失。

二、基于核心价值的财务战略分析流程

基于核心价值的财务战略分析流程：第一，从财务战略总体目标出发，企业通过合理配置财务资源，构建核心竞争力，不断实现核心价值创造，最终达到财务价值最大化；第二，企业存在和发展离不开外部环境和内部环境，对价值创造有着直接或间接的影响，分析核心价值创造的驱动因素，将财务战略总体目标分解为财务战略具体目标。

主要的分析方法分为三类。

（一）财务战略环境分析法

财务战略环境分析主要从三个层面进行：第一，宏观环境（PEST）分析，包括 P（Politics，政治）、E（Economy，经济）、S（Society，社会）、T（Technology，技术）。第二，产业环境分析。分析方法主要有行业竞争结构法，即“五力”法。第三，经营环境分析。分析方法主要是 VRIO 模型，即价值（Value）、稀缺性（Rarity）、可模仿性（Imitability）和组织（Organization）模型。

（二）财务战略条件分析法

财务战略条件分析的角度和方法很多，主要方法有 SWOT 矩阵法、通用电气

经营矩阵（GE Matrix）法、波士顿矩阵（BCG Matrix）法、生命周期矩阵法、战略矩阵（Economic Value Added，EVA，经济增加值模型）法等。

（三）综合分析法

据不完全统计，战略管理工具多达 200 种，比较典型的是企业社会绩效矩阵（Corporate Social Performance，CSP）、竞争态势矩阵（Competitive Profile Matrix，CPM）、大战略矩阵（Grand Strategy Matrix，GSM）、战略地位与行动矩阵（Strategic Position and Action Evaluation Matrix，SPACE）、定量战略计划矩阵（Quantitative Strategic Planning Matrix，QSPM）、ADL 评价模型（Activities of Daily Living Assessment Model）、ECIRM 模型（Entrepreneur, Capital, Industry, Resource, Management）、PARTS 战略（Participators, Added Values, Rules, Tactics, Scope）、STRATPORT 模型（Strategic Portfolio Planning）等。

三、基于核心价值的财务战略实施框架

基于核心价值的财务战略实施框架，由基础层、目标层、联结层和运作层四级构成。

（一）财务战略实施基础层

基础层的重点是支撑财务战略实施，其目的是为财务战略实施营造良好的氛围、组织充足的资源和提供优越的条件。这些基础建设是一个长期过程，支撑财务战略实施。然而，合适的基础建设能够起到支撑作用，传统的基础建设不仅无法支持财务战略实施，甚至还会起到阻碍作用。因此，当制定财务战略时，应当先行改善企业的基础建设，保障财务战略实施。支撑财务战略实施的基础因素较多：有外在的有内部的，有硬的有软的。一定要从领导支持、战略沟通、治理结构、企业文化等多方面建立起一个强大的支撑层，尽管这个过程是长期而动态的，需要投入大量的时间和资金，但不要因为任务的艰巨而半途而废。

（二）财务战略实施目标层

目标层是财务战略实施的根本出发点，反映企业真正想要实现什么。财务价值最大化是财务战略实施目标，也是价值管理倡导者提出的核心理念。为了使企业的相关业务层更为清晰地知道自己应当如何有效地提高财务价值，首先要准确地阐明财务价值的内涵。

（三）财务战略实施联结层

联结层的重要作用是上承目标层，下启运作层，使目标层有效指导运作层的

运作，以便有效地实现财务价值最大化。为了有效地摒弃传统的目标层和运作层脱节的现象，需要建立"联结层"。这个层次的形成不应花费太长时间，以免财务战略的运行耽搁太久，但这个层次需要部门之间的大量互动，重点考虑以下驱动因素：第一，驱动因素应与整个组织的价值创造紧密结合起来；第二，驱动因素的确定与衡量应使用财务绩效和经营绩效指标；第三，驱动因素应关注可持续发展能力。

（四）财务战略实施运作层

运作层是财务战略实施的具体过程和关键层次。运作层的焦点是顺利地运作既定财务战略，保证财务战略目标如期实现。财务战略目标是财务价值最大化，只有运作层才能真正达到财务战略目标。运作层分为两个主要的部分：预算和评价。这个过程可能需要一个较长时间。为了使财务战略实施结果能够得到及时有效的反馈，有必要把这个过程的时间控制得尽量短一点，并朝向一个连续的规划周期，而不是被限制在财务报告周期之中。

四、价值链主导的财务战略

进入 21 世纪以来，企业竞争日趋激烈，兼并、重组、收购等现象频繁出现，企业竞争更多地上升到战略层面。价值链理论作为重要的企业战略管理工具，越来越广泛地应用于企业战略制定之中，正是这个原因，使得财务战略从价值链管理角度进行重新分析和设计，构建基于价值链管理模式下的财务战略，以适应企业总体战略要求。

（一）价值链与财务战略的关系

迈克尔·波特的价值链理论（Value Chain）的主要思想是：企业通过一系列运营行为实现企业价值的增值，这些运营行为分为基础类运营行为和辅助类运营行为。前者包括输入物流、生产作业、输出物流、市场营销和服务等，后者包括基础设施、人力资源、技术和采购等。波特的这一价值链理论被称为传统价值链理论，后来有学者对该理论进行了创新和发展，形成了虚拟价值链、价值网、附加价值链、知识价值链、全球价值链等理论。

虚拟价值链理论把信息引入传统价值链理论之中，是实物价值链以信息形式反映在虚拟世界里所形成的信息价值链，主要研究企业信息资源的增值活动，是实物价值链的信息化反映。虚拟价值链理论更注重顾客价值的创造，丰富了企业竞争内涵。

价值网理论把互联网引入传统价值链理论之中，是由顾客、供应商、合作企业及其相互之间的信息流构成的动态网络。价值网理论突破了传统价值链的范畴，借助互联网工具，根据顾客需求触发形成一个由各个协作企业组成的虚拟网络体系。

传统价值链理论、虚拟价值链理论、价值网理论等，构成了全面的价值链理论体系，对财务战略制定和执行提供了新的分析工具。

（二）财务战略分析

进入21世纪以来，财务价值最大化逐渐被企业管理者所接受，财务战略目标选择应当以价值链理论为基础，分析整个企业价值链中的增值因素及环节，设计衡量企业价值增值效率的评价指标体系。从长期看，在整个价值链企业群中，单个企业的价值增值必须通过整个价值链企业群的价值增值来实现，没有企业能够独自生存和长期盈利，为顾客创造价值是整个价值链企业群生存的根本。现代营销理论认为，为顾客创造价值是通过增加顾客让渡价值来实现的，顾客让渡价值是指企业转移的、顾客感受得到的实际价值，表现为顾客购买总价值与顾客购买总成本之间的差额。因此，价值链管理模式下的财务战略目标应该是在顾客让渡价值增值前提下的财务价值最大化。

（三）财务战略选择

基于价值链的财务战略，不仅需要考虑价值链企业群的关系协调，考虑该价值链的发展处于哪个阶段，还要考虑各个节点企业内部价值链的提升和外部价值链的优化。

1. 企业内部价值链财务战略

内部价值链财务战略是指价值链核心企业为了提高自身的核心竞争力，合理布局财务战略实施方案，其实施范围受核心企业组织边界的约束。按照价值链产品收入占企业收入的比例，将财务战略分为低度依赖、中等依赖和高度依赖。

（1）低度依赖的财务战略

对价值链产品的依赖度低于35%的企业，筹资决策更多受到其他策略的影响，与企业筹资决策的相关性不大。如果企业不能灵活地运用现有资金以维持价值链产品的运营，那么企业的财务战略会陷入困境，价值链筹资管理也不会顺利。因此，价值链企业在选择合作企业时，需要考虑筹资管理而谨慎地挑选。

（2）中等依赖的财务战略

对价值链产品的依赖度介于35%～70%的企业，如果负债资本比重较大，这时很难通过外部渠道筹资，但可以通过内部渠道筹资，前提是筹资要专款专用，在得到收入时及时返还。当价值链企业无论是外部还是内部都无法筹资而导致价值链产品供应受阻时，只有对价值链重新整合或者退出该价值链，才能寻找新的出路。

（3）高度依赖的财务战略

对价值链产品的依赖度高于70%的企业，当其价值链产品的生产进入成熟期时，需拓宽业务，生产新的产品。生产价值链产品的原材料可用于他途，并且由于技术和市场知名度等各种优势的存在，筹资可以选用相对激进的策略。对拓展的新产品生产商，其市场风险会增加，筹资宜采取相对保守的策略。分销商与零售商是渠道供应者，对已经建立销售渠道拓展业务的分销商和零售商，可以采取相对激进的筹资策略。

2. 企业外部价值链财务战略

企业外部价值链财务战略是指价值链核心企业促成的对价值链所有企业的整体财务战略布局，其布局位于核心企业的组织边界之外。

（1）合作伙伴选择的财务战略

合作伙伴选择是构建价值链的关键，也是集成化价值链管理的核心，关系价值链企业的网络资源配置。由于价值链企业之间的业务关系和财务关系，企业要区分哪些是核心企业、哪些是非核心企业，建立财务指标与非财务指标相结合的企业评估体系，科学合理地选择价值链合作伙伴，以便进行战略协调，增强价值链的整体竞争力。

不过，评估指标体系的设定要重点关注两个问题。一要考虑企业对整体价值链的价值或贡献度，如产品或服务的性价比，产出的产品或服务的长期稳定性。二要考虑企业之间的协调能力，如应变迅速的信息系统、价值链网络的柔性和节点之间的协作能力。

（2）基于生命周期的财务战略

与企业生命周期一样，价值链发展也有初创期、成长期、成熟期、衰退期等阶段，企业应随着价值链生命周期，制定相应的财务战略，让各个节点的财务资源得到高效配置。

为了解决现金流紧张的局面，初创期企业应当实施集中型财务战略。这时投资重点应偏重于选择供应商，建设上游价值链，在某一产品或服务上集中投入资源，稳固价值链上游企业群之间的联系，对关键或脆弱环节投资，保证价值链整体的成功搭建与合理运作。

为了拓展产品或服务市场，成长期企业应当实施扩张型财务战略。企业的生产能力随着市场占有量的扩大而提高，其财务战略重点是利用前景美好的销售形势，持续提高投资规模，且这时的投资方式不限于固定资产投资，主要考虑并购投资，实现迅速扩张。

为了实现多元化发展，成熟期企业应当实施谨慎型财务战略。这时企业规模大，经营重点是提高资源配置效率，分散财务风险，更加重视无形资产，逐步建立商标、商誉、管理能力、技术诀窍的对外投资，完善内部控制，获得比有形资产更高的投资收益率。

为了应对曾经的拳头产品或关键技术退出市场，衰退期企业应当实施防御型财务战略。这时的主攻方向是防止倒闭或破产，增加现金流入，减少现金流出，在低于必要报酬率之前，收割能够得到的利润并尽快退出该行业，发展新的核心竞争力，进入其他行业。

（3）联合定价的财务战略

价值链最终产品和中间产品的定价决定了在价值链中核心企业与供应商、顾客及其他相关企业之间达成的价值分配，贯穿于整个价值链形成的始终，有利于价值链的长期稳定发展及竞争力的增强，符合价值链整体利益的分配机制。

探究价值链时，下游的资金流出大部分转化为上游的资金流入，各个节点企业之间的利益分配取决于价值链中间流转的产品或服务价格，价值链整体与客户之间的利益与价值分割取决于终端价格。所以，产品定价是价值链网络中的利益分配问题，从价值链的角度考虑重视对待。在最终产品或服务定价时，上游企业到终端客户的价值分配，采用几方联合定价战略，以达成价值链企业群与终端客户之间的利益均衡。在终端产品或服务价格确定的情况下，价值链上游下游企业基于最终产品或服务价格，联合协商定价中间流转的产品或服务，实现整体价值链网络中利益的公平合理分配。

第三节　基于企业核心资源的财务战略

企业只有认清自身的核心资源，才能制定和实施正确的财务战略。财务资源分为硬资源和软资源（前已述），这里主要强调财务资源的三个关键构成：资本、技术和信息。

一、财务资本：财务战略的支撑基础

资本是古典经济学的三大生产要素之一，另外两要素是劳动和土地。萨伊认为，形成资本的不是物质，而是这个物质的价值。西斯蒙第认为资本是永久的会自行增大的价值。马克思认为资本并不是一种物品，而是一种以物为媒介而成立的人与人之间的社会关系。萨缪尔森认为资本是一种不同形式的生产要素，一种生产出来的生产要素，一种本身就是由经济过程产出的耐用投入品。格林沃尔德认为资本是一个企业的总财富或总资产，包括实物，也包括商标、商誉、专利权等。那么，财务资本的本质是什么？

（一）财务资本的基本特征

从会计学角度，资本代表从股东那里取得的全部委托财产和从债权人那里取得的长期负债。弗兰克·N. 马吉尔（Frank N. Magill）所著的《经济百科全书》对资本的说明分为三个层次：第一，基本含义，就工商业而言，资本由房屋、建筑物、工厂、机器设备、库存等构成；第二，较广含义，还包括住房（不论是租赁的还是住户私有的）、运输设备等；第三，更广含义，还包括人力和非卖物，如用于研究和开发的经费所产生的知识、通过教育培训而取得的熟练技术、增加工人保健费而提高的生产能力，以及因采取修整山林、改良土壤、开发矿产或者对周围的水和空气进行保养和改善等措施而提高的土地和自然资源的价值等。

不管哪种形式，资本更多被理解为一种生产要素，其特点是利用现时生产创造的，不是用于现在消费，而是用于将来生产的某种资源。资本总是与投资相联系。从投资过程看，资本与流量核算有关，同时，资本是投资活动沉淀或累积的结果，又与存量核算有关。虽然上述表述各有千秋，但都表明了资本的增值性（逐利性）目的。

资本的增值性特点建立在资本“三性”的基础上，即收益性、流动性和风险性。收益性是指资本增值一定是正向的。流动性是指资本在运动中不断改变形态，从货币资本到实物资本或无形资本，再到货币资本，增值要在流动中实现。风险性是由于外部环境和内部条件的变化，资本增值具有不确定性。

（二）财务资本是财务战略的重要保证

通过以上分析得知，资本的充分性和匹配性是企业制定和实施财务战略的重要保证。没有财务资本，财务战略将会成为“空中楼阁”。企业是资本的载体，是资本增值的平台，而资本是企业的血液，是企业财务战略管理的重要基础。必须强调的是，财务战略需要静态的财务资本，更需要动态的财务能力。只有运用财务能力对财务资本进行有效运营，才能提高资本运作效率和效益，不断实现资本积累。

（三）财务资本对财务战略的支撑形式：资本运营

从企业角度看，资本运营是指以资本最大化增值为目的，对资本及其运动所进行的运筹和经营活动，也可以理解为：对投资和筹资严格管理，灵活调度，谋求在风险和收益中的特定平衡，争取资本增值最大化——股东价值最大化。从资产角度看，资本运营是对企业可以支配的全部生产要素进行优化配置，努力实现资产增值最大化。

二、财务技术：财务战略的支撑媒介

在当今信息社会，不会有人怀疑技术的极端重要性。技术按功能分为生产技术和非生产技术。前者也称工程技术，有别于科学技术；后者包括财务技术、营销技术、组织技术、管理技术等。财务技术着眼于企业，从市场看是金融技术。金融技术即金融科技（Financial Technology，简写为 FinTech），是未来金融业的主流发展趋势。从狭义上讲，金融科技是指非金融机构运用移动互联网、云计算、大数据等各项能够应用于金融领域的技术，重塑传统金融产品或服务、机构或组织的创新活动，普遍具有低利润率、轻资产、高创新、上规模、易合规等特征。从广义上讲，金融科技是指大数据、云计算、人工智能、区块链等一系列技术创新，全面应用于支付清算、交易结算、借贷、财富管理、保险等金融领域。

财务技术的不断发展，既会引起财务选择手段和财务控制手段的巨大变革，也会导致财务投资行为和财务筹资行为的巨大变革，从而有力地支撑财务战略的制定和实施。

（一）财务技术对财务手段的影响

财务手段分为财务选择和财务控制。传统的财务选择（财务预测、财务决策）囿于财务技术的限制，只能采用简单的数理方法。随着运筹学方法、多元统计学方法、计量经济学方法、图论、人工智能方法等在财务领域的广泛应用，极大便利了财务选择。财务控制是在财务战略、财务决策、财务预算的执行过程中，通过比较和判断，分析执行轨道是否发生偏离，以便及时纠正。财务控制职能借助财务技术平台得到进一步强化，延伸到企业经营管理的各个层面，财务控制实现从事后向事中乃至事前转移。

（二）财务技术对财务行为的影响

财务行为分为财务投资和财务筹资。

财务对象是资金及其运动，起点和终点都是现金，其他资产是现金的转化形式。财务技术的扩展，财务对象没有发生本质变化，但其范围得到拓展。第一，网上银行特别是电子货币的出现，极大拓展了现金的概念；此外，网络资产、虚拟资产的出现，也拓展了现金的转化形式。第二，现金流转速度的加快，也加剧了财务风险。

三、财务信息：财务战略的支撑平台

信息对财务战略的重要性更加不容置疑。信息按功能分为财务信息和非财务信息。

（一）财务信息对财务战略的支撑意义

财务信息的价值客观上随时间分布。第一，高值期。极少企业能够得到的信息，若某企业及时利用该信息，可能获取极佳的经济效益。第二，平值期。较多企业能够得到的信息，若某企业利用了该信息，虽然可能获取较佳的经济效益，但很难占有优势。第三，低值期。多数企业能够得到的信息，若某企业再利用该信息，只会获取较低的经济效益。第四，负值期。信息已经过时，如果再使用，可能产生负的经济效益。

财务信息具有使用价值。财务信息的使用价值具有多元化，可以帮助各利益攸关人作出合理的经济决策。投资人关注投资的回报率，债权人关注债权的安全性，供应商关注货款的收回速度和质量，顾客关注货物的价格、质量、按期交货能力和持续供货能力，政府关注企业参与市场资源配置、履行社会职责的程度等，员工关注薪酬、福利等，财务信息满足不同利益攸关人的决策需求。同时，财务信息的采集、转化凝结着人类劳动，且两权分离使财务信息的提供者与使用者也相应分离，从而使财务信息的交换成为一种必要和必然。

财务信息成为公共物品。即使准则、法规不强制要求上市公司披露财务信息，由于财务信息披露背后隐藏的巨大利益，上市公司也会主动并愿意披露财务信息。强制披露只是为了避免巨额的交易费用，将财务信息由“私人物品”转变为“公共物品”。

财务信息夯实市场根基。要实现财务信息的战略支撑作用，企业必须重视和加强财务信息披露，提高财务透明度，避免财务丑闻。财务丑闻轻则破坏企业形象，重则足以让企业破产倒闭。因此，严格会计核算、强化内部控制、加快财务机构的建设和财务人员的培训、明确单位负责人的会计责任及其相应的法律责任、加大信息技术在财务管理中的应用、充分发挥中介机构的监督作用等，是资本市场公平与效率的重要基础。

（二）财务信息对财务战略的支撑流程

财务信息支撑财务战略大致要经历采集、转换和披露三个阶段。只有通过不断地更新和循环，才能增加财务信息的“附加值”，提高财务信息的相关性。

1. 财务信息采集

财务信息采集是通过各种渠道、各种方法汇聚所需要的财务信息，是财务信息得以转换和披露的基础。财务信息采集渠道分为内部渠道和外部渠道，财务信息采集方法主要有系统生成法、调查访谈法、检索采集法和特殊采集法等。

2. 财务信息转换

已经采集的特别是初次采集的财务信息，可能会出现新旧、繁简、真假混杂，使用价值较低。为了提高财务信息的有用性，必须对采集的财务信息进行综合、推导、预测等加工转换，以便生成真实、准确的财务信息。如果不加鉴别地使用信息，就可能导致决策失误。常用的转化方法有鉴别、审核、专家评估等。财务信息转化是有成本的，企业应当针对财务信息特征和需求状况，选择性地加以使用。

3. 财务信息披露

财务信息披露是企业向社会公众按时发布规定的财务信息。通过财务信息披露，可以达到两个目的：一是与外界进行财务信息交流和共享，获取和积累战略资源；二是展现自身形象，建立良好的社会声誉，实现战略意图。从表面上看，财务信息披露以法律、制度、准则强制披露为主，其实，财务信息的生产、交换、积累和运用的背后，有着深刻的经济动因。

第四节　基于企业核心能力的财务战略

同样，企业只有认清自身的核心能力，才能制定和实施正确的财务战略。财务能力分为内部能力和外在能力（前已述），这里主要强调财务能力的特征及获取路径。

一、核心能力的重要特征

核心能力至少具有三个重要特征。

（一）价值特征

核心能力有助于创造和实现顾客的价值，表现在：第一，核心能力在提高收益和降低成本上具有核心地位，能够显著提高企业经营绩效；第二，核心能力能够给消费者带来的好处是关键的；第三，核心能力是企业区别于竞争对手，或者说企业比竞争对手做得更好的关键因素，对企业赢得和保持竞争优势具有特殊的贡献。

（二）资产特征

核心能力是竞争对手难以模仿和替代的专用性资产。对核心能力的投资是充满风险的，核心能力可以看作是企业的一种专门资产。第一，核心能力的资产专用性体现为积累的自然属性，因为核心能力具有历史依存性，是企业积累性学习的结果，即企业的“管理遗产”，使仿制者处于时间劣势，即使仿制者知道核心能力，也由于资源的积累需要一段时间而无法参与竞争。第二，核心能力的资产专用性体现为一种进入壁垒，防止外面潜在进入者的威胁，以保护垄断利润的获得；同时，对企业构成一种退出壁垒，激励企业员工为实现财务目标而共同努力。

（三）知识特征

核心能力具有维持企业竞争优势可持续性和刚性的隐性知识。知识分为显性知识和隐性知识。对知识分类较为权威的是经济合作组织（Organization for Economic Cooperation and Development，OECD），将知识分为四类：知道是什么的知识（know-what）；知道为什么的知识（know-why）；知道怎么做的知识（know-how）；知道是谁的知识（know-who）。前两类大致属于显性知识，后两类属于隐性知识。

显性知识容易被模仿，隐性知识相对难以仿制。由于隐性知识不公开、内容模糊、无法传授、使用中难以觉察、复杂而又自成体系的缘故，核心能力具有“普遍模糊”的特点。因此，核心能力可以被认为是关于如何协调企业各种资源用途的知识形式。

二、核心能力获取路径

对核心能力进行战略管理的依据是核心能力同样具有生命周期，既受企业内部创新周期所影响，也受企业外部环境演化所制约。核心能力战略管理包括核心能力的识别、选择、部署、保护等基本工作步骤。

（一）核心能力识别

核心能力识别思路要突出间接性、动态性和系统性。

1. 间接识别

核心能力是一组以隐性知识为主的企业能力体系，缄默性很强，增加了识别难度。其主导优势是企业核心竞争力的形成基础和集中体现，通过对具有显性特征的主导优势的类型、特色、水平、发展潜力等方面的准确把握，可以达到间接识别企业核心能力的目的。另外，企业价值创造效率、战略绩效评价的要求，可以间接反映企业核心能力。

2. 动态识别

核心能力具有显著的路径依赖性，企业应当面向未来竞争，具有持续竞争和适应竞争环境变化的能力。顺应竞争环境的变化规律和核心能力的演变轨迹，从纵向角度对企业核心能力的发展过程进行动态识别。

3. 系统识别

核心能力在形成和发展过程中，与企业的主导优势、经营活动、知识管理、组织学习、文化建设、制度变革等融为一体，内涵极其丰富，需要从系统角度对核心能力进行识别，运用多元化、全方位的识别分析方法，成为必然选择。

（二）核心能力选择

核心能力不仅决定了企业现有产品或服务的生产能力，而且决定着企业未来商机的创造能力，对企业生存和发展至关重要。选择何种核心能力，必须考虑两个问题：第一，这种能力是否给顾客带来新的利益；第二，这种能力比现有能力向顾客提供利益是否更加有效。为此，应当培养和提高四种能力。

1. 评估能力

评估能力是企业对现阶段的竞争优势作出的全局性评估的能力，包括机会辨别能力、环境适应能力和重大判断能力。

2. 整合能力

整合能力是企业快速响应环境而对内部外部资源的重新整合能力，包括组织协调能力、资源重组能力和知识创造能力。

3. 学习能力

学习能力是企业在适应周围环境和与竞争对手博弈的过程中，理解、掌握和运用新知识、新思想的能力，包括知识获得能力、知识消化能力、知识转型能力和知识利用能力。

4. 创新能力

创新能力是企业运用新知识、新技术、新产品、新方法等创造财富的能力，包括研发创新能力、产品创新能力和工艺创新能力。

（三）核心能力部署

为了充分运用核心能力，需要重新部署核心能力，或者在企业各部门之间共享，从一个部门调入另一部门，或者进入新领域，发掘新机会，建立新市场。前者是核心能力的内部部署，后者是核心能力的外部部署，两者是相辅相成的。有的企业内部部署做得好，但外部部署做得差，企业发展速度就慢，效益就差；反之亦然。

在思想上，要认识到当今企业之间的竞争不再是产品之争、市场之争、资源之争、机会之争，而是核心能力之争，不仅是核心能力拥有之争，而且是核心能力部署之争。谁若能充分利用核心能力部署的条件和时机，谁将会笑到最后。

（四）核心能力保护

核心能力的形成和积累是经过多年的苦心经营而造就的，若不加以精心保护，就会容易消蚀和散失，其原因是多方面的：高管对保护核心能力的重要性认识不足；资源注入不到位而造成核心能力枯竭；部门划分过细，以致无法对核心能力进行统一管理，即使能够进行管理，也不符合成本收益原则；在与战略伙伴合作时，不经意将核心能力交给了对方；在收购、分立时，不小心把核心能力划给了对方等。

保护核心能力，要学会两个区分：一是区别不良经营业务和蕴藏在这个业务部门中的潜在核心能力。正确评价关键部门的业绩，并根据业绩给予相应的物质和精神激励。二是区别外部环境层次的客观因素范畴和内部组织层次的主观因素范畴。面对相同的环境，由企业理性决策所形成的外部信息处理能力不会有太多的“异质性”，且基于客观环境进行理性分析的能力相对容易掌握；相比之下，企业内部组织层次的能力难以模仿，具有很强的“异质性”，这种“软实力”恰恰是企业核心能力的最重要构成因素。

三、核心能力建设原则和维度

核心能力是主观能力要素的集中体现，也是客观能力要素的综合反映，其建设要服从一定的原则，也有可以遵循的维度。

（一）核心能力建设原则

综上所述，核心能力建立在企业对内部组织和外部环境进行分析与整合的基础上，是一个动态过程。为了全面有效地建立核心能力体系，必须建立多学科知识和技能的交流与沟通网络与机制，致力于知识积累和储备，应对市场竞争挑战。核心能力建设应当从以下方面着手。

1.“通才”比“专才”更重要

在核心能力建立过程中，“通才”比“专才”更加重要。譬如一个汽车公司意欲取得技术领先地位，必须把诸如燃烧工程、材料科学、电子学、流体力学等领域的有关知识和技术进行综合，研制出具有世界先进水平的传动链。这种综合能力，与发明、创造同等重要。

2. “外购”比“自制”更快捷

虽说建立核心能力是一项长期而艰巨的工作任务，但如何能做到更迅速、更经济呢？这里要把握“内外结合”的度。一要充分调动内部力量，作为建立核心能力的主力军，有利于核心能力的成长与发展。二要考虑到“效率与效益”相结合的原则，不失时机地利用外部资源，包括并购、特别许可证合约、合资经营、建立同盟等，从外部（包括竞争对手）尽可能多地借用构成核心能力所需要的知识、经验、技能和技术。

3. “榜样”比“角色”更直接

在上述“外购”方面，建立战略同盟，发展长期密切的战略伙伴，是当今世界各个跨国公司普遍采用的战略措施。当今，全球技术市场、人力资源市场已经建立，要想快速建立核心能力，向别人学习，往往比提高自己的吸收能力更为直接。强化“榜样”示范和“角色”责任，既可缩短时间，又可减少风险。

（二）核心能力建设维度

核心能力是企业拥有一个优势互补的高质量发展体系，具有使某一项或多项关键业务达到区域、全国乃至世界一流水平的能力。这个高质量发展体系分为四个维度。一是知识学习系统。企业员工常态化的知识学习以及所掌握的通用和专业知识是高质量发展的根本。二是技术创新系统。企业的技术创新水平全面影响知识学习的效率和效益。三是管理制度系统。企业的管理制度结构深刻影响知识学习的途径和热情。四是企业文化系统。企业文化激励和约束员工不断地进行知识学习。

因此，真正的核心能力是由知识、技术、管理、文化等有机结合的。

1. 基于知识观的核心能力

知识观认为，核心能力是带有企业特色的、不是用来交易的，是能够为企业带来竞争优势的专业知识体系，一般包括企业的专有知识、员工所掌握的专业技能、内部管理制度、组织价值观等维度，学习和创新是完善知识体系的重要途径。

2. 基于技术观的核心能力

技术观认为，核心能力是指企业的技术研发水平及其创新能力，它具有异质性，能够带来生产制造、生产管理水平的提高。

3. 基于管理观的核心能力

管理观认为，核心能力是企业的研究开发、生产制造、财务运作、市场营销等管理能力的总和。其基本思想是把产品推向市场比产品及技术创新更为重要，从而将产品技术、制造能力转化为理解和满足顾客需求的能力。

4. 基于文化观的核心能力

文化观认为，核心能力不仅存在于业务操作系统中，而且蕴藏于企业文化中，根植于企业与所有利益攸关人及其环境的关系中，渗透于整个企业组织中。文化观主张企业内部难以完全仿效的有价值的组织文化是最重要的核心能力，并强调企业文化表现在诸多方面，如企业愿景、使命、宗旨、信念、精神等。

5. 基于整合观的核心能力

整合观也称协调观、网络观等，认为核心能力是由企业知识、技术、管理、文化等整合而成的，其理论精髓是：第一，核心能力属于企业拥有的学识，其实质是一种资源；第二，“整合”并非企业知识、技术的简单堆砌，需要管理的介入，需要文化的协调；第三，核心能力是一种积累性学识，这种积累过程涉及企业各个业务部门的对接、技术创新的组合、价值观念的传递等。通过核心能力的积累、协调与整合，企业能够及时发现市场机会，以便获得超额利润。

第二章　财务预测：先导财务手段

见变化之眹焉。——鬼谷子

先预测，后预警。——张国阶

凡事预则立，不预则废。人无远虑，必有近忧。

料无事，必有事；恐有事，必无事。

财务预测是财务选择节点和先导财务手段，是财务战略的延伸，是财务决策的依据。未雨绸缪，见微知著，防患未然，鉴往知来，是财务预测的真实写照。预测通常分为两个方面：对企业扩张、成长、发展的预测，称为预见性；对企业风险、困境、危机的预测，称为预警性。

第一节　财务预测概述

财务预测是根据企业以往的财务资料及数据，考虑现实的环境（要求）及条件，对未来的财务活动及成果作出科学、准确的预见或预警。

一、财务预测目的和原则

财务预测有利于养成预见性的财务战略思维，居安思危；支持科学的财务决策方案，决胜千里之外。此外，财务预测涉及的大量方法和手段，对超前的财务管理大有裨益。

（一）财务预测目的

财务预测的主要任务有：预测各项生产经营方案的经济效益，为管理层进行财务决策提供可靠的依据；估算财务收支的发展变化情况，确定企业经营目标；测定各项指标的定额和标准，为编制计划、分解预算指标服务。

1. 财务预测是财务决策的重要依据

决策是管理的关键，预测是决策的前提。通过财务预测，企业可以为各种财务决策方案提供可靠依据，便于管理者权衡利弊，作出正确决策。经营决策，必然涉及费用、收益、资金需要量等问题，而这些大多需要通过财务预测来解决。

2. 财务预测是财务计划的基本保障

要周密做好资金的筹集和使用工作，企业应当熟悉以往的财务收支计划及规律，估计未来的现金流。只有认真分析计划期内收支项目，以及现金流入和流出，才能使财务管理做到心中有数，处于主动地位。

3. 财务预测是财务战略的关键手段

财务预测具有超前思考意识，展现了企业未来的各种愿景、使命和目标，对不确定事件具有针对性、快速的反应和处理能力，减少各种威胁所带来的损失，增加各种机会所带来的收益。

（二）财务预测原则

财务预测要按照财务依据、条件、对象、目标、方法等要素进行。财务依据是财务信息，包括财务指标和非财务指标，是各种历史和现实的信息总和，其中财务报告占主体地位。财务条件是财务环境，是已经、正在和将会出现的微观环境和宏观环境，或者内部环境和外部环境。预测对象是财务活动，包括各种投资活动和筹资活动。预测目标是未来财务活动可能达到的水平及发展趋势。预测方法是将过去的基础、现在的变化条件和未来的可能目标，用数学模型恰当地描绘出来。财务预测应当遵循的主要原则有以下几方面。

1. 主要性原则

财务预测要抓住主要矛盾，集中精力于主要项目，不必拘泥于面面俱到，节约时间和费用。如进行流动资金需要量预测时，仅需要预测几种主要材料未来库存占用情况，因为这几种主要原材料占用的资金在80%以上。

2. 实用性原则

财务预测要讲究实用和可靠，必须建立在真实数据的基础上，要求以客观情况为依据，杜绝主观臆断，才能做出正确判断。

3. 科学性原则

财务预测要讲究科学，包括预测步骤的科学性和预测方法的科学性。财务活动客观规律的存在，提供了科学预测的可能。之所以对财务活动未来可以进行预测，是因为财务活动发展是有规律的。从表面上看，财务活动是由人的主观意志主导的，有极大的偶然性。但认识论证明，偶然性之中存在必然性，偶然性是必然性的表现和补充，是服从于内部隐藏着的规律的。这种客观规律的存在及其可被认知的特点，使人可以通过实践去发现财务活动的发展变化趋势，从已知推测未知，从过去推测现在和将来。企业应该根据不同的预测对象和预测目标，科学灵活地选择适当的财务预测方法，确保财务预测质量。

4. 经济性原则

财务预测要讲究效率，尽量以较低的预测费用达到较高的预测质量。财务预测也涉及成本和收益。对长期预测，如果过于详细，往往会花费巨额成本，可适当降低预测的精准度。对短期预测，本着效益性原则，可适当提高预测的精准度。

二、财务预测分类和流程

现代企业要在市场竞争中立于不败之地，不仅需要了解过去，评价现在，也必须对未来的发展前景作出一定推断，使管理者做到心中有数，避免盲目，这就需要预测。

（一）财务预测分类

财务预测按不同标准有不同分类，如表 2-1 所示。

表 2-1 财务预测类型

分类标准	分类
按性质	定性预测和定量预测
按期限	短期预测、中期预测和长期预测
按范围	单项预测和综合预测
按态势	静态预测和动态预测
按内容	投资预测、筹资预测、收入预测、成本预测和利润预测

1. 按性质，分为定性预测和定量预测

定性财务预测是对企业财务活动的某些特性、趋势、水平的预测，通常与长期预测相结合，为中长期财务决策和总体规划服务。定量财务预测是针对企业财务活动的未来规模、增长数量而做出的预测。由于财务活动的阶段性、财务要素的计量性和财务决策的定量化，都要进行定量财务预测，提供具体的数据资料。定量预测一般与短期预测相结合，从而为短期决策服务。定性预测和定量预测的区分是相对的。定性预测包含某些数据的说明，定量预测也要表明财务活动的某种性质，二者并非互相排斥，截然分开，而是相互联系，互为依据。在实际工作中，往往采用把二者结合起来的综合预测。

2. 按期限，分为短期预测、中期预测和长期预测

短期财务预测是指预测期在 1 年以内的财务预测，且短期财务预测有年度、季度和月度之分。中期财务预测一般是指预测期为 1～5 年的财务预测，为短期财务预测提供指导，为长期财务预测补充说明。长期财务预测一般是指预测期在 5 年以上的财务预测，常用的预测期为 5 年和 10 年。由于长期财务预测的期限长，不确定因素增加，长期预测必须以国家制定的社会经济发展战略规划为指导，并在一定时期之后根据新的信息进行补充和完善。

3. 按范围，分为单项预测和综合预测

单项财务预测是指为了获取财务活动的某一预测值，或者为了获取以某一项预测值为主的若干预测值而做出的财务预测。需要说明的是，单项财务预测并非涉及因素单一，且其预测结果很可能是由多种因素共同作用的。综合财务预测是指为了获取财务活动的一组预测值而做出的财务预测，通常预测结果较为复杂。

4. 按态势，分为静态预测和动态预测

静态财务预测是指根据同一时期有关因素的相互关系而做出的预测，当然，这种静态是相对的，是利用同一时期的相关因素资料来获得预测值的。动态财务预测是指根据各个不同时期相关因素，对后续时期的变动做出相关预测，要注意的是，不是利用同一时期变动结果的相关因素来预测其他预测值。

5. 按内容，分为投资预测、筹资预测、收入预测、成本预测和利润预测

投资预测主要预测企业投资环境、项目投资额、现金流等，确定风险条件下投资收益。筹资预测主要预测企业筹资环境、筹资需要量、筹资渠道和方式等，确定最佳资本结构。收入预测主要预测企业新老产品销售数量和收入、定价策略和价格水平、产品售价变动趋势等。成本预测主要预测功能与成本的最优结合方案、目标成本、各相关因素变动对成本的影响等。利润预测主要预测企业目标利润、利润水平变动趋势、利润分配结果、对有关利益攸关人的影响等。然后，在预计资产负债表和利润表的基础上，预测企业的盈利能力、偿债能力、营运能力和成长能力。

（二）财务预测流程

财务预测是一个经济循环系统。从技术上看，分为输入、处理、输出、反馈等环节，如图 2-1 所示。从管理上看，分为确定预测目标、搜集相关资料、建立预测模型、确定财务预测结果等环节，如图 2-2 所示。

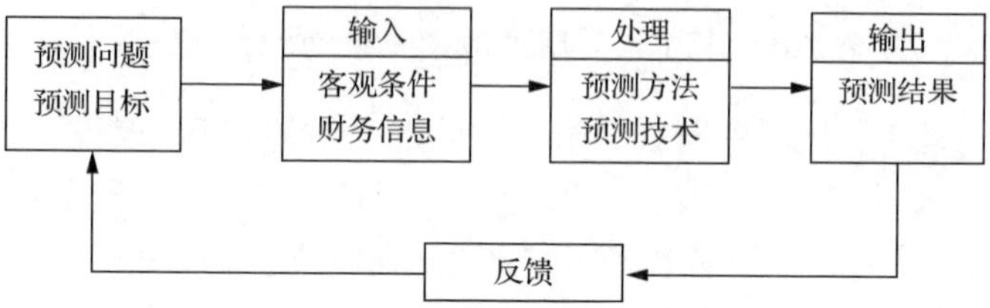

图 2-1　财务预测的技术流程

需要补充说明的是，预测模型是指用数量表示已知现象与未知现象之间或者原因与结果之间的相互联系。建立预测模型时，要确定预测模型的参数（常数）值，即确定对预测对象进行预测的条件或假设。为此，财务预测要对经过整理的资料进行系统分析，找出各种指标的影响因素及其相互关系，选择适当的预测模型表述这种关系，然后，对资金、成本、利润等发展趋势和水平做出定量描述，取得初步预测结果。

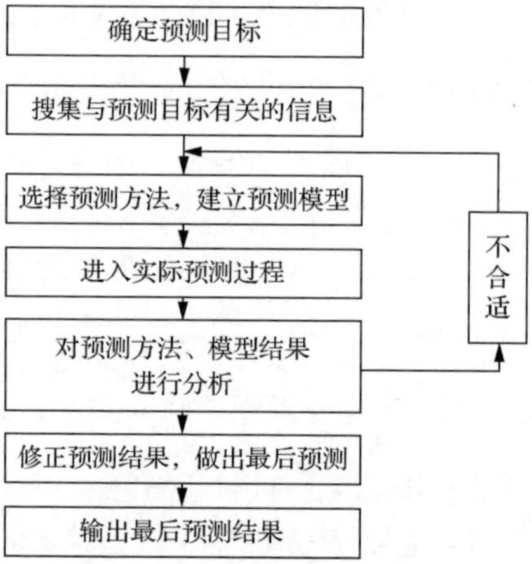

图 2-2　财务预测的管理流程

第二节　标准化财务预测

标准化财务预测，也称传统财务预测，以财务战略为起点，对各种财务变量未来值进行估计，最终结果是预计资产负债表、预计利润表和预计现金流量表。传统财务预测是以销售预测为起点的。

一、销售预测

销售预测的一般模式为：收入预测→资金预测（投资预测和筹资预测）。下面以“销售百分比法”为例，说明销售预测的基本步骤。某公司经营性资产、经营性负债与销售收入的 2019 年实际数和 2020 年预测数，如表 2-2 所示。假定经营性资产、经营性负债与销售收入之间存在稳定的数量关系，即净经营性资产周转率不变。

表 2-2 百分比法下销售预测

项目	2019 年实际数/万元	销售百分比	2020 年预测/万元
销售收入	30 000		40 000
货币资金（经营性）	450	1.5%	600
应收票据（经营性）	150	0.5%	200
应收账款	3 960	13.2%	5 280
预付款项	210	0.7%	280
其他应收款	120	0.4%	160
存货	1 200	4.0%	1 600
一年内到期的非流动资产	780	2.6%	1 040
其他流动资产	90	0.3%	120
长期股权投资（经营性）	300	1.0%	400
固定资产	12 360	41.2%	16 480
在建工程	180	0.6%	240
无形资产	120	0.4%	160
其他非流动资产	30	0.1%	40
经营性资产 合计	19 950	66.5%	26 600
应付票据（经营性）	60	0.2%	80
应付账款	1 080	3.6%	1 440
预收款项	90	0.3%	120
应付职工薪酬	30	0.1%	40
应交税费	60	0.2%	80
应付股利（经营性）	150	0.5%	200
其他应付款	300	1.0%	400
长期应付款（经营性）	750	2.5%	1 000
经营性负债 合计	2 520	8.4%	3 360
净经营性资产 合计	17 430	58.1%	23 240

（一）收入预测

销售预测本身虽不具有财务管理职能，但通常将收入预测视为已知数，作为财务预测的基础，销售预测是否准确决定财务预测质量。收入过低，企业没有准备足够资金添置资产，无法满足顾客需要，不仅错失当前盈利机会，而且丢掉原有市场份额。收入过高，企业占用大量资金在闲置设备和积压存货上，导致资产周转率下降，从而引起净资产收益率和股价下降。

收入预测的基本步骤如下。

第一，确定基期经营性资产（负债）的销售百分比。

经营性资产（负债）销售百分比=经营性资产（负债）/销售收入

经营性资产销售百分比=19 950/30 000 =66.5%

经营性负债销售百分比=2 520/30 000=8.4%

第二，确定预测期经营性资产（负债）。

经营性资产（负债）=经营性资产（负债）销售百分比 × 销售收入

假定该公司 2020 年销售收入为 40 000 万元。

经营性资产= 66.5% × 40 000=26 600（万元）

经营性负债= 8.4% × 40 000=3 360（万元）

（二）投资预测

投资预测作为传统财务预测的中间环节，其预测重点在于根据往年的财务报告数据以及销售预测的结果，计算出投资需求，进而进行下一步的预测。

投资需求=预测期净经营性资产–基期净经营性资产

=预测期（经营性资产–经营性负债）–基期（经营性资产–经营性负债）

=（26 600–3 360）–（19 950–2 520）

=23 240–17 430

=5 810（万元）

或者：

投资需求=经营性资产增加–经营性负债增加

=（预测期经营性资产–基期经营性资产）–（预测期经营性负债–基期经营性负债）

=（26 600–19 950）–（3 360–2 520）

=6 650–840

=5 810（万元）

（三）筹资预测

筹资预测是指估计企业未来的筹资需求，要求债性筹资和股性筹资呈现一种合理的比例关系，即最佳的资本结构，保障企业价值最大化。筹资预测通常按以下步骤：动用现有金融性资产、利用内源性筹资（留存收益）和增加外源性筹资，其中外源性筹资是先金融性筹资，后经营性筹资。

1. 动用现有金融性资产

假定该公司 2020 年初有一项金融性资产 130 万元。

尚需筹资=5 810–130=5 680（万元）

2. 利用内源性筹资（留存收益）

只要该公司盈利且不全部支付股利，留存收益就会使股东权益增长，可以部分甚至全部满足企业的资金需要。留存收益的大小，取决于净利润的多少和股利支付率的高低。

留存收益=预测期销售收入×销售净利率×（1−股利支付率）

假定该公司2020年销售净利率为5%，股利支付率为40%。

留存收益=40 000×5%×（1−40%）=1 200（万元）

尚需筹资=5 680−1 200=4 480（万元）

3. 增加外源性筹资

增加外源性筹资的顺序为：金融性筹资（负债和优先股）在先，经营性筹资（普通股）在后。假定该公司银行借款（长期）1 000万元，发行债券1 600万元，发行优先股480万元，则需要发行普通股为

尚需普通股筹资=4 480−1 000−1 600−480=1 400（万元）

当然，筹资预测涉及目标资本结构问题。如果债务（不考虑短期债务）和股权（不考虑优先股）的目标比例为1∶1，那上述筹资安排是合理的，因为债性筹资是2 600（1 000+1 600）万元，股性筹资也是2 600（1 200+1 400）万元。

二、销售增长率预测

由于当前销售水平是已知的，销售收入的预测实质上是销售收入增长率的预测。一是基于企业内部能力，根据企业现在掌握的资源，把增长看作内生变量，受到内部各种生产要素的影响和制约；二是基于外部环境，以市场需求为基础，着重市场分析、行业分析和竞争分析，把增长看作外生变量。

（一）根据期初股东权益

$$可持续增长率=股权增长率=\frac{本期股权增加额}{期初股东权益}=\frac{本期净利润\times留存收益率}{期初股东权益}$$

$$可持续增长率=\frac{本期净利润}{本期销售}\times\frac{本期销售}{期末资产}\times\frac{期末资产}{期初股东权益}\times留存收益率$$

可持续增长率=销售净利率×资产周转率×留存收益率×期初股东权益期末资产乘数

（二）根据期末股东权益

根据会计第一等式，则有：

资产增长=负债增长+股权增长

若资产周转率不变，则有：

$$资产增长\div销售增长=本期资产\div本期销售$$

$$资产增长=(销售增长\div本期销售)\times本期资产$$

若销售净利率不变，则有：

$$股权增长\div留存收益率\div(上期销售+销售增长)=净利润\div销售$$

$$股权增长=留存收益率\times销售净利率\times(上期销售+销售增长)$$

若股权乘数不变，则有：

$$负债增长\div股权增长=负债\div股权$$

$$负债增长=股权增长\times(负债\div股权)$$

将上述三式统一编入上述会计第一等式的“转化形式”，则有：

$$可持续增长率=销售增长\div上期销售$$

$$可持续增长率=(留存收益率\times销售净利率\times股权乘数\times资产周转率)\div(1-留存收益率\times销售净利率\times股权乘数\times资产周转率)$$

第三节　成长性企业的财务预测

什么是成长性企业？目前主要有两种代表性观点：一是规模小、活力强、年增长在20%～25%的那些企业（彼得·林奇，Peter Lynch）；二是持续5年乃至更长时间获得高于平均收益增长的那些企业（伯顿·马尔基尔，Burton Malkiel）。成长性企业财务预测的内容很多，这里仅介绍一些主要类型。

一、盈余预测

在财务分析师所提供的各种信息中，盈余预测信息是管理层、投资者等信息使用者重点关注的预测信息之一，因为它关系到企业当前的盈利信息和未来的盈利预测信息。盈余预测信息反映了企业在预测期内可能达到的营业收入、营业利润、净利润、每股收益等。换句话说，盈利预测信息能够帮助投资者、债权人和其他利益攸关人恰当评价企业未来现金流的大小、时间和风险，做出合理的经济决策。

（一）盈余预测分类

按信息来源不同，盈余预测分为利用时间序列模型产生的盈余预测、上市公司管理层盈利预测和证券分析师盈利预测。

1. 利用时间序列模型产生的盈余预测

以企业的历史盈余数据为预测依据，通过时间序列模型，将会自动生成对未来年度的盈余预测。如以季度盈余模型为基础，可以生成年度盈余预测；以历年盈余模型为基础，可以生成未来年度的盈余预测。

2. 上市公司管理层盈利预测

上市公司管理层在充分了解企业经济水平、营业环境、市场排名和财务状况的基础上，遵守充分合理、诚实审慎的原则，预测企业未来的发展速度，并对外公开披露企业未来的预期经营成果，估计在未来一定时期内可以实现的利润成果。

3. 证券分析师盈利预测

证券分析师盈余预测是指财务分析师以搜集的宏观、行业、企业信息为依据，通过理解行业相关政策、前景和潜在风险，把握市场趋势，对目标公司的未来每股收益（EPS）进行估计，也可以理解为对未来会计期间的营业利润、净利润、每股收益、市盈率等重要财务事项做出合理预测，同时，向客户提供买进、卖出、继续持有股票的建议。根据财务分析师自身和投资者的需要，通常是对未来1～3年、4～8个季度的收益做出预测。

以上三种盈余预测，孰优孰劣，没有权威的说法。但是，在实际预测过程中，需求方获取盈余预测的主要途径是证券分析师公开发布的预测信息。而证券分析师可以利用时间序列模型进行预测，也可以与上市公司管理层建立良好的信任关系并获取有效的信息，从而做出更为合理的预测。因此，盈余预测通常是指证券分析师盈余预测。

当上市公司陷入财务困境时，盈余管理的动机可以概括为：一是基于管理契约的盈余管理，防止企业出现破产；二是基于债务契约的盈余管理，希望企业转亏为盈。

（二）盈余预测意义

对于盈余预测的供给者（证券分析师）而言，要致力于提升盈余预测准确度。目前，我国证券分析师盈余预测准确度与国际先进水平相比还有较大差距。对乐观倾向成因的探究，有助于证券分析师纠正错误的预测行为，降低盈余预测乐观倾向，提高预测准确度。

对于盈余预测的需求者（各财务信息使用者）而言，要依据盈余预测做出正确经济决策。投资者可以更为科学地审视证券分析师盈余预测，并在使用时进行适当调整；政策制定者为了提高资本市场效率，可以更好地发挥监管职能，加强证券分析师队伍建设。

（三）盈余预测方法

财务分析师盈余预测方法较多，常见的是时间序列预测法和结构化预测法。

时间序列预测法是指使用本期和过去的盈余信息，并利用相对复杂的统计方法，挖掘时间序列的统计规律。

结构化预测法是指对未来期间资产负债表、利润表和现金流量表的整体预测，利用三个报表之间的勾稽关系，以销售预测为起点，分别预测资产负债表、利润表和现金流量表。这种预测方法需要的信息不仅包括财务信息，还包括非财务信息，如业务信息、宏观信息等，对分析人员自身的业务素质要求更高。

从理论上讲，财务分析师利用结构化预测法比时间序列预测法更有优势。第一，财务分析师能够更好地选择适合某个公司的时间序列模型，同时加入自己的判断进行一定调整。第二，财务分析师能够利用上一次报表公布日和自己的预测公布日之间的其他信息。第三，财务分析师通常具有财务、会计、公司所在行业的专业知识，可以更好地对信息进行过滤、分析和阐释，且财务分析师通常会与公司管理层进行沟通，以获得一些私有信息。

（四）盈余预测准确性的影响因素

盈余预测准确性可能受到许多因素的影响，包括但不限于以下因素：第一，证券分析师的业务能力、职业素养和综合素质；第二，盈余预测时所能够获取信息的数量和质量，通常包括企业公开披露的信息和从管理层直接获得的私有信息，其中公开信息的获取成本相对较低，往往是证券分析师盈余预测的主要参考依据；第三，企业所处行业或地区的制度环境等外部因素，也可能对证券分析师盈余预测结果产生重大影响。

二、现金流预测

如果把一个企业比作一个人，那么现金流就是企业的血液。现金流对一个企业的生存和发展所起到的作用，如何强调都不过分。因此，现金流预测极其重要。

（一）现金流界定

分析现金流，从现金开始。

人们日常生活中的现金是指持有的且用于支付的货币，进行各种消费支出。

企业会计核算中的现金有狭义和广义之分。狭义的现金是指企业的库存现金，是财务部门为支付企业日常零星开支而保管的库存现钞，包括人民币现金和外币现金，与日常生活中的现金概念一致。广义的现金是指货币资金（Money Fund），是企业经营过程中以货币形态存在的一种资产，包括库存现金、银行存款和其他货币资金。需要说明的是，不能立即支付使用的银行冻结存款和企业持有的金融市场基金、存款证、短期有价证券等，不能视为货币资金。由于我国现金管理制度对企业库存现金实行限额管理（由开户银行核定限额），因此，企业的货币资金大多以银行存款和其他货币资金的形态存在。

企业财务管理中的现金，与会计核算中的现金概念有所不同，但与现金流量表中的现金概念基本一致。按照现金流量表准则的规定，现金流量表中的现金是一个宽广的范畴，包括货币资金，也包括现金等价物。现金等价物是指企业持有的期限短、流动性强、可随时兑换成为已知数额的现金的，且不存在价值变动和重大风险的证券。

什么是现金流？国际会计准则委员会（International Accounting Standards Committee，IASC）将现金流定义为现金及现金等价物的流入和流出，排除汇率变动对现金及现金等价物的影响，因为汇率变动实质上不涉及现金流入与流出。美国会计准则将现金流定义为由交易引起的现金及现金等价物的增加或减少。英国会计准则将现金流定义为由交易引起的现金增加或减少。我国会计准则将现金流定义为企业因交易或其他事项而引起的现金增加或减少。

现金流分为现金流入、现金流出和净现金流。现金流入即现金收入，会使企业现金增加。现金流出即现金付出，会使企业现金减少。现金流入与现金流出相抵后的差额，称为净现金流，形态上表现为滞留在企业内部的现金存量。

现金流是一个动态过程，总是不断有现金流入，又不断有现金流出，此外，流入可能大于流出，也可能等于或小于流出。因此，净现金流可能是正数，也可能是零或负数。

（二）现金流分析

现金流量表中，现金流分为经营性现金流、投资性现金流和筹资性现金流，通过计算各种活动的净现金流占全部净现金流的比重，编制现金收支状况表，对现金流做出具体分析。

1. 经营性现金流分析

经营性现金流主要包括销售商品或提供劳务收到的现金、购买商品或接受劳务支付的现金和税费、支付给职工及为职工支付的现金、其他与经营活动有关的收支等。一般而言，经营性现金流分为正常性现金流和偶发性现金流。进行经营性现金流分析时，要观察经营性现金流是来自正常性经营活动还是来自偶发性经营活动。

如果经营性现金流主要来自正常性经营活动，如销售商品或提供劳务收到的现金占经营性现金流的比重越大，表示企业有稳定的现金流来源，现金主要来自主营业务，现金流的质量较高。在此基础上，能够合理预测在未来一定时期企业可以继续创造现金流。

如果经营性现金流主要来自偶发性经营活动，如其他与经营活动有关的现金收支占经营性现金流的比例较高，表示企业存在一定风险，企业目前现金流获得的持续性较差，企业的主营业务获现能力较低。

一般情况下，如果经营性现金流为正，表明企业经营活动产生的现金流除了能够自给自足外，还有多余的现金进行扩大再生产和持续再投资。如果经营性现金流为负，表明企业的现金流状况比较糟糕，企业无法通过自己的经营活动创造足够的现金流，满足持续经营的需要。虽然企业在创办初期或者主打产品衰退期，经营性现金流为负是无法避免的，但如果经营性现金流一直为负，企业资金链就会被切断，落入破产境地。因此，经营性现金流为正数是企业持续发展的必要条件。

2. 投资性现金流分析

投资性现金流为负，说明企业进行了大量投资活动；投资性现金流为正，说明企业投资活动有限，甚至有可能变卖了一些资产和收回了一些投资。正常情况下，一个处于向上发展阶段的企业，其投资性现金流应当为负，说明企业投资一直持续进行。

投资性现金流出主要是指构建固定资产、无形资产和其他长期资产所支付的现金，投资所支付的现金，以及其他与投资活动有关的现金支出。这三个部分依次代表对内投资、对外投资和其他一些零星投资。投资性现金流入是指收回投资所收到的现金，出售固定资产和无形资产所收到的现金，取得投资收益所收到的现金，以及其他与投资活动有关的现金。

分析企业投资性现金流时，要结合其他信息，考察企业所进行的投资活动是否合适，分析所进行的投资所带来的回报，从而了解企业在既定战略下所进行的投资是否具有合理性和增值性：第一，投资的股利、利润、利息等现金流入越多越好；第二，处置固定资产、无形资产等现金流入要结合资产负债表、利润表以及其他资料作具体分析；第三，购置固定资产、无形资产，以及股性或债性投资等现金流出要结合其他资料，分析该投资的目的以及盈余预测的前景，才能判断支出是否合理。

3. 筹资性现金流分析

筹资性现金流包括吸收投资所收到的现金、借款所收到的现金、偿还债务所支付的现金，分配股利利润、偿还利息所支付的现金，以及其他与筹资活动有关的现金。具体预测如下：第一，若企业经营状况良好，产生的经营性现金流充足，则企业增加筹资的目的可能是为了扩大企业规模，只要经营得当，就能为企业带来更多的现金流；第二，如果企业利润表中利润充足，而经营性现金流不多，那么企业增加筹资可能是为了解决资金周转问题，这时需要仔细审查企业的财务状况和利润可靠性；第三，如果企业利润状况不好，且经营性现金流无法满足企业日常运转，那么企业增加筹资是一个危险信号。如果企业通过举债增加现金，就会导致更大的金融性风险。

（三）现金流预测方法

现金流预测是指对企业未来几个月或几个季度的现金流出和流入进行预测，分为收入预测和支出预测，其目的是合理规划、安排企业现金收支，协调现金收支与企业投资、筹资等关系，保持现金收支平衡和偿债能力，同时为现金控制提供依据。

现金流预测方法主要有现金收支法、净利润调整法和科学预测法等。

1. 现金收支法

现金收支法是指将计划期内全部可能发生的现金收支分类列出，然后分别测算，最终确定企业现金余缺，主要步骤如下：

（1）企业在一定时期的现金流入；

（2）企业在一定时期的现金流出；

（3）企业在该时期的净现金流，确定现金流结构。

2. 净利润调整法

净利润调整法是指对企业净利润按实际收付现金进行调整现金流，主要步骤如下：

（1）将按权责发生制确定的税前利润，调整为按现金收付制确定的税前利润，再按一定方法调整为税后利润；

（2）将税后利润加减与预测期净利润无关的现金收付，再调整为预测期的现金余额增加额；

（3）利用期初与期末预测调整数，确定企业一定时期的现金存量，并随时进行调整。预测期现金余额增加额，加上期初现金，减去期末现金余额，再扣除发放现金股利的支出，成为可供用来扩大投资的现金余额。若现金余额为负，则应设法筹集，保证现金流平衡。

3. 科学预测法

利用往年的历史数据，使用科学的数学算法，可以直接预测企业的现金流存量。如果企业主营业务不变，其时间规律和业务波动属性是变化不大的，再找到其增长率就可以对现金流做出较为准确的预测。

三、企业增长预测

企业增长是一个国家经济发展的微观基础，具有极大的研究价值和实践意义。国外对企业增长的研究以西方发达市场国家为背景，研究领域主要集中在金融制度安排与企业成长、企业成长与产业技术演化、知识与企业成长、转轨经济与企业成长信息披露、资本结构与企业成长、不确定性与企业成长等。国内对企业增长的研究体系主要建立在管理学理论基础之上，涉及经济学理论基础的偏少。目前，企业增长的研究较多偏重于规范分析和定性分析，实证分析和定量分析的较少，尤其是涉及构建模型的更少，且将企业成长与我国具体经济环境结合起来的少之又少。

（一）企业增长性界定

对企业增长赋予了不同解释，甚至也赋予了不同名词，如企业成长、企业发展、企业演进等，有的将上述名词相互通用，有的认为它们之间有严格区分。有代表性的定义为：科斯（Coase，1937）认为企业成长表现为企业功能的扩展。彭罗斯（Penrose，1959）认为企业增长是规模的扩张与获取资源能力的增强。斯达巴克（Starbuck，1965）认为增长乃组织规模之改变，发展乃组织年岁之改变。托斯（Tosi，1976）认为增长是指成长指标（主要指销售额、资产规模、员工等）的绝对增长。特瓦沙和纽波特（Trewatha and Newport，1979）认为增长是一个组织在其环境中生存与繁荣能力的不断增强。钱德勒（Chandler，1992）认为增长是企业组织能力的增强以及市场范围的扩大。

综上所述，企业增长是一个规模扩展与结构转换的互动过程。企业如同一个生命有机体，要经历诞生、成长、成熟和衰亡等阶段，企业持续增长也就意味着这几个成长阶段的顺利延续与递进。现实社会中，不少企业只停留在某个成长阶段，无法顺利地过渡到下一阶段，也就不能实现持续增长目标。为了探究企业持续增长的内在规律性，要承认企业生命周期，也要认识到企业成长会受到各种因素的影响，而且在不同成长阶段所面临的影响因素是不同的，即使是同一因素，影响程度也是不同的。

（二）增长性预测的影响因素

增长性是指企业在自身发展过程中，其所在的产业和行业受到国家政策扶持，发展前景广阔，企业规模呈逐年扩张且效益呈逐年增长的趋势。增长性是衡量企业经营状况和发展前景的一项重要指标，是企业的灵魂，是实体经济可持续发展的主要动力。在现实中，对企业成长性进行预测时，要关注历史数据和以往经营情况，也要关注企业未来可能发生的变化，还要了解行业、市场和产品的变化趋势。这种影响因素分为内在因素和外在因素。

1. 内在因素

（1）同业优势。从市场竞争角度分析，一个企业在同行业中的规模越大，资本实力越大，其市场竞争能力就越大。规模经济能够产生更多的边际效益，使其在成本、价格上占据优势；同时，巨大的资本实力能够增强风险抵抗能力，使其在激烈的市场竞争中投入更多。根据市场竞争的一般结果，通常行业中最大的几家企业会成为“行业巨人”，而绝大多数中小企业最终被兼并或淘汰。因此，每一行业中最大的几家企业具有成长性。

（2）产品优势。产品生命周期可以分为初创期、成长期、成熟期和下降期，其中成长期和成熟期是企业利润的最大产出期，投资获利较大。初创期需要大量的资金投入，产品市场前景具有不确定性，投资风险较大。一旦成功，获利丰厚；一旦失败，损失惨重。下降期的产品逐渐被新产品所替代，几乎不具有投资价值。

（3）财务优势。企业保持合理的财务结构和盈利水平，具有较强的筹资能力是企业成长的具体表现，压缩成本、控制开支对企业的利润增长具有杠杆作用。

（4）决策优势。新项目的开发、新技术的应用等，是保障企业不断成长的重要决策。一个企业要想发展，就必须有新项目投入运作，也是企业业绩增长的主流因素。此外，企业管理层的决策要开拓创新，积极进取，与时俱进。

2. 外在因素

（1）政策支持优势。在现实生活中，有一些产业是国民经济发展必不可少的基础，如能源、交通、农业等，可能在相当长时间内得到国家优惠政策的大力扶持。除了上述基础产业外，对国民经济发展有重大影响的支柱产业，如科技、石化、机械、电子、建筑、汽车等，也会得到国家有关政策的倾斜和扶持。这些特殊行业的优势为该行业创造了其他行业无法比拟的企业成长环境。

（2）市场需求优势。市场需求是企业生产的最大推动力，而持久旺盛的市场需求是一个行业及其企业可持续发展的根本保障。如房地产、汽车等行业，随着人民生活水平的不断提高和对美好生活的向往，市场需求必将日趋旺盛。

（3）集团控股优势。一些大型企业集团采用部分上市方式，从而使上市公司成为企业集团中优质资产的集合体，并接受集团总部的统一领导。上海证券交易所中的海尔、宝钢、中国石化等就是其中的代表。作为企业集团的窗口，上市公司业绩往往要靠企业集团内部的大力支持，优质资产也会不断注入到上市公司中，使上市公司经营业绩和发展后劲得到逐步提高。

（三）企业增长性比率

进行增长性预测的目的是观察企业在一定时期的经营能力发展状况，从而为以后经营决策提供依据。增长性比率是衡量企业增长速度和发展水平的重要指标，包括资产增长率、收入增长率、利润增长率等指标。

1. 资产增长率

$$资产增长率=\frac{期末资产-期初资产}{期初资产}$$

企业资产是其赖以生存和发展的物质基础。当企业处于扩张期时，其基本表现是企业规模不断扩大。一般情况下，企业规模扩大源于两个方面：第一，所有者权益的增加。若所有者权益大幅增加是由企业发行股票引起的，则投资者应该关注募集资金的使用情况。如果发现募集资金仍然处于货币形态或者作为委托理财等使用，就意味着此时的资产增长率所反映出的成长性预测会大打折扣，不具有真实性。第二，负债的增加。负债增长通常是在资金短缺的情况下通过发行债券或向银行贷款实现的，但会受到资本结构的限制，当企业的资产负债率较高时，负债规模的扩大空间有限。

有时，可以用固定资产增长率来代替：

$$固定资产增长率=\frac{期末固定资产-期初固定资产}{期初固定资产}$$

对于生产性企业而言，固定资产增长反映了企业产能扩张，特别是供给存在缺口的行业，产能扩张直接意味着企业未来业绩的增长。分析固定资产增长时，投资者需要关注的增长部分是固定资产的构成。如果企业增长的固定资产大多处于在建工程状态，那么投资者就需要关注其预计竣工时间，待其竣工，必将对竣工当期利润产生重大影响；如果企业增长的固定资产在本年度较早月份已经竣工，那么其效应已基本反映在本期报表中，投资者希望其未来收益在此基础上再有大幅增长就不太现实了。

2. 收入增长率

$$收入增长率=\frac{本期收入-上期收入}{上期收入}$$

一般情况下，具有成长性的企业大多都是收入增长突出的。当然，许多企业主要依靠主营业务收入。所以，可以用主营业务收入增长率来代替：

$$主营业务收入增长率=\frac{本期主营业务收入-上期主营业务收入}{上期主营业务收入}$$

如果企业的主营业务收入增长率较高，说明主要产品的市场需求量较大，业务扩张能力较强。如果一家企业能够连续几年保持30%以上的主营业务收入增长率，基本上可以认为该企业具备成长性。

3. 利润增长率

$$利润增长率=\frac{本期利润-上期利润}{上期利润}$$

一般情况下，一个成长性企业都是利润稳定增长的。主营业务利润增长幅度几乎代表了利润的增长趋势，所以，用主营业务利润增长率（毛利润增长率）来代替：

$$主营业务利润增长率=\frac{本期主营业务利润-上期主营业务利润}{上期主营业务利润}$$

有的企业虽然利润有较大幅度的增加，但主营业务利润（毛利润）没有相应的增加，甚至主营业务利润大幅下降，说明企业的利润质量不高。若想投资此类企业，则一定要小心警惕，因为可能蕴藏着巨大的经营风险。这时，要考察一下企业的息税前利润（营业利润）。

$$息税前利润增长率=\frac{本期息税前利润-上期息税前利润}{上期息税前利润}$$

如果营业利润不高，说明企业的管理费用和销售费用过高。这时，要再考察一下企业的息税后利润（净利润）。

$$息税后利润增长率=\frac{本期息税后利润-上期息税后利润}{上期息税后利润}$$

净利润作为公司经营业绩的最终成果，其连续增长是公司成长性的基本特征。如果净利润增长率较高，表明公司经营业绩突出，市场竞争能力强；反之，净利润增长率较低甚至出现负值，也就谈不上企业具有成长性。

第四节　危机性企业的财务预警

根据国内外研究，危机性企业至少具有以下标志：第一，从企业运营情况看，表现为产销严重脱节，企业销售及利润明显下降，多项绩效评价指标严重恶化；第二，从企业资产结构看，表现为应收账款大幅增长，产品库存迅速上升；第三，从企业偿债能力看，表现为偿还到期债务的能力正在丧失，流动资产不足以偿还流动负债，甚至出现总资产低于总负债；第四，从企业现金流看，表现为缺乏偿还即将到期债务的现金流，现金流入小于现金流出。因此，危机性企业的财务预警，主要有财务风险、财务困境、财务失败等预警，目的是望闻问切，“望”行业背景，“闻”企业实力，“问”企业管理，“切”企业现金流。

一、财务危机与财务困境

企业财务危机预警是借助企业提供的财务报表、经营计划和其他相关会计资料，利用会计、统计、金融、企业管理、市场营销理论，采用比率分析、比较分析、因素分析及多种分析方法，对企业财务危机等进行财务预测，以发现企业在经营活动中潜在的经营风险和财务风险，并在危机发生前向经营者发出警告，督促企业管理当局采取有效措施，避免潜在的风险演变成损失，起到未雨绸缪的作用。

（一）财务危机

目前，国内外学术界对财务危机（Financial Crisis）尚无明确定义，普遍认同的主要有：

1. 法律定义

法律关注的财务危机，侧重于企业破产。企业破产是指企业无力偿还到期债务，是衡量企业财务危机最常用、最准确和最极端的标准。此时的财务危机与财务失败相近。

2. 市场定义

市场关注的财务危机，侧重于企业表现。以证券交易所给予上市公司特别处理或退市为标准。如果某一上市公司持续亏损、有重大潜在损失或者股价持续低于一定水平，证券交易所会给予其特别处理或退市。此时的财务危机与财务困境相近。

总之，财务危机是从财务风险，经财务困境，到财务失败的过程。财务风险是征兆，财务困境是过程，财务失败是结果。财务风险累积到一定程度，会引发财务困境；财务困境恶化到一定程度，会导致财务失败。

（二）财务危机与财务困境

目前，国内外学术界对财务困境（Financial Distress）也无统一界定。据现有研究，财务危机（Financial Crisis）的内涵包括：财务风险（Financial Risk）、财务困境（Financial Distress）、财务失败（Financial Failure）、财务破产（Financial Bankruptcy）等。

阿特曼（Altman，1968）认为公司破产前要经历失败、无力偿还债务和破产三个阶段。失败阶段表示公司开始出现财务困境，公司的资产现值已低于资产本身的市场价值，已无存续的意义。无力偿还债务阶段表示公司已进入财务困境状态，无力偿还到期债务，或许只是一种临时状态，但可能成为公司破产的前兆。破产阶段是企业依法宣布破产。

詹森（Jensen，1986）列出了企业陷入财务危机的 12 种标志，按照严重程度依次递减的顺序为：①债权人申请破产清算，即企业自愿申请破产或者被指定的接收者全部接受；②公司股票在交易所被迫停止交易；③会计师针对企业持续经营作出保留意见；④与债权人发生债务重组；⑤债权人寻求资产保全；⑥违反债券契约，公司债券评级或信用评级下降，或发生了针对公司财产、董事的诉讼；⑦公司重组；⑧重新任命董事，或者请公司诊断师诊断；⑨被接管；⑩公司关闭或者售出了部分产业；⑪股利分配减少甚至无法分配；⑫公司股票的相对市场价格下降。

罗斯（Ross，2000）等将财务困境概括为以下 4 种情况：①企业失败：企业清算后仍不能支付所欠债务；②法定破产：企业或者债权人向法院申请宣告企业破产；③技术破产：企业无法按期履行债务合约还本付息；④会计破产：企业账面净资产为负，意味着资产小于负债，资不抵债。

二、财务预警与财务预测

财务预警作为企业经营预警系统的重要子系统，为企业有效纠正经营方向、改进经营决策、配置经营资源提供可靠依据。

（一）财务预警

“预警”起源于军事，是指通过预警飞机、雷达和卫星等工具提前发现、判断敌人的进攻信号，并将具体进攻信号的威胁程度报告给指挥部门，以便提前采取应对措施。换言之，预警是指事先发出警示，以避免可能遭受的损失，或将损失降到最低。

1. 财务预警原理

从原理上看，企业财务预警系统关注的重点是企业的偿债能力，首要目标是摆脱财务困境和保障企业存活，反映了一个危机性企业的“安全轨迹”。通常情况下，企业财务预警可以借鉴和运用较为成熟的企业绩效评价模式。

2. 财务预警内容

从内容上看，企业财务预警除了企业财务评价外，还与企业的财务风险、财务控制、财务预测等相关，涉及企业财务管理的几乎所有环节。企业财务预警通常分为寻找“警源”、 分析和识别“警兆”、设置和测定“警度”、采取“排警对策”等程序。

3. 财务预警目的

从目的上看，企业财务预警是为了预测企业当前的财务警情，及时发出预警通知，除了参考企业当年的数据资料，也包括过去几年的财务数据和未来年度的可预测资料。财务预警展现了“收益风险均衡”的原则，其目的是提前预测并通知企业所面临的危险处境，及时发现企业财务运作体系中可能存在的漏洞。同时，分析财务风险产生的原因，寻找财务风险防范措施，提高抵御财务风险的能力。

4. 财务预警方法

从方法上看，企业财务预警通常采用：第一，设置“收付实现制”条件下的偿债能力指标；第二，反映企业安全性指标的权重较高，并兼顾长期指标与短期指标；第三，运用同业公认的“不允许”水平与目标企业做比较，以此度量目标企业财务危机的程度；第四，把企业警情分为“无警”、“轻警”、“中警”、“重警”和“巨警”五个等级。

（二）财务预警与财务预测

随着企业外部环境不确定性、经营活动复杂性和危机管理紧迫性的加大，越来越重视财务预警，财务预测能力也得到相应提高。财务预警与财务预测相比，究竟有何特色？

1. 流程的差异

财务预测是对经济社会现象发展趋势的推测或估算，囿于预测者的假设提出、方法选择、资料利用技巧，以及所运用的学识、经验、能力来进行判断等。预测失误是常有之事。预警较为严谨，报告者提出“警示”或“警情”必须建立在真实情报来源的基础上，一份报告通常具备“现象、原因、数据、建议和对策”等关键要素。当然，预警也有失误。

2. 特征的差异

财务预测假设宏观经济和企业绩效是持续性的，主要依据企业经营的历史数据，采用时间序列、回归分析等方法对宏观经济和企业发展趋势进行研判。预测虽然在预算制定和战略选择上占据非常重要的地位，但自身存在一些不足，如预测过程会受到许多因素的干扰，导致预测结果的不确定性。预警是衡量某种状态偏离预警线的强弱程度，并发出预警信号的过程。它是借助计算机信息系统确定预警状态，发出监控信号，具有先觉性、动态性和深刻性。

3. 对象的差异

财务预测针对的是经济社会现象发展的运行趋势或未来走势。财务预警要针对重要事件，往往是对国民经济产生重大影响、对国计民生与社会稳定可能带来一定危害的苗头或现象，如珍珠港事件、911 事件、东南亚金融危机、2008 年金融海啸等。而今天堵车，明天物价上涨，以及“姜你军、蒜你狠、豆你玩”等生活琐事，都不在财务预警之列。

4. 关系的差异

对待任何事情，应当先预测，后预警。大多数情况下，财务预警要以财务预测为基础，运用先行指标，预测未来发展趋势，对风险程度进行度量，并及时通知决策者采取风险规避措施，尽量减少企业损失。若企业发展势头发生逆转，则应从财务预测转化为财务预警。同时，财务预警情报只有送到使用者手中，才能体现其真实价值。

5. 功能的差异

财务预警具有一些特殊功能：第一，预知财务危机征兆。当可能危及企业财务状况的关键因素出现时，财务预警系统就会预先发出警告，提醒经营者及早做好准备，采取相应对策，以减少财务损失。第二，预控财务危机发生或进一步扩大。当财务危机征兆出现时，有效的财务预警系统不仅能预知并预告，而且能及时寻找导致企业财务状况进一步恶化的原因，使经营者“知其然，更知其所以然”，制定有效措施，阻止财务状况进一步恶化，避免严重的财务危机发生。第三，预防类似财务危机再次发生。有效的财务预警系统不仅能及时回避现存的财务危机，而且能通过系统详细记录其发生的缘由、解决措施、处理结果等，弥补财务预警系统的现有缺陷，提供未来类似情况的前车之鉴，从根本上消除隐患。

三、财务危机的判定

判定财务危机的方法很多，一般分为传统财务分析法和现代财务分析法。囿于篇幅，这里仅介绍前者。一般来说，爆发财务危机前，企业会出现财务比率的异常变动。因此，可以利用财务比率及其组合的变化，来判断财务危机发生的可能性。根据财务比率的数量，分为单一财务比率分析和综合财务比率分析。

（一）单一财务比率分析

单一财务比率分析是指根据企业财务报告中的某一财务比率的数值及其变化趋势，对企业财务危机进行分析与预测。例如，制造企业在通常情况下合理的流动比率是 2，如果某一企业的流动比率大大低于 2，就意味着可能存在偿债风险，从而蕴含财务危机。

单一财务比率分析简单且易于理解，可以结合非财务信息进行深入分析，加强灵活性、适应性和准确性。如分析流动比率时，可以结合企业变现能力提高的因素，如银行借款、迅速变现的长期资产、偿债能力良好的声誉等，也可以结合企业变现能力降低的因素，如没有登记的或有负债、因担保而造成的负债等。

然而，单一财务比率分析的不足之处显而易见。不同财务比率对同一企业的预测，可能会相互矛盾，导致无法做出正确的判断。此外，各个财务比率之间通常存在互补关系。如果一个企业的盈利能力较强，其负债率可以高于同类企业，不会影响该企业的偿债能力。

（二）综合财务比率分析

由于单一财务比率分析无法进行全面预测，综合财务比率分析便走上了历史舞台，最典型的三种方法是沃尔评分法、综合评分法和野田式企业危险度测定法。

1. 沃尔评分法

沃尔评分法是亚历山大 • 沃尔（Alexander Wall）在 1928 年建立的信用能力指数，分为以下四个步骤：第一，选定流动比率、产权比率（负债/净资产）、固定资产比率（固定资产/总资产）、存货周转率（销售成本/存货）、应收账款周转率（销售收入/应收账款）、固定资产周转率（销售收入/固定资产）、净资产周转率（销售收入/股东权益）7 个比率；第二，根据各比率的重要性，分别给出各比率权重，如表 2-3 所示；第三，通常基于行业平均数，确定标准比率，然后将某企业的实际比率与标准比率对比，得出该企业的 7 个相对比率；第四，将各相对比率与相应的各比率权重相乘，得出该企业的总评分。

表 2-3　基于沃尔评分法的财务比率权重表

财务比率	流动比率	产权比率	固定资产比率	存货周转率	应收账款周转率	固定资产周转率	净资产周转率
比重	25	25	15	10	10	10	5

沃尔评分法把 7 个财务比率用线性关系组合起来，综合评估企业的信用水平，思路非常清晰，根据总评分大小，直接判断企业财务状况。一般而言，总评分越高，财务状况越好。如得分 120 分以上的企业，偿债能力大且违约风险小，发展势头良好；得分 60 分以下的企业，偿债能力低且违约风险高，有的已处于严重的财务危机之中。

令人困惑的是，沃尔评分法没有解释为何要选定这 7 个财务比率？财务比率权重为何要这样确定？尽管这些问题尚未得到确切答案，但并不影响沃尔评分法的广泛使用，主要原因是沃尔评分法易于理解和操作，远胜于徒有完美的理论模型。

2. 综合评分法

综合评分法承袭了沃尔分析法的基本思路，并完善了财务比率的选择和计分方法。依据经验，将盈利能力、偿债能力和成长能力作为企业财务评价的主要内容，大体按照 5∶3∶2 的权重进行分配。盈利能力的参照指标有资产净利率、销售净利率和净值报酬率，通常按 2∶2∶1 的权重进行分配；偿债能力的参照指标有自有资本比率、流动比率、应收账款周转率和存货周转率，通常按 1∶1∶1∶1 的权重进行分配；成长能力的参照指标有销售增长率、净利增长率和人均净利增长率，通常按 1∶1∶1 的权重进行分配。如表 2-4 所示。

表 2-4　基于综合评分法的财务比率权重表

内容	财务比率	比重
盈利能力 50	资产净利率	20
	销售净利率	20
	净值报酬率	10
偿债能力 32	自有资本比率	8
	流动比率	8
	应收账款周转率	8
	存货周转率	8
成长能力 18	销售增长率	6
	净利增长率	6
	人均净利增长率	6

计分方法上，标准比率也以本行业的平均值为基数，并用适当的理论加以修正。每个指标除了评分，还规定了上限和下限，上限、下限分别为正常评分值的 1.5 倍和 0.5 倍。此外，综合评分法克服了沃尔评分法的不足，计算评分时杜绝用乘法，仅用加减法运算。

与沃尔评分法一样，综合评分法也是依据最终得分的高低，判断企业的财务状况。由于每个财务指标存在上限和下限，最终评分取值在 50～150 分，且分值越高，表示企业财务状况越好，财务危机的发生概率越小；反之亦然。

综合评分法的核心是财务比率的选择、评分标准的确定和标准比率的建立，是一种经过不断实践、不断修正和总结的方法。虽然它目前缺乏有力的理论支撑，但企业进行财务危机预警时被得到广泛的应用。

3. 野田式企业危险度测定法

通常情况下，人们倾向于选择较多的财务比率进行财务预测。然而，野田式企业危险度测定法截然不同，经过对众多的财务数据进行筛选后，最终选定应用增长性、综合收益性、短期流动性和长期安全性作为判定企业危险度的 4 个要素。

（1）财务比率选取

第一，从员工平均销售额看“应用增长性”。企业员工的平均销售额是野田式企业危险度测定法关注的首要数据，因为随着企业不断发展，初创期销售较低；成长期速度很快；稳定期销售达到最高，但增长速度开始变得迟缓；衰退期销售开始逐渐下降，此时很可能进入危险期。

第二，从总资产经常利润率看“综合效益性”。企业效益评估通常选择销售正常利润率，即正常利润/年销售额。由于该财务比率没有考虑销售投入，使用的财务比率是总资产经常利润率，即经常利润/总资产。

第三，从流动比率看“短期流动性”。企业筹资需求有短期（周转金）和长期（设备投资）之分，为了明确企业短期周转金状态，选用流动比率作为研究对象。

第四，从固定长期适合率看“长期安全性”。将固定长期适合率作为检查固定投资与长期筹资匹配情况的一项重要财务比率，其表达式为：固定资产/长期筹资。

（2）野田式企业危险度测定法则

野田式企业危险度测定法以 5 分法进行测定，正向指标的测定方法为

正向指标的测评分=5×（需预测企业的实际值/行业标准值）

反向指标（除固定长期适合率之外，其他都是正向指标）的测定方法为

反向指标的测评分=5×（行业标准值/需预测企业的实际值）

判定准则：2 分以下，表示企业危险；2～4 分，表示企业应当预警；4～5 分，表示企业安全。野田式企业危险度测定法与上述两种方法的不同之处是不需要计算综合评分，得出的最终结论要结合 4 个指标的评分。需要说明的是，野田式企业危险度测定法和单一财务比率分析法有相似的地方，有可能出现 4 个财务比率预测结果不一致的情况。

第三章　财务决策：核心财务手段

管理的重点在经营，经营的核心在决策，决策的要旨在创新。——赫伯特·西蒙

决策是科学也是艺术，民主科学的决策是企业生命。

财务决策是财务管理的心脏。

财务决策（Decision-making，Policy-making）是财务选择的终点和核心的财务手段，是财务战略的落地，是财务预测的继续，是财务计划的纲领，是编制财务预算、进行财务控制的基础。运筹帷幄，决胜千里，庙算如神，回筹转策，是财务决策的基本要义。

第一节　财务决策概述

财务决策是财务政策及其方案进行抉择和决断的过程，最终确定最满意的方案。财务决策具有一个较为庞大的理论与实践框架。

一、财务决策理论与实践框架

财务决策包括以下基本要素：第一，决策主体。作为决策者，可以是一个人，也可以是一伙人。第二，决策客体。作为决策对象，是要决定的基本问题。第三，决策信息。作为决策依据，包括内部经营信息和外部环境信息。决策信息的真实性和有用性是至关重要的。第四，决策理论和方法。除了要收集正确的信息，决策者还需要运用科学的理论和恰当的方法，来进行分析、推理和判断，找到最佳方案。第五，决策方案。作为决策结果，是决策最终形成、用于指导决策者行为的行动计划，通常用语言、文字、图表等形式来表达。除了上述5个基本要素外，还有以下框架要素。

（一）财务决策内容

财务决策的基本内容分为投资决策和筹资决策。

1. 投资决策

投资决策的基本问题是投资收益和投资风险的权衡。第一，投资收益分析。

生产性建设项目等内部投资，与购买各种证券等对外投资，现金流的方式、大小和风险不同，对企业收益的影响也不同。一般来说，长期投资的盈利性较高，流动性较低。第二，投资风险分析。不同投资方案的预期收益和风险各不相同。一般来说，预期收益水平与预期风险水平之间正相关：收益较高，风险也高；风险较低，收益也低。因此，企业投资决策需要准确计量预期收益和风险，在财务战略的指导下，根据企业财务环境，在能够承担的风险范围内，选择收益最大的方案；或者在取得满意的收益前提下，选择风险最小的方案。

2. 筹资决策

筹资决策的基本问题是筹资成本和筹资风险的权衡。第一，筹资成本分析。筹资包括债性筹资和股性筹资，债性筹资的成本较低，股性筹资的成本较高，为降低筹资成本，需要增加债性资本的比例。同理，优先股筹资的成本低于普通股筹资的成本，增加优先股比重，也可以降低筹资成本。第二，筹资风险分析。增加债性筹资和优先股筹资，并非没有上限。随着债性资本和优先股资本的增加，负债风险和优先股风险就会加大。筹资风险是企业破产的重要原因。

筹资决策总是希望筹资成本最低，同时筹资风险最小的方案。但是，筹资成本与筹资风险之间不可能趋于方向一致。那么，矛盾解决的焦点在于是降低筹资成本，还是控制筹资风险？不同企业甚至同一企业的不同决策者可能有不同选择。一个低负债经营的企业，可能会提高负债率，以降低筹资成本；而一个高负债经营的企业，会侧重控制筹资风险。当然，筹资决策需要考虑的因素很多，如负债的杠杆利益和抵税作用、通货膨胀效应等。总之，筹资决策是指企业为了实现经营目标，在预测资金需要量的基础上，通过对各种筹资渠道和方式的成本和风险的比较，选择资本结构最优化的方案。

（二）财务决策原则

财务决策应当遵循以下原则。

1. 系统性原则

系统性原则要求将财务决策对象视为一个系统，以系统的目标优化为准绳，协调系统内各部分的相互关系，维持系统完整和平衡。因此，财务决策既要考虑影响整个系统的所有因素，也要考虑整个系统内各部分的相互联系与相互作用。

2. 抉择性原则

财务决策的实质是对许多方案进行分析、比较和选择。没有抉择就没有决策。要有所选择，就必须提供可以相互替代的多种方案。实际上，为了实现相同的财务目标，企业可以采取多种方案，而这些方案在资源要求、可能出现的结果、风险程度等方面有所不同。企业面对的要务是如何根据事先确定的目标，经过系统的分析和综合，提出各种不同的途径和方法，然后进行比较，在此基础上挑选最满意的方案。

3. 可行性原则

可行性原则要求企业认真分析各种制约因素，包括外部市场、国家政策等因素。可行性路径要具有全面性和合法性，主要有：第一，政策可行。方案必须合乎国家相关产业政策的规定。第二，技术可行。方案所需要使用的手段、方法、工具等必须能够实施。第三，经济可行。方案的预期收益必须大于投入的成本。第四，人员可行。决策者的知识、经验、能力等素质，必须满足方案实施的要求。

4. 满意性原则

理论上可以在若干有价值的方案中做出最优选择，但实际上并非如此。决策者不可能掌握与决策相关的全部信息，从而制定没有疏漏的行动方案，进而准确计算每个方案的未来执行结果。也就是说，现实情况几乎不存在达到最优决策的条件，决策者不可能做出最优化决策，最多能做到次优化的满意决策。

5. 反馈性原则

反馈性原则是指一旦发现决策与客观情况有不适应之处，就要及时采取措施，进行必要修改与调整。决策是动态的，要为实现决策实施的目标服务。

（三）财务决策分类

财务决策可以从不同角度，进行不同分类。

1. 按问题是否重现，分为程序化决策和非程序化决策

（1）程序化决策。程序化决策是针对不断重复出现的例行性经济活动，根据经验和习惯确定一定的处理方法、标准和程序。当经济业务实际发生时，依据既定方法、标准和程序作出理想的决策。如企业可以通过制定存货的采购和销售政策、应收账款的信用和收现政策等，对相关业务进行规范，并据此作出决策。

（2）非程序化决策。非程序化决策是针对特殊的非例行性业务，专门进行的决策。如新产品开发、多元化经营、工厂扩建、并购投资等，这类财务活动的特点是具有非重复性，有的具有较强的创新性，没有统一模式和以往经验可资借鉴。由于每次决策与以前的决策不同，只能具体问题具体分析，按照非程序化的财务决策流程来解决。

2. 按影响涉及时间，分为长期决策和短期决策

（1）长期决策。长期决策是影响涉及时间超过一年的决策，关系到企业今后发展的长远性和全局性，如重大的项目投资决策、资本结构决策等。

（2）短期决策。短期决策是影响涉及时间小于一年的决策，是实现长期决策目标所采取的短期策略和手段，如闲置资金利用决策、零星资金筹集决策等。

3. 按使用方法特征，分为定性决策和定量决策

（1）定性决策。定性决策是决策者依据知识和经验所作出的决策，是决策者在掌握预测信息的前提下，通过分析事物的属性，利用经验判断、创新思维、逻辑推理等进行决策，其主要特点是依靠个人经验进行综合分析对比后做出的主观判断，往往不需要利用特定数学模型。定性决策主要用于影响因素过多或者目标与影响因素之间难以量化的决策。

（2）定量决策。定量决策是通过分析事物各项属性的数量关系进行的决策，其主要特点是在决策变量与目标之间建立数学模型，并对备选方案进行数量分析，根据分析结果判断备选方案是否可行。定量决策主要用于决策目标与其影响因素之间的数量关系决策。

4. 按结果确定程度，分为确定型决策和不确定型决策

（1）确定型决策。确定型决策是未来的财务活动和财务关系状态已经完全确定而作出的决策，其任务是运用定量决策，从各种方案得到明确结果，从中选择一个满意方案。确定型决策通常是以盈利能力、偿债能力、营运能力、成长能力等分析为前提。

（2）不确定型决策。不确定型决策是未来的财务活动和财务关系在许多特定条件下的明确结果未知，需要依据发生的概率而进行的决策。由于信息不完全或不充分，该类决策往往带有很大的主观随意性，难度较大。如果能够已知其发生概率的经验分布，并能够通过计算和分析风险报酬，来选择满意方案，这种不确定型决策称为风险型决策。不确定型决策通常是以盈亏平衡性、市场敏感性等分析为前提。

5. 按现金流是否折现，分为动态决策和静态决策

（1）动态决策。动态决策考虑了资金的时间价值、风险价值和其他价值，未来的现金流按一定利率折现后相加，即为现值，主要用于长期决策。

（2）静态决策。静态决策无须考虑资金的时间价值、风险价值和其他价值，未来的现金流直接相加，就是现值，计算简单，较易理解，一般用于短期决策。

二、传统财务决策的局限性及应用前提

传统财务决策是相对于现代财务决策而言的。传统财务决策是指企业某一主体（如董事会）对某一财务方案、方针（政策）、方向（策略）等进行拟订和选择的程序或过程。

（一）传统财务决策的局限性

传统财务决策将一个行为人看作是完全理性人，这类人无论在任何场景，都具备理性，并能够成功地运用理性，根据成本收益原则，做出效用最大化的决策。市场行为主体要达到完全理性，必须具备三个条件：

1. 不考虑信息不对称

信息是一种稀缺资源，对信息的获取和占有可以带来相关财富。决策者无论何时何地，可以无成本地获取所需要的所有信息，信息是充分的、完全的，不会受信息约束。

2. 不考虑交易成本

交易成本是一笔买卖达成的所有花费，包括信息传播、广告、谈判、协商、签约、运输、合约执行等活动所构成的全部费用。决策者在决策阶段的交易成本，可以忽略不计。

3. 不考虑决策者情绪

决策者情绪是面对成功与挫折时决策者应当采取的态度，是决策的有利武器。取得成功时不要盲目乐观，要保持冷静；遭受挫折时不要盲目悲观，要积极解脱。决策者在决策阶段的情感、心绪乃至动机，不会受外部环境的左右。

传统财务决策建立在“理性经济人”假设之上，其基本观点是：第一，资本市场是有效的，不存在套利机制。第二，市场行为主体是风险回避的，能够做出无偏估计，实现最优决策。

（二）期望效用理论在传统财务决策中的应用

风险条件下的传统财务决策依赖于期望效用理论。若风险项目的预期效用低于无风险项目，则会选择无风险项目。只有风险项目的预期效用高于无风险项目，才会选择风险项目。

期望效用是决策者价值观念的反映，是一种定量表现而不是定性反映，是决策者风险偏好的一种度量，是决策者对待得失的一种权衡结果。下面举例说明期望效用理论在传统投资决策中的应用。

现有 A、B 两个项目投资，可能产生的收益及其概率，如表 3-1 所示。

表 3-1　两个项目的收益及概率

经济状态	A 项目		B 项目	
	可能产生的收益（万元）	概率	可能产生的收益（万元）	概率
项目运作较好	800	0.2	700	0.3
项目运作中等	500	0.6	500	0.4
项目运作较差	200	0.2	300	0.3

在传统财务决策模式下，通常采用均值-方差法，即 $E(x)$-$V(x)$ 规则。

A 项目的均值与方差为

$$E(A)=800\times0.2+500\times0.6+200\times0.2=500 \text{（万元）}$$

$$V(A)=(800-500)^2\times0.2+(500-500)^2\times0.6+(200-500)^2\times0.2=36\,000$$

B 项目的均值与方差为

$$E(B)=700\times0.3+500\times0.4+300\times0.3=500 \text{（万元）}$$

$$V(B)=(700-500)^2\times0.3+(500-500)^2\times0.4+(300-500)^2\times0.3=24\,000$$

按照 $E(x)$-$V(x)$ 规则，应当选择 B 项目（因为 B 项目的方差小）。

然而，根据期望效用理论，不同风险偏好的投资者，可能有不同决策结果。设收益区间 $x\in[a,b]$，$a=0$，$b=1\,000$，即 $x\in[0,1\,000]$，期望效用 $U(a)=0$，$U(b)=1$，$0\leqslant U(x)\leqslant1$。

1. 风险回避性决策者

对于厌恶风险的投资者而言，期望效用随着收益的增加而增加，但增加的速度逐渐减慢，即边际效用递减，所以，期望效用函数是凸曲线的，如图 3-1 所示。

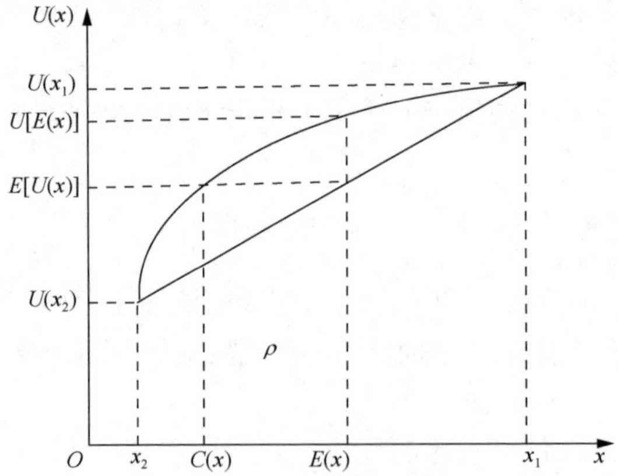

图 3-1　风险回避者的期望效用函数

其期望效用函数表达式为

$$U(x)=1-\left(\frac{b-x}{b-a}\right)^2,\quad U'(x)>0,\quad U''(x)<0$$

A、B 项目的收益效用的均值分别为

$$E[U(A)]=U(800)\times 0.2+U(500)\times 0.6+U(200)\times 0.2$$

$$=\left[1-\left(\frac{1000-800}{1000-0}\right)^2\right]\times 0.2+\left[1-\left(\frac{1000-500}{1000-0}\right)^2\right]\times 0.6+\left[1-\left(\frac{1000-200}{1000-0}\right)^2\right]\times 0.2$$

$$=0.96\times 0.2+0.75\times 0.6+0.36\times 0.2=0.714$$

$$E[U(B)]=U(700)\times 0.3+U(500)\times 0.4+U(300)\times 0.3$$

$$=\left[1-\left(\frac{1000-700}{1000-0}\right)^2\right]\times 0.3+\left[1-\left(\frac{1000-500}{1000-0}\right)^2\right]\times 0.4+\left[1-\left(\frac{1000-300}{1000-0}\right)^2\right]\times 0.3$$

$$=0.91\times 0.3+0.75\times 0.4+0.51\times 0.3=0.726$$

A、B 项目的收益均值的效用分别为

$$U[E(A)]=1-\left(\frac{1000-500}{1000-0}\right)^2=0.75,\quad U[E(B)]=1-\left(\frac{1000-500}{1000-0}\right)^2=0.75$$

对于厌恶风险的投资者而言，收益效用的均值小于收益均值的效用，即 $E[U(x)]<U[E(x)]$；同时收益确定性等值小于收益均值，即 $C(x)<E(x)$。综合以上两个方面的判断，选择 B 项目更为理想，与用 $E(x)-V(x)$ 规则的判断一致。

2. 风险追逐性决策者

对于喜好风险的投资者而言，期望效用随着收益的增加而增加，且增加的速度逐渐加快，即边际效用递增，所以，期望效用函数是凹曲线的，如图 3-2 所示。

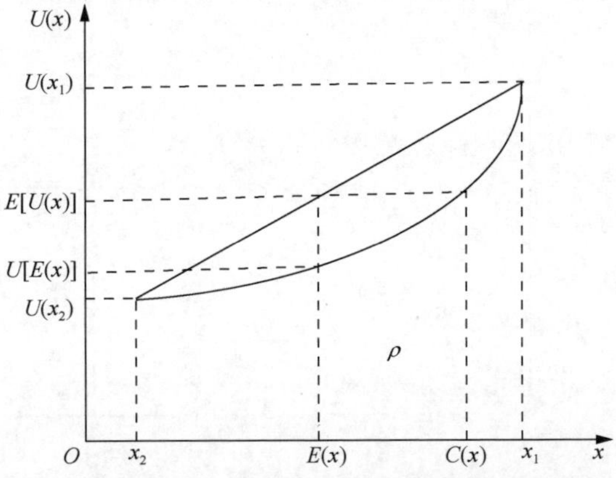

图 3-2　风险追逐者的期望效用函数

其期望效用函数表达式为

$$U(x)=\left(\frac{x-a}{b-a}\right)^2,\quad U'(x)>0,\quad U''(x)>0$$

A、B 项目的收益效用的均值分别为

$$E[U(A)]=U(800)\times 0.2+U(500)\times 0.6+U(200)\times 0.2$$

$$=\left(\frac{800-0}{1\,000-0}\right)^2\times 0.2+\left(\frac{500-0}{1\,000-0}\right)^2\times 0.6+\left(\frac{200-0}{1\,000-0}\right)^2\times 0.2$$

$$=0.64\times 0.2+0.25\times 0.6+0.04\times 0.2=0.286$$

$$E[U(B)]=U(700)\times 0.3+U(500)\times 0.4+U(300)\times 0.3$$

$$=\left(\frac{700-0}{1\,000-0}\right)^2\times 0.3+\left(\frac{500-0}{1\,000-0}\right)^2\times 0.4+\left(\frac{300-0}{1\,000-0}\right)^2\times 0.3$$

$$=0.49\times 0.3+0.25\times 0.4+0.09\times 0.3=0.274$$

A、B 项目的收益均值的效用分别为

$$U[E(A)]=\left(\frac{500-0}{1\,000-0}\right)^2=0.25,\quad U[E(B)]=\left(\frac{500-0}{1\,000-0}\right)^2=0.25$$

对于喜好风险的投资者而言，收益效用的均值大于收益均值的效用，即 $E[U(x)]>U[E(x)]$；同时收益确定性等值大于收益均值，即 $C(x)>E(x)$。综合双方判断，选择 A 项目更为理想，与用 $E(x)$-$V(x)$ 规则的判断相反。

3. 风险中立性决策者

对于风险中立的投资者而言，期望效用随着收益的增加而增加，而增加的速度始终不变，即边际效用恒定，所以，期望效用函数是直线的，如图 3-3 所示。

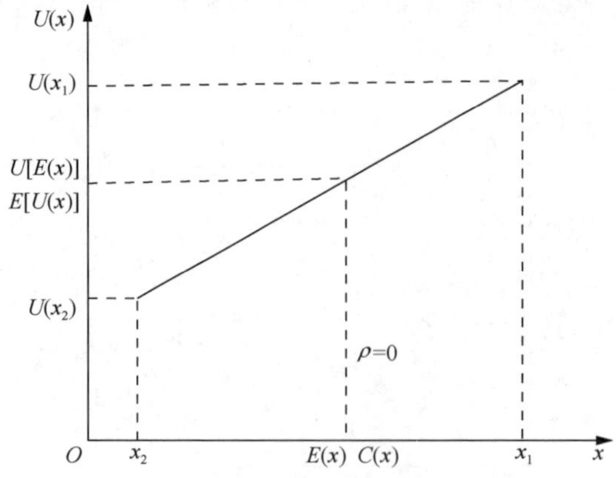

图 3-3　风险中立者的期望效用函数

其期望效用函数表达式为

$$U(x)=\frac{x-a}{b-a},\quad U'(x)>0,\quad U''(x)=0$$

A、B 项目的收益效用的均值分别为

$$E[U(A)]=U(800)\times0.2+U(500)\times0.6+U(200)\times0.2$$
$$=\left(\frac{800-0}{1\,000-0}\right)\times0.2+\left(\frac{500-0}{1\,000-0}\right)\times0.6+\left(\frac{200-0}{1\,000-0}\right)\times0.2$$
$$=0.8\times0.2+0.5\times0.6+0.2\times0.2=0.5$$
$$E[U(B)]=U(700)\times0.3+U(500)\times0.4+U(300)\times0.3$$
$$=\left(\frac{700-0}{1\,000-0}\right)\times0.3+\left(\frac{500-0}{1\,000-0}\right)\times0.4+\left(\frac{300-0}{1\,000-0}\right)\times0.3$$
$$=0.7\times0.3+0.5\times0.4+0.3\times0.3=0.5$$

A、B 项目的收益均值的效用分别为

$$U[E(A)]=\frac{500-0}{1\,000-0}=0.5,\quad U[E(B)]=\frac{500-0}{1\,000-0}=0.5$$

对于风险中立的投资者而言，收益效用的均值等于收益均值的效用，即 $E[U(x)]=U[E(x)]$；同时收益确定性等值等于收益均值，即 $C(x)=E(x)$。综合双方判断，选择 A 项目与选择 B 项目都一样，与用 $E(x)-V(x)$ 规则的判断也有差异。

总而言之，传统投资决策与基于期望效用理论的投资决策，可能会产生不同的结论：第一，当投资者为风险回避者，传统投资决策与基于期望效用理论的投资决策产生的结论是一致的。这是因为：传统投资决策基于人是理性的厌恶风险的，当 $E(x)$ 相同时，要选择 $V(x)$ 较小的项目。基于期望效用函数的投资决策判断标准是 $E[U(x)]<U[E(x)]$，$C(x)<E(x)$。当 $U[E(x)]$ 相同时，要选择 $E[U(x)]$ 较高的项目；当 $E(x)$ 相同时，要选择 $C(x)$ 较高的项目。第二，当投资者为风险追逐者，传统投资决策与基于期望效用理论的投资决策产生的结论是相反的。这是因为：传统投资决策基于人是喜好风险的，当 $E(x)$ 相同时，要选择 $V(x)$ 较大的项目。基于期望效用函数的投资决策判断标准是 $E[U(x)]>U[E(x)]$，$C(x)>E(x)$。当 $U[E(x)]$ 相同时，也要选择 $E[U(x)]$ 较高的项目；当 $E(x)$ 相同时，也要选择 $C(x)$ 较高的项目。第三，当投资者为风险中立者，要重点关注的是效用的均值（均值的效用）和确定性等值（均值）的大小。第四，要建立一个准确反映不同风险偏好投资者的期望效用函数是十分困难的，在传统投资决策时，通常默认投资者是风险回避的。

三、现代财务决策及影响因素

传统财务决策的假设条件在现实生活中是难以成立的。影响财务决策的因素错综复杂，不妨从内部和外部两个角度入手。

（一）内部影响因素

影响财务决策的内部因素较多，有企业层面的，也有企业管理者层面的。前者如自由现金流、投资机会、筹资约束等；后者如过度自信、沉没成本、后悔厌恶等。

1. 企业自由现金流

企业自由现金流及其波动，直接影响投资决策。若内部现金流减少，企业可能压缩投资规模；若内部现金流增加，企业可能扩张投资规模。投资规模的张缩，会波及筹资决策。

2. 经营者过度自信

经营者对其知识、经验和能力所做出的不切实际的估计，通常有三种形式：第一，过高估计高概率事件的发生概率，过低估计低概率事件的发生概率；第二，用于估计数值的置信区间过于狭窄；第三，不客观的自我评价。经营者一旦出现过度自信，面对不确定性，就无法对风险与收益做出权衡，极易出现行为认知偏差，导致财务决策失误。

（二）外部影响因素

影响财务决策的外部因素更多，有企业外部环境层面的，也有企业外部投资者层面的。前者如政策干预、制度变革、经济增长、市场需求、产业转型、技术进步等；后者主要是指投资者的非理性行为，如羊群行为、损失厌恶等。

1. 企业外部环境

外部环境从政策（Policy）、经济（Economy）、社会（Society）和技术（Technology）构成的PEST组合分析法入手。

（1）政策环境。一般分为政治关联和政府干预。任何政策的出台，对企业是机遇，也是挑战。面对政策利好，企业应当抓住机遇，扩宽市场，积蓄力量；面对政策利空，企业应当做出调整，望闻问切，渡过难关。

（2）经济环境。主要包括经济体制、政策、法律、周期、市场等。经济环境对企业经营决策具有直接的重大影响。若不分析或者不能准确分析经济环境，就会给企业造成巨大损失，甚至是灾难。如企业在金融危机期间采取扩张战略，就会背上沉重债务。

（3）社会（文化）环境。大致分为人力资源数量和质量、教育水平、文化素养、民族传统、社会伦理道德、风俗习惯、价值取向等。Allen（2005）等发现，在不完善的法律保护和信贷歧视的融资环境中，许多中国民营企业依靠非正式的融资渠道，取得了长足发展，其中声誉机制、个人关系等发挥了重要作用。李心合（2001）认为，"诚信"作为儒家伦理思想的基石，对企业理财有良好的支撑作用。

（4）技术环境。主要是指与组织生产有关的，包括硬技术和软技术。硬技术是有形部分，体现在研发出来的产品实体中，对公司财务决策的影响主要体现在ERP系统、管理会计控制系统的应用之中。软技术是无形部分，主要体现在组织、管理、信息等之中。

2. 投资者非理性行为

投资者（股东和债权人）的非理性行为主要包括羊群行为、反应过度和反应不足、后悔厌恶和损失厌恶等。

（1）羊群行为。羊群行为也称从众行为，最先用来特指动物的群聚行为，后来被引入金融市场，用来描述投资者的一种非理性行为，特指投资者在决策时，纯粹依赖舆论，忽略自身信息的价值，像牛羊一样模仿其他投资者的策略，最终导致大多投资者的决策趋于一致。羊群行为由于涉及多个投资者的相关性行为，对市场效率和稳定性的影响较大，引起了学术界和监管层的强烈关注。

（2）反应过度和反应不足。在金融市场，由于各种原因导致投资者在决策时对某些信息"反应过度"和"反应不足"。反应过度是投资者对近期的信息看得过重，决策时对近期的信息赋予较高的权重，轻视甚至忽略历史信息的价值。这种非理性可能导致当市场行情转好时，投资判断过于乐观；而当市场行情不好时，投资判断又过于悲观。反应不足是投资者对近期的信息看得过轻，甚至抱有怀疑态度，影响证券价格的正常形成和调整过程。目前我国的基本情况是，反应过度的大多是个人投资者，反应不足的主要是机构投资者。

（3）后悔厌恶和损失厌恶。后悔厌恶是当投资者一旦做出错误判断，内心感到非常后悔。为了避免这种后悔，投资者经常会做出一些非理性行为，如即便有些信息对投资决策无关紧要，但投资者非要等到相关信息公布后才做出投资决策。后悔厌恶可以很好解释过早卖出盈利股或过长持有亏损股的"处置效应"。当投资者持有的股票处于盈利阶段时，当期收益是确定的，为了避免未来价格下跌所带来的后悔，提前卖出股票。反之，当投资者持有的股票处于亏损趋势时，当期损失是确定的，为了避免未来价格上涨所带来的后悔，继续持有股票。损失厌恶是投资者面对同等数量的损失和收益时，更关注损失，导致了投资决策的不对称性，反映了不同的投资风险偏好。在确定收益与"赌一把"之间，投资者通常选择确定收益，表现为风险厌恶或回避；在确定损失与"赌一把"之间，投资者往往选择"赌一把"，表现为风险喜爱或追求。

第二节　过度自信理论下的财务决策

过度自信作为一种非理性的心理状态，对财务决策具有重要影响。

一、过度自信理论

学术界对“过度自信”现象关注的时间较长，形成了一套较为完善的过度自信理论。心理学实验观察及相关实证研究表明：由于受信念、情绪、偏见、感觉等主观心理因素的影响，人往往过于相信自己的判断能力，其后果是高估决策的成功率，低估与决策相关的风险，尤其是当人们对决策的过程和结果具有更强的控制力时，这种过度自信的倾向会更加明显。

（一）过度自信分类

企业财务决策中，过度自信主体通常分为两类：一是经营者；二是投资者。对应的过度自信分为经营者过度自信和投资者过度自信。

1. 经营者过度自信

对经营者过度自信的研究较多，也较为成熟。经营者（尤其是高管层）过度自信是影响公司财务决策的一个最重要和最主要因素。相关研究普遍认为：企业财务决策不能总是满足效用最大化的一个基本原因，是存在经营者过度自信的非理性行为。

Moore 和 Kim（2003）等的研究表明，经营者在决策时存在过度自信倾向，且这种倾向在高管层中表现尤为突出。经营者普遍存在过度自信情绪，高估投资项目收益，低估投资项目风险，从而虚化企业未来的业绩表现，这种认知偏差的出现，不仅与经营者的财富状况、个人声誉、以往经验等有关，也与自我强化的归因偏差相关。

2. 投资者过度自信

对投资者过度自信的研究不多，但对其中的控股股东过度自信的研究较多。投资者过度自信是指过于相信自己的判断，高估自己的能力在决策成功中的作用，低估甚至忽略运气、机会等因素对决策过程的影响。中国证券市场普遍存在投资者过度自信的现象。

投资者过度自信在证券市场的表现为：投资者认为自己的信息比其他投资者的信息更为准确，投资的成功概率更高；或者坚信自己掌握了其他投资者不具有的信息，能够获得超过平均水平的投资回报。这种认知偏差，可能会导致一些过度交易。

此外，投资者过度自信可能对信息处理产生一些直接或间接的影响。直接影响主要表现在投资者过分相信自己的能力和判断，忽视公司的一些会计信息，可能导致证券市场出现的账面与市值比效应。间接影响主要表现在投资者在过滤各种信息时，可能会仅关注那些能够增强自信心的信息，下意识地忽略那些损害自信心的信息。

（二）过度自信的影响因素

影响过度自信的因素较多，这里仅从决策者个性特征和企业经营特征着眼。

1. 决策者个性特征

过度自信作为一种典型而普遍存在的认知偏差，受行为主体个性特征的影响较大，如性别、年龄、教育背景、经验、专业知识水平、信息等。

（1）性别。通常而言，男性比女性更加容易过度自信。Barber 和 Odean（2001）利用投资者的交易量与收益率的有关数据，对性别与过度自信的关系进行了研究发现：与女性投资者相比，男性投资者的交易量大，年均收益率低。只有过度自信，才会频繁交易。

（2）年龄。一般来说，年龄越大，生活阅历越丰富，有助于减少过度自信行为，因此，年龄小的比年龄大的更加容易过度自信。Forbes（2005）研究发现，年长的管理者过去可能经历了更多的决策失误，具备了更多的知识、经验和能力，面对决策时更加谨慎，花费更长的时间，收集更多的信息，有助于减少判断偏差。

（3）教育背景。总体而言，随着教育背景的提升，人的过度自信会弱化。因为教育背景越丰富，掌握的知识越多，决策时考虑问题越周全，越有可能从正反两个方面来搜集有关信息资料，从而减少决策时所产生的判断偏差。

（4）经验。毋庸置疑，随着经验的不断积累，人的过度自信会降低。因为经验越多，越有机会从过去的决策事项中获得有关自身能力的信息，从而不断修正由于过度自信所产生的偏差。Fraser 等（2006）研究发现，随着经营管理经验的增加，管理者的过度自信行为会有所降低。

（5）专业知识水平。不可否认，人的专业知识水平越高，越倾向于过度自信。因为决策者认为自己是这个领域的专家，掌握的信息较多，判断不会有错。当好的结果出现时，归功于自己的知识、经验和能力；当坏的结果出现时，归咎于自己的运气不好或环境太差。Ben-david，Graham 和 Harvey（2007）研究发现，公司首席财务官（CFO）拥有的专业技能越多，过度自信行为越强。Malmendier 和 Tate（2005）发现，在经济管理知识教育上，受过训练比没有受过训练的首席执行官（CEO）具有更强的过度自信行为。

（6）信息。不容置疑，信息拥有量越多或者信息获取能力越强，人会更加自信。Oskamp 和 Stuart（1965）研究发现：决策时，随着掌握的信息量增加，人的自信水平随之上升，但其预测准确性并没有提高。此外，那些不包含任何意义的信息，有时也被认为是有意义的，结果导致人的过度自信。

2. 企业经营特征

企业经营特征主要从企业的基本情况和治理结构两方面进行阐述。

（1）企业基本情况。

① 规模。规模大的企业通常分工明确，决策者所处理的信息较单一，需要谨小慎微。规模小的企业，分工一般比较简单，决策者面对和处理的信息要复杂得多，容易变得过度自信。然而，与规模小的企业相比，规模大的企业决策者往往更加过度自信。

② 成立年限。一般而言，企业成立年限的长短，与决策程序和规章制度健全与否有关。成立年限较长的企业，通常建立起了比较健全的议事程序，决策者的个人判断要通过既定的议事程序才能形成企业决策，决策者的信念和理念不免会与一些人发生碰撞，从而减轻决策者的过度自信。成立年限较短的新兴企业，鲜有详尽完善的议事规则，重大决议更加依赖于决策者的个人判断，决策者的过度自信更有机会展现。

③ 以往业绩。过去业绩是影响决策者过度自信的重要因素。心理学实验发现：自我归因效应的存在，导致取得多次成功的人会变得更加骄傲。Thaler 和 Johnson（1990）的研究发现，已获得收益的金融市场投资者在未来决策中倾向于更加自信，会追加投资，较少采取风险回避组合，存在忽视风险的倾向。

④ 能会影响决策者的自信心理，形成一定的阻碍作用。受债务合同约束和债权人监督，负债多的企业，时刻面临还本付息的资金压力，决策者变得更加谨慎，从而较少地展现过度自信倾向。只有当企业拥有大量可支配的自由现金流时，决策者才会采取更加冒险的投资行动。

⑤ 盈利能力。盈利能力（指标：总资产报酬率 ROA、净资产收益率 ROE）越大的企业，发展前景和机会越大，筹资渠道越广，决策者拥有的自由现金流越多，自信心越高。

⑥ 投资机会。企业的投资机会（指标：主营业务收入增长率）对资本性支出有着重要影响。企业面临的投资机会越多，其资本性支出越多，业务越繁忙，决策者越自信。

（2）企业治理结构。决策过程会受到来自董事会、非控股股东的监督和约束。董事会独立性越强，对管理层投资决策起到的约束作用就越大，越能够抑制由管理者过度自信行为而引起的投资冲动。股权集中度高、股权制衡较弱的企业，缺少有力的外部监督，管理者决策体现的更多是控股股东意志，其过度自信心理往往更加严重，且难以及时作出调整。

（三）过度自信的度量

既然过度自信的主体分为经营者和投资者，那么过度自信的度量也从两个方面进行。

1. 经营者过度自信的度量

目前国内外学界提出的关于经营者过度自信的度量替代指标主要有：管理者是否适时行使股票期权、相对薪酬比例、媒体对CEO的评价、总经理盈利预测、CEO并购频率和公司最近的业绩等。这里仅介绍前两个指标。

（1）是否适时行使股票期权。有时也用管理者是否经常购买股票来表示。Malmendier和Tate（2005）将那些不打算出售其持有的超值期权或者不断增持其所在企业股票的CEO视为过度自信的管理者。按照投资组合理论，投资者应当进行多元化投资，才能有效分散风险。CEO不利用好的时机行使股票期权或者出售股票，愿意承担较大风险，表明CEO对企业未来看好，是过度自信的，认为在自己的带领下，企业股价定会进一步攀升。

（2）相对薪酬比例。CEO与薪酬居企业第二的管理者的现金报酬之比称为相对薪酬。Hayward和Hambrick（1997）认为，相对薪酬越高，表明职位越重要，从而更倾向于过度自信。Brown和Sarma（2006）研究发现，管理者的相对薪酬与其对公司的控制力正相关。

2. 投资者过度自信的度量

对投资者过度自信的度量，主要是从投资者情绪和投资者羊群行为的角度进行的。

（1）情绪。投资者情绪包括针对市场的情绪和针对个股的情绪，前者又分为显性的直接情绪和隐性的间接情绪。最近的一些行为公司进行金融研究时开始用动量指标衡量投资者情绪，考察投资者情绪对公司投资行为的影响。国内学者对动量效应是否在中国资本市场存在进行了大量研究，大部分实证研究都表明形成期和持有期的动量效应在半年内是显著存在的，超过了半年甚至更长的时间，动量效应会消失。因此，本章借鉴吴世农和汪强以及花贵如和刘志远的研究设计，以半年期的动量指标计量投资者情绪，即将7月至12月这六个月的累积月度股票收益作为投资者情绪的替代变量。在处理股票月度收益数据时，由于考虑现金红利再投资的个股月回报率和不考虑现金红利再投资的个股月回报率没有很大差别，本章利用 2007 年至 2010 年考虑现金红利再投资的个股月回报率来度量投资者情绪。

（2）羊群行为。羊群行为也被称为羊群效应或从众心理，是一种广泛存在的现象，特别是在金融市场中。它指的是个体（如投资者）在决策过程中受到群体行为的影响，模仿他人的决策，而不是完全依赖于自己的判断。这种行为可能导致资产价格的大幅波动，甚至引发金融危机。羊群行为的特点主要表现为一致性，即个体倾向于做出与大多数人相似的选择或行为。这种行为可能源于多种心理因素，如避免与众不同、追求群体认同等。

国内外学者对投资者情绪的度量指标主要分为以下几类：封闭式基金折价、IPO 发行量及首日收益、交易量、共同基金净赎回、零股买卖比例、综合指数 CICSI、投资者情绪复合指数、操控性应计项目、市场流动性指标、股票收益率、非均衡估价指标、流通股持股比例、央视看盘等。尽管学者们提出了多种指标用于度量投资者情绪，但是，仍未给出一种公认的最优度量指标。

二、经营者过度自信对投资决策的影响

（一）经营者过度自信对固定资产投资决策的影响

过度自信经营者在进行固定资产投资决策时，与理性经营者一样，也是根据 NPV 的投资决策准则的，只对那些净现值大于零的项目进行投资。但按照 NPV 进行决策，是以准确预测企业未来现金流和采用适当的折现率为前提的。如果折现率或者现金流不准确，那么项目的 NPV 就不可能准确，企业就可能从事低效的固定资产投资。

1. 现金流评估影响固定资产投资决策

评价固定资产投资项目的现金流是非常复杂的。需要对企业未来期间的收入、成本进行测算，而这些测算又需要销售量、销售价格、原材料耗费、人工耗费等相关数据，同时，未来充满了不确定性，市场需求、原材料价格、国家政策等因素变化较快，许多意外情况会随时发生。因此，准确估计项目的未来现金流是不可能的。由于过度自信经营者过高估计了自己的经营管理能力和所掌握的信息，同时对投资结果存在控制幻觉，对投资项目充满了乐观期待，评价时往往高估收入，低估成本，从而使项目的现金流被高估。

2. 折现率评估影响固定资产投资决策

根据现代财务理论，经营者应该根据投资项目现金流的风险大小，确定一个报酬率。若投资项目未来现金流中蕴含的风险较高，则要求一个较高的折现率；反之亦然。然而，折现率的确定也是十分复杂的，不仅要知悉项目在有效期内每

年产生的现金流的大小，而且要知悉现金流的波动程度。由于未来的不确定性，完成这项工作几乎是不可能的。在现实财务活动中，通常以企业资本成本为基础，然后根据项目的风险大小进行调整。当项目风险和企业当前业务风险相同，企业资本成本可以作为项目的折现率。若项目风险高于企业当前业务风险，则应采用高于企业资本成本的贴现率；若项目风险低于企业当前业务风险，则应采用低于企业资本成本的贴现率。过度自信经营者由于高估了自己的能力，对即将上马的项目存在控制幻觉，评价项目现金流的风险时，认为自己能够有效经营，项目风险很小，可以采用较低的折现率。

过度自信经营者高估了自己的经营管理水平，相信企业在自己的领导之下一步步走向繁荣。评价投资项目时，过度自信经营者可能高估投资项目的未来现金流，也可能低估投资项目的风险，采用较低的折现率，从而使投资项目的净现值被夸大。一些真实净现值为负、不具有投资价值的项目，在过度自信经营者看来是净现值大于零的。因此，相对于理性经营者，过度自信经营者通常有投资扩张的冲动。

（二）经营者过度自信对并购投资决策的影响

并购投资决策时，要对并购收益和风险进行分析，但由于过度自信经营者高估了自身的素养及其拥有信息的精确性，时常会发生判断错误，影响并购决策，表现在目标企业价值、并购协同效应和并购风险等三个方面的评估。

1. 目标企业价值评估影响并购投资决策

并购时，对目标企业进行估价，是并购企业支付并购价格的基础。理性管理者对目标企业估价时，会全面收集有关信息，并考虑各种因素的影响，对目标企业价值做出合理判断。过度自信经营者过于相信自己的判断能力，过于看重自己掌握的信息，轻视已披露信息的客观情况，而且在筛选信息时，重视那些能够增强其自信心的信息，忽视那些损害其自信心的信息，认为自己掌握了可靠的信息，找到了价值被低估的目标企业。因此，过度自信管理者与理性管理者相比，具有较高的并购投资冲动。

2. 并购协同效应评估影响并购投资决策

并购协同效应的高低是并购企业考虑是否并购的主要因素。协同效应越大，实施并购越有利。并购协同效应主要表现在管理协同、经营协同、财务协同等方面。过度自信经营者由于对自己的能力高度自信，认为目标企业价值之所以被低估，是因为目标企业资源没有得到充分利用，如果并购目标企业后，通过自己高超的经营管理技巧，就可以提高目标企业的资源利用效率，实现企业的规模经济和范围经济。由于高估了协同效应，认为并购能够带来更大的利益，相比理性经营者，过度自信经营者具有较高的并购投资欲望，愿意支付更高的溢价。

3. 并购风险评估影响并购投资决策

企业并购充满风险，稍有不慎，就会导致并购失败。过度自信经营者认为自己具有高超的经营管理才能，已经掌握充分可靠的信息，同时存在自己对目标企业经营者的管理控制幻觉，低估了并购过程中存在的风险，从而表现出较高的并购投资倾向。

（三）经营者过度自信对研发投资决策的影响

现代企业所有权与控制权发生了分离，由于经营者与股东的利益不一致和信息不对称，经营者在进行投资决策时，未必以企业长远发展为目标。

如果没有利益激励或者利益激励不充分，理性经营者一般不愿意进行研发投资。从理论上讲，研发投资预期为企业创造无形资产，提高企业盈利能力，增强市场竞争力，是非常有价值的财务活动。然而，由于活动具有很大的不确定性，一旦研发投资失败，给企业带来巨大损失，甚至导致破产，会极大影响经营者的职业声誉，并造成巨大的财富损失。此外，研发投资周期长，投资效益具有滞后性，研发支出大部分直接记入当期费用，对企业当年的利润贡献较少甚至有负面影响。因此，理性经营者厌恶这种有风险的长期投资项目。

对过度自信经营者而言则不然，他可能愿意从事研发投资，有如下原因：

（1）愿意承担风险。Gervais，Heaton 和 Odean（2003）通过一个简单的资本预算模型考察了经理特征对企业投资的影响，认为风险厌恶的理性经理倾向于推迟上马新项目，直到有了关于项目的精确信息才会上马新项目，而过度自信的经理则很少犹豫。

（2）要求报酬低。Otto（2014）通过一个典型的两阶段模型，研究了过度自信对最佳薪酬安排的影响，发现过度自信的经理比理性的经理要求的薪酬水平低，并通过实证研究证实了该观点。

（3）高估从不确定努力中获得的预期收益。Camerer 和 Lovallo（1999）研究发现：尽管市场竞争者很多，但过度自信经营者仍然强行进入市场，因为他相信自己，认为自己占据优势，虽然进入新市场有较高的失败率。

（4）具有控制幻觉。相信自己可以控制研发决策的结果，能够得到自己想要的结果，认为进行研发投资，自己一定会成功。

（5）期望更多创新成果。Glalasso 和 Simcoe（2009）建立了一个创新职业关系模型，研究发现那些过度自信经营者更可能技术创新，尤其是在竞争性行业。

三、经营者过度自信对筹资决策的影响

上述分析说明企业在融资时，过度自信的管理者由于高估企业的价值，常常不愿意发行股票进行筹资，而偏好于内部融资。

（一）经营者过度自信对股票筹资决策的影响

投资者的非理性行为造成公司资产定价错误，会对公司股票筹资决策产生重要影响。Stein 和 Jeremy（1996）提出了“市场时机”理论，其主要观点是投资者的非理性行为常常导致股票价格偏离其基本价值。当公司股票被市场高估时，理性的经营者通过发行股票进行筹资；当公司股票被市场低估时，理性的经营者倾向于股份回购。Graham 和 Harvey（2002）对美国多家上市公司高管的问卷调查表明，企业股票价格的高低是企业筹资决策的重要考虑因素。

投资者非理性行为不仅影响企业筹资方式的选择，而且影响资本结构的优化。Baker 和 Wurgler（2002）提出了基于“市场时机理论”选择的资本结构理论，认为一个公司的资本结构实际上是一系列对于市场筹资机会选择效应的累积结果。当其他条件相同时，公司的历史市值与面值之比的加权平均值（其中发行证券的年份被赋予更大权重）是当前公司股权资本比例在横截面上的良好预测指标。

（二）经营者过度自信对股利分配决策的影响

为了实现股东价值最大化目标，经营者要权衡两个目标：一是投资收益最大化；二是筹资成本最小化。作为理性经营者，即使进行股权筹资，也要投资那些净现值大于零的项目。但是，过度自信经营者则不然，认为企业股价被市场低估了，发行股票越多，给原股东带来的损失越大，不愿意发股进行筹资。同样，过度自信经营者认为债券的价值也可能被低估，也不愿意通过发行债券进行筹资。即使如此，过度自信经营者的最优投资水平仍然高于理性经营者，仍然持有过度投资的倾向。为了满足这种投资愿望，过度自信经营者不得不挖掘内部潜力，利润分配时，尽可能限制现金股利，即便不得不发放现金股利时，也要尽可能减少支付。可见，过度自信经营者倾向于不愿意分配现金股利政策。

第三节　前景理论视角下不确定性财务决策

行为心理学家通过大量实验研究发现，人的决策行为是“有限理性”的，在决策过程中存在各种各样的主观偏差。为此，Kahneman 和 Tversky（1979）提出了前景理论，认为行为人在不确定条件下进行决策时，决策结果与行为人的主观

判断标准有关，不同行为人对同一问题可能有不同选择，且面临风险时，并不是一味地规避风险，也不是一味地喜爱风险。

一、前景理论

通常情况下，概率和价值评估等主观判断、决策行为依赖于有限的可供利用的数据，会产生系统性偏差。第一，相似性偏差。人通常以两个事物的相似性为依据，通过一个事件的相关数据和信息评估另一个事件。虽然相似性指标在一般情况下可能有用，但也会出现较大偏差。第二，可得性偏差。人受知识面或记忆力的局限，预测和决策时大多是利用自己熟悉或容易获取的信息作为依据。这些不充分信息容易偏离总体信息而导致出现偏差。前景理论解释了在不确定条件下如何进行决策。

人的决策过程不仅存在直觉偏差，而且存在框架依赖偏差，导致在不同阶段对同一问题做出相互矛盾的选择。一是确定性效应。面对条件相当的损失时，人更倾向于冒险，显现为风险喜爱；面对条件相当的盈利前景时，人更倾向于接受确定性盈利，显现为风险规避。二是反射效应。面对盈利和损失前景，人对待风险的态度完全不同。三是分离效应。评估不同的待选前景时，人会经常暂时剔除各种前景中的相同因子，且剔除方法并非唯一，导致对待风险的态度有所不同。

人在不确定条件下的决策过程分为编辑和评估两个阶段。

（一）编辑阶段

编辑阶段对所提供的期望进行初步分析，使期望有一个更简化的表达形式。此阶段的主要工作是对相关信息进行处理，基本功能是形成决策架构，简化表述，为评估阶段做准备，主要涉及参照点选择、价值函数计算和决策权重函数计算。

1. 编辑方式

主要操作方式有以下内容。

（1）编译。人看重财富的得失胜于财富的最终值，通常把目前的水平设为自然参照点，超过此参照点编译为收益，低于此参照点编译为损失。

（2）组合。当前景选项的收益相同而概率不同时，可以将其整合，简化选项，在第二阶段根据简化选项做估值。

（3）分解。某些前景选项中含有确定的无风险部分，收益或者损失是明确的，可以将此部分内容相同的风险剥离出来，简化决策选项。

（4）删减。一是将每一个前景选项的共有部分找出来且忽略掉，直接对不同部分进行评估，简化流程；二是忽略对应部分中的共有组成部分，如相同的收益概率组合。

（5）简化和查找优势。简化是指通过凑整概率或者收益，使前景选项的判断更为直观和容易。此外，有个很重要的简化是忽略那些极端不可能的收益。查找优势是指通过检查各个前景选项，发现那些具有明显优势的，淘汰明显劣势的。

2. 编辑内容

重点编辑内容有以下内容。

（1）价值函数。价值函数的形式及其参数估计、价值函数的心理学解释、价值函数的引出方法、基于价值函数的随机占优、风险厌恶、损失厌恶等是其热门的研究方向。

（2）权重函数。核心问题是权重函数的形式及其参数估计、权重函数的心理学依据、权重函数的引出方法、价值函数和权重函数的组合规则及其影响。

（二）评估阶段

评估阶段对编辑过的期望进行估值，并选出价值最高的期望，可以描述为事件总价值函数的求解和最大值选择的过程。价值函数刻画了在面临不同的前景时，行为人做出决策的心理特征，归结起来有：第一，看重价值的绝对值，但更看重价值的变化值。第二，面临失去时，变成了风险喜爱者；面临得到时，变成了风险规避者。第三，对损失和收益的敏感性不同，财富减少所带来的痛苦，要远远大于等量财富增加带来的快乐。第四，前期决策导致的实际结果，会影响后期决策的风险态度。第五，损失与得到是相对参照点的特定设置而言的。

评估阶段包括各备选方案前景值计算、选择最高前景值的方案作为决策结果，主要是对已经被编辑过的前景进行评估，选择出最大值选项。

二、前景理论对企业投资决策的影响

风险条件下，企业财务决策受前景理论的影响会发生变化，主要决策变化有以下几方面。

（一）收益稳定后的投资决策

依据价值函数的特征，当收益达到一定程度后，单位收益所带来的边际效用很小，甚至为零，因此，企业在这种情况下，更关注保持收益稳定性。

前景理论下，财务决策将收益与损失分开考虑。从损失的角度看，如果所采用的投资决策导致盈利率下降，即使是盈利，但由于股东的参考点在设置之前有较高的盈利点，那么其心理效用还是亏损的。因此，为了达到投资目的，稳住投资者，较为稳妥的做法是采用保守的投资政策，将重心转移到保持收益稳定性之上。

（二）从零开始的投资决策

在这种情况下，对于决策者而言，亏损比盈利带来的影响更大，避免亏损更加重要。从前景理论的价值函数特征可以看出，在零点附近，投资者对收益和损失非常敏感。即使微小的盈利，也会使决策者感知效用更大程度增加；即使微小的损失，也会使决策者感知效用更大程度减少，使股东产生更大的心理动荡及负面心理效用。相比较而言，股东更惧怕亏损，经营者必须注意盈亏管理。

同时，这种情况对决策者而言是比较有利的，但参考点设置要合理。参考点可以设置为零，或为行业平均水平，或为历史同期水平，或根据投资者的主观要求。通过参考点的设置，纠正投资者可能的认知偏差，从而在亏损及其临界点附近采取更为积极的管理。

（三）亏损后的投资决策

在这种情况下，要关注前景理论中的处置效应。因为前景理论的价值函数特征表明，人在决策时，面对纯收益时表现为风险厌恶，面对净损失时表现为风险喜爱。刚开始即使是微小的损失，也会产生很大的负面心理效用，但损失达到一定程度后，单位损失变化所导致的负面心理效用呈递减下降。为此，一般做法是：初期亏损仍会尽力换回，但如果觉得无法挽救、亏损加大到一定程度，就会选择等待，等到快要崩盘时再来救援。在这种情况下，参考点已经发生变化，已经从盈亏平衡点转变为亏损之后的点。

这时，微小的盈利也会导致正面心理效用猛涨。一旦投资政策失败，股东会认为局面本来难以收拾，负面心理效用不会再增加。根据价值函数的特征，面临损失时，决策者会偏好风险，那么高风险高收益的方案会容易通过，往往会出现集体大冒险的现象。一旦出现这样的局面，投资决策应当更加慎重，避免采取过高风险的项目选择。

前景理论在一定程度上揭示了企业财务决策的非理性行为，或者合理解释了财务决策过程的心理因素影响。第一，在大多情况下，同一群决策者对同一个项目、同一基准折现率和参照点，使用前景理论和期望理论的财务决策分析结果是不同的；第二，同样是运用前景理论，在大多数情况下，由于参照点不同而导致基准折现率的不同，从而使财务决策的分析结果是不同的；第三，前景理论和期望理论的财务决策分析结果具有明显的差异性，原因是期望理论完全从理性人的角度，没有考虑到决策者的心理因素、类似项目以往盈亏状况，忽略了心理参考点的客观存在，尽管某些计算过程和方法相同，但在最后的评估决策阶段，两者的分析思路却背道而驰，从而导致了两者结论的明显差异。

三、前景理论对企业筹资决策的影响

企业经营管理者面临不同状况时，对筹资决策会作出不同反应。根据前景理论的影响可以推断，面临收益时会抱着谨慎的态度进行筹资决策，面临损失时会抱着过度自信的心态进行筹资决策。前景理论下的企业管理者态度对筹资决策会产生一定影响。

（一）债务规模

早期学者大多是研究过度自信对债务水平结构的影响，且结论基本一致：过度自信的企业管理者会选择债务负担较重的资本结构，会导致债务水平提高。

Fairchild（2007）采用信息不对称模型分析发现，过度自信会导致过度使用企业债券，容易陷入财务困境。Oliver（2005）的研究表明，过度自信的企业管理者会倾向发行更多债券。

（二）债务期限结构

债务期限结构是企业长期、中期、短期债务所占的比例。Hackbarth（2008）认为企业筹资决策权掌握在管理者手中，企业管理者个性对企业债务筹资决策的影响显著，过度自信的企业管理者倾向于选择更高的债务比率，发行新债更加频繁，导致债务期限结构更短。Landier 和 Thesmar（2009）分析认为，当仅有债务契约时，过度自信的企业管理者会选择短期债务契约，理性的企业管理者会选择长期债务契约，从而达到分离均衡。以法国企业家为对象的研究发现，企业管理者乐观预期偏差与短期负债的运用存在显著的正相关。余明桂等（2006）认为企业管理者的过度自信是影响公司债务筹资决策的一个重要因素，企业管理者过度自信会促使企业采取激进的债务筹资决策。

（三）筹资顺序

Malmendier 和 Tate（2005）认为过度自信的企业管理者存在明显的筹资顺序偏好，且在使用债务上会采取更加保守的态度。Hackbarth（2009）通过建立以随机现金流为基础的企业价值模型，指出过度自信的企业管理者并不遵循筹资优序理论，倾向于选择债务水平更高，且期限更短的债务筹资方式。

总之，前景理论下的企业管理者过度自信的行为，以及其他非理性因素和不可抗拒客观因素的影响，企业筹资决策并不总是满足财务价值最大化的目标。

综上所述，前景理论对企业投资决策和筹资决策的影响研究，为上市企业管理者规避过度自信现象和理性地进行财务决策，具有一定的借鉴意义。

第四节　基于期权博弈的竞争性财务决策

期权博弈理论是在期权定价理论的基础上对包含实物期权的财务决策项目的价值进行评估与科学管理的思想和方法，是财务决策方法的最新发展。期权博弈理论融合了实物期权理论与博弈论的精华，考虑了财务项目的不可逆性与不确定性，也增加了竞争性。

一、期权博弈理论

期权理论本身没有将竞争对手的反应纳入到其分析框架中来，而博弈论研究的是在存在外部经济条件下的个人选择问题。从投资博弈的角度看，由于实物投资机会的共享性，所以投资者在决策时必须考虑竞争对手的反应，将竞争性纳入财务决策分析框架。

（一）期权博弈理论的基本思想

一个自然的想法就是将实物期权理论和博弈论结合起来，将不可逆性、不确定性和竞争性纳入决策的理论框架，形成一个连续的整体投资项目评价与决策分析框架的期权博弈理论与方法。其基本思想是：

（1）对未来客观世界的不确定性认识，主要包括对金融市场特别是利率、生产技术、产品价格、市场需求等不确定因素的识别与分析。

（2）克服传统理论方法忽视时间、管理等影响因素的弊端，对企业财务决策的管理柔性、期权特征加以认真考虑，改进财务价值评估的因素分析。

（3）在科学估价的基础上，财务决策必须考虑市场结构、行业竞争者情况等，针对不同的市场结构、行业竞争者情况做出科学决策。

（4）投资者面临的投资机会就像一个金融期权，可以看作是投资者持有的实物期权，投资者有权利而无义务对该投资机会进行处置。当投资机会有利时，就投资；否则，就耐心等待，直到投资机会消失。

（二）期权博弈投资决策的分析框架和流程

期权博弈方法是期权定价理论和博弈论的结合，对投资决策具有重要的指导意义。期权定价理论提供了不确定条件下价值最大化的估价工具，实物期权分析是一种崭新的管理思维方式，在不考虑其他市场参与者战略影响的情况下，解决了价值最大化问题；博弈论提供了解决不完全信息下竞争者行为影响的最优决策问题的工具。因此，两种理论是互补的，两种理论的结合可以进行科学估价和做出科学决策，包括期权博弈的价值分析、行动选择等问题。

安瑛晖和张维（2001）提出，一般化的期权博弈方法的工作流程包括：项目估价及投资决策假设和变量设置、项目投资的不确定因素的数学描述、实物期权估价、市场结构分析、博弈分析方法和模型选择及科学决策等五个方面。在此框架基础上，分析期权博弈理论投资决策分析的操作步骤。

期权博弈决策分析方法包括实物期权理论、博弈论和传统NPV法。实物期权理论的作用是解决项目投资的不可逆性、不确定性和柔性，应用期权定价理论对项目所包含的实物期权进行定价；博弈论主要解决了竞争的相互作用对项目价值的影响，并寻求均衡战略；传统NPV法解决了未来现金流的预测及其贴现，是决策分析的基础。其具体操作步骤如下。

（1）明确项目投资的基本问题。主要包括：预测项目的投资成本和未来收益；识别影响未来现金流的不确定因素及其所遵循或服从的随机过程；识别市场结构和竞争因素；分析竞争对手的数量、强弱及其对项目价值的影响；分析项目中所包含的投资机会及其灵活性，即识别实物期权及其特征等。

（2）基本假设、变量设置和随机因素的数学描述。由于实际投资项目所处环境的复杂性，必须对一些问题做出适当的简化和假设，如对市场结构、竞争对手、投资支出、生产成本及其随机变量的分布等假设。

（3）确定参与人的价值函数及最优投资临界值。根据扩展的NPV观点，通过分析上述影响投资项目价值的三方面因素，分别确定出参与人的价值函数。对于双寡头垄断市场而言，两个公司都有各种可能的潜在角色：先投资成为领导者，后投资成为追随者；同时投资成为共同投资者。因此，需要确定下个潜在角色的价值函数。

（4）均衡分析和均衡结局的确定。根据前面确定的投资临界值及每个参与人在不同结局中的收益，通过应用动态时机博弈理论和方法确定均衡结局。在双寡头垄断情况下，可能会出现序列投资和同时投资两种结局。

（5）根据以上分析，提出投资决策的建议。

二、期权博弈理论下的企业研发投资决策

研发投资项目的时滞和运营周期都较长，投资的经济效益受社会需求效益、政策效益、市场供给情况、未来行情预期、参与者相互竞争等影响，使项目投资承受较多的风险，包括项目开发的不确定性、投资成本的不确定性、市场渠道的不确定性、销售收入的不确定性、经营环境的不确定性、竞争对手的不确定性等。为此，需要认真分析。

（一）研发投资决策的期权博弈动态分析

经济的不确定性主要表现在市场形态上。市场形态分为完全竞争市场、完全

垄断市场、垄断竞争市场和寡头垄断市场。完全竞争市场、完全垄断市场都是市场结构的极端现象。完全竞争市场中，企业众多，机会均等，达到市场均衡时，市场参与者获得平均利润，企业没有经济租金的优势，不存在博弈分析。完全垄断市场中，垄断企业是市场唯一的控制者和价格决定者，其他企业没有任何参与投资进行竞争的机会。这两种市场形态的投资决策用实物期权方法就能够完全解决。现实中，更多的情况是寡头垄断市场和垄断竞争市场。寡头垄断市场中，信息是不完全对称的，虽然企业不是唯一，但企业能够凭借产品或服务之间的差异获得超额利润，体现持续的竞争优势。由于存在一定的进入壁垒，投资机会和投资收益通常由市场中现存的各寡头共享，且各寡头之间的相互依赖程度提高，其势力对比及其执行投资的先后顺序决定了市场达到均衡时的竞争格局和各投资者的收益。

动态竞争中，竞争者之间难分伯仲的情况并不多见，两个寡头往往一强一弱，弱者跟在强者后面，观察强者的实际行动，随后决定自己的策略。这里的先行动者称为领导者，后行动者称为追随者。由于整个市场的大小在一定时期内是一定的，追随者的加入，要改变整个市场的供应，对领导者的收益是有影响的。因此，作为领导者，在决定自己策略的同时，也要充分考虑追随者可能采取的策略。在双寡头垄断市场中进行项目投资决策时，由于要考虑另一竞争者的经营策略、经营状况、经济租金的转化、竞争者进入后的期权变化等问题，必须引入博弈分析方法。在垄断竞争市场上，战略投资决策应考虑三个因素：与市场不确定性有关的期权价值、投资机会的净现值、企业在行业内所处的市场竞争地位。

研发项目从开始投入到成功产出需要一段时间，并假设企业的角色是内生的，也即事前没有给定谁是领导者，谁是追随者。在这种情况下，投资成本不对称和研发时间不同的两个企业，就无法做出在不完全竞争条件下参与研发项目的最优战略投资决策。研究结果表明，投资成本和研发时间的差异，影响企业战略投资，也影响研发技术的成功推广到产品上市之间所需要的平均时间间隔，这种差异决定了企业的市场地位，在理论上很好解释了企业之间由于差异性而采取的不同投资策略，是一种理论的完美延伸和深化。也就是说，若两寡头不对称，则两者为提高相同的利润流而付出的研发投资成本不同。企业筹资渠道好，资金储备充足，研发能力强，管理组织水平高，吸收新技术的速度快，则研发投资成本就相对较低。

（二）期权博弈理论下研发投资决策

1. 模型建立

假设市场上有两个相互竞争的不对称企业，均有机会进行项目研发投资，借此增加企业的利润流，从开始投入到成功实施之间需要一段固定的时间，企业投资成本是不同的。

现实情况中，研发技术更新日益加快，不同企业之间相互推出自己的新技术，然后抢先上市后推广自己的新产品。上市初期，往往是因为新技术替代了旧技术，在同类产品中有一定优势，获得短暂的垄断利润。在垄断竞争市场上，高新技术的垄断是暂时性的，竞争对手（跟随者）看到这个领导者采取的决策后作出相应的决策，推出自己的新技术和产品，在一定程度上打破了市场垄断局面。因此，一家企业要想长期获得高利润，争取市场主动权，要有持续的研发项目计划。

进一步考虑，假定新产品是旧产品的技术升级，先投资的企业（领导者）研发成功并推广上市后的新产品在一定程度上影响现产品的价值，而且为了打开新产品的销路，必然会在广告宣传、促销活动等方面投入大量资金，相对于后投资的企业（追随者），领导者要花费更多的资金，这种替代效应和额外费用，会在短期内减少企业现产品的利润。消费者是理性的，都期盼拥有新产品，这种心理预期会降低企业现产品的销售，而且从领导者企业开始投入的那一刻起，就可能导致现产品利润流的损失，并且这种损失会随着领导者企业研发成功日期的临近逐渐增加。

2. 领导者与追随者的投资收益和投资临界值

求解完全信息动态博弈通常采用逆向归纳法。首先假设领导者企业已投资，求解追随者企业在这种情况下的最优投资收益、投资临界值和最佳投资时机；然后分析在没有一家企业投资的情况下，任意一家企业在知道其竞争对手会以其计算方式做出反应时，决定成为领导者的最优投资收益、投资临界值和最佳投资时机。假定没有指定哪一家企业为领导者，每家企业根据自身的利润来决定是领导者还是追随者。若两家企业都不投资，就没有研究的意义了，这种情况用 NPV 法就可以求解了。这里要讨论的情况是两家企业都有柔性来选择先投资、后投资或同时投资三种情况。对每一种情况，结果是不同的，关键是找到该企业在这三种情况下的投资临界值。如果两个企业的投资成本不同，其投资临界值也不相同。

3. 均衡博弈分析

通过实证研究发现，上述三种情况的投资收益函数，都与企业的投资成本和研发成功所需要的时间有关。从某种意义上来讲，投资成本和研发成功所需要的时间差异是影响三种投资收益的关键因素，在一定程度上也决定了企业的竞争地位。

第四章　财务预算：基本财务手段

有计划不忙，有原则不乱，有预算不穷，有实践不败。

没有计划井然，就会措手不及。

财务预算是财务控制起点和基本财务手段，是指企业通过一定的预算方式，对员工尤其是管理层的财务行为进行约束，让其在心理上处于兴奋状况，引导其付出更多时间和精力，尽心尽力服务于财务目标。

第一节　财务预算概述

财务预算是在财务预测和财务决策的基础上，围绕财务战略目标，对一定时期的财务计划做出的具体数量化安排，是围绕一定时期财务战略目标所做出的具体财务计划，是落实财务决策和财务计划的重要管理安排，是一定时期资源配置数量化的财务计划。通过财务预算，对企业各部门资源（财务资源和非财务资源）进行分配、控制和考核，以便有效组织和协调企业生产经营活动，防范财务风险，执行财务战略，实现财务目标。

一、财务预算地位

企业财务预算应该与财务战略相结合。编制预算的目的是为了防范风险，更好地实现财务目标。

（一）财务预算对财务控制的重要性

“凡事预则立，不预则废”说明了财务预算的现实重要地位。财务预算包括经营性预算和金融性预算。前者分为销产供（如销售、生产、采购等）预算、经营性投资（固定资产投资、无形资产投资、子公司长期股权投资等）预算、经营性筹资（普通股筹资、收益留存等）预算等；后者如金融性筹资（负债筹资、优先股筹资等）预算、金融性投资（股票投资、债券投资等）预算等。

1. 利于财务目标

财务预算编制对企业资源配置做了合理、科学的统筹安排，可以协调企业各部门将现有资源与未来目标联系起来，使之统一服从于企业总体战略。财务预算明确规定企业关键生产经营人员的各自职责，并将其与不同时期的财务目标对应起来，及时调节财务控制偏差。

2. 利于内部控制

预算管理促进了上下级沟通，还将基层每个员工都纳入到预算编制的主体中。财务预算的顺利执行，能够积极协调各部门加强合作、沟通和监督，使企业形成全面的财务预算控制和约束力，保障财务预算的全面执行（伍中信，2010）。财务预算有利于各部门协调一致，发挥决策作用；财务预算执行需要控制，而执行与预算的偏差是经营者监督的工具，企业通过财务预算的全面展开，可以将相关的内部控制方法进行有效融合（陈秀霞，2013）。

3. 利于风险防范

企业正常经营期间可能会发生经营风险和财务风险，财务预算有助于企业规避风险，是对企业长期发展战略的保障。企业实施财务预算前，已经认真对市场环境和企业资源进行了深入调研，既明确了财务预算的战略性，发挥财务预算对财务战略的支撑作用，又防范了财务风险的发生（涂剑文，2008）。全新的预算管理理念是面向市场的，以此为基础编制各期的预算，不仅可以使预算指标经得起市场长期发展目标的考验，而且可以使企业各期的预算前后衔接起来，有效避免财务风险的发生（宫娟，2009）。通过对企业未来活动的科学预测，可以使企业的预算指标接近实际状况，保障企业各项增值活动的顺利实施；通过将这些活动在各部门之间进行比较与合理分解，从总体上减少无效活动的发生，可以发挥财务预算的激励与控制作用，有效防范财务风险的发生（李兆杰，2007）。

4. 利于绩效评价

财务预算为企业绩效评价提供了基本的评价标准、方法和范围，通过财务预算评价经营管理业绩本身就是一种战略落实。企业通过预算管理，可以将预算目标分层次地分解到企业各个职能部门，进而细化到每个员工，有利于绩效考核，具有激励作用（刘春岩，2011）。

（二）财务预算与财务战略、财务决策的关系

财务预算的制定要基于财务战略、财务预测和财务决策，它们之间有着千丝万缕的联系。

1. 财务预算与财务战略

预算管理是一种系统方法，是一种与企业发展战略相配合的战略保障体系（魏

春奇，2007）。从本质上讲，预算本身并不是最终目的，而是一种战略落实。战略与预算互相影响，相辅相成。

（1）财务战略指明财务预算方向。要实现企业长远发展，必须坚持短期利益与长期规划相结合的原则。财务预算与财务战略的结合，可以保证相近时期财务预算目标具有整体的一致性和连贯性。财务预算指标的选择只有与战略目标保持一致，才能不断适应公司环境的变化。因此，财务预算作为一种面向未来的管理活动，应当以财务战略为总纲。财务战略是为实现企业使命或愿景而确定的整体行动规划，财务预算是财务战略目标实现的坚强后盾。

（2）财务预算监控财务战略实施。安达信公司的“全球最佳实务数据库”（Global Best Practice）认为：预算是一种系统的方法，用来分配企业的财务、实物和人力等资源，以实现企业既定的战略目标。企业可以通过预算来监控战略目标的实施进度，有助于控制开支，并预测企业的现金流与利润。财务预算可以引导和监控经营者行为，使之朝着既定目标前进，使之依据目标配置资源，使之通过业绩评价去考核企业目标是否落实。通过财务预算制订与执行之间的偏差去调整财务战略，从而监控财务战略的有效执行。

（3）财务预算细化财务战略实施方案。面对外部市场环境的多变，财务预算编制要通过上下结合模式，财务预算执行要通过授权程度和差异分析，推进财务战略的改进与调整以及战略目标的分解与细化，使财务战略目标成为可操作的实施方案，从而确保财务战略方案的实现。

2. 财务预算与财务决策

财务预算是围绕财务决策方案展开的，是财务预算管理的前提和基础，两者相得益彰。

（1）财务决策确定财务预算方案。财务决策的目的是确定一个令人满意的财务预算方案。只有在方案切实可行的基础上，才能实现财务预算流程管理，从而实现财务价值最大化。

（2）财务预算落实财务决策目标。财务预算使财务决策目标具体化、系统化和定量化，财务预算从价值方面总括反映经营期业务预算和特种决策预算的结果，使预算执行情况一目了然。

随着信息技术的不断发展和广泛应用，新的预算管理工具（作业成本法、平衡计分卡等）大量涌现，使企业的业务流程再造加快，建立了以战略为导向的全面财务预算体系。

二、财务预算流程

财务预算流程通常包括财务预算编制及组织、财务预算执行及调整、财务预算考评及反馈三个环节。财务预算占据非常重要的地位，需要各部门全方位、全过程的参与。

（一）财务预算编制及组织

细化财务预算编制是首要环节，也是基础工作。

1. 财务预算编制组织

财务预算编制离不开财务预算组织系统的支撑。因此，企业必须建立一套完整、有效的财务预算组织系统，确保财务预算的制订、执行、监督和评价。财务预算组织系统分为财务预算管理组织和财务预算执行组织。具体如图 4-1 所示。

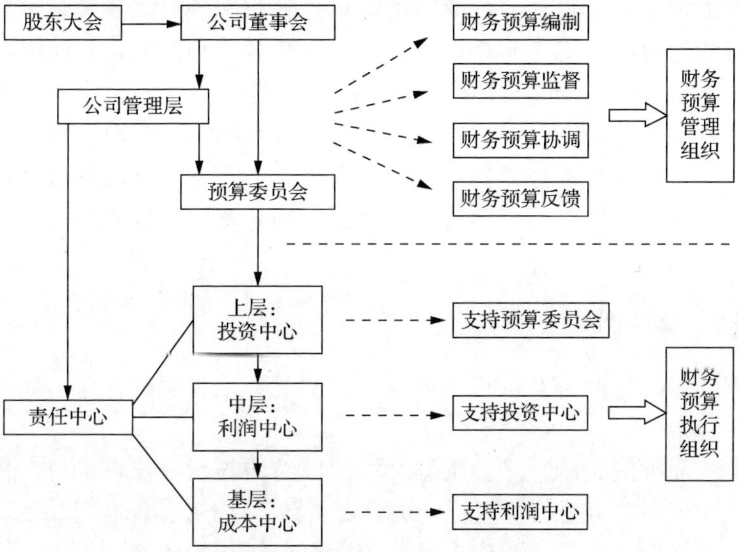

图 4-1 财务预算的组织系统

（1）董事会的职权。居于整个财务预算组织体系的核心领导地位，掌控企业各项预算的终审权和重大资本预算项目的最后批准权，同时对财务预算日常执行情况进行监督和检查。

（2）预算委员会的职权。董事会通常下设战略委员会、审计委员会、薪酬委员会、预算委员会、提名委员会等专门委员会。预算委员会的职责是：第一，制定预算政策（草案）、预算目标（草案）、预算程序（草案）、考核奖罚标准（草案）等；第二，将预算报送和提交董事会审核批准；第三，对已获批准预算，下达执行与组织实施；第四，对各项责任预算审议、监督与调整修订；第五，对预算执行业绩考核；第六，对预算纠纷仲裁。

（3）财务预算管理组织模式。财务权包括财务决策权、财务资源调配权、财务资源使用权和财务监控权。财务预算管理组织实质上就是财务权的分配。目前的财务权配置分为高度集权、集权为主的适度分权、分权为主的适度集权和高度分权四种模式。

2. 财务预算编制模式

预算是一个一端连着市场、一端连着企业内部的重要控制装置，通常有三种编制模式。

（1）阶段起点观。根据企业生命周期的不同阶段，一般来说，初创期是资本预算的起点，成长期是销售预算的起点，成熟期是成本预算的起点。

（2）销售起点观。从销售预算到生产预算，到产品和存货预算，到材料、人工、制造费用预算，到管理、营业费用预算，到利润预算，到现金预算，销售观以竞争性市场为前提，隐含两个假定：一是经营者对利润追求有无限动机，唯一限制是销售；二是利润变化与销售变化具有一致性。

（3）利润起点观。利润的内涵决定了利润与销售收入并非简单的一致性关系，从“利润=收入-费用”的数量关系看，收入增长并不必然导致利润增长，必须考虑相应的费用变化，过度追逐销售，过度的市场开发，忽视成本管理，也会引起经营性风险加剧。

3. 财务预算编制程序

根据不同的经营业务及项目，采取不同的财务预算编制程序，通常分为以下两种。

（1）自上而下的编制程序。根据公司治理结构与财务权责顺位，依照财务预算管理组织（公司董事会、管理层、预算委员会）、财务预算执行组织（投资、利润、成本的责任中心、具体岗位人员）的次序编制财务预算。

（2）由下而上的编制程序。与“自上而下”相反，根据财务权责层次逆位而进行。

目前，大多企业是根据“上下结合、分级编制、逐级汇总”的原则编制财务预算的，可以概括为下达目标、编制上报、审查平衡、审议批准、下达执行 5 个步骤。

4. 财务预算编制方法

财务预算控制的有效性，主要取决于两个因素：一是企业经营环境的稳定性，能够保证财务预算目标在未来一定时期的适时性和合理性；二是管理者运用的预算模型的先进性，能够保证管理者将要负责的业绩预算标准的准确性。然而，自 20 世纪 90 年代以来，由于企业经营环境的变化和不确定性的增加，固定预算、增量预算、定期预算、定值预算等传统预算形式，遭到了普遍质疑和非议，提出了弹性预算、零基预算、滚动预算、概率预算等现代预算形式，形成了传统预算与现代预算相互依存、相互补充的格局。常用的方法主要有以下几种。

（1）固定预算与弹性预算。固定预算也称静态预算，是指根据预算期可能实现的某一正常业务量（如销售量）作为唯一基础来编制的预算，其主要特点是：预算内容由以某一特定业务量为基础，一般不考虑业务量的可能变动；将实际业绩与该特定业务量水平确定的预算数进行对比作为业绩考评。传统预算大多采用固定预算，其优点是简单和实用，但缺点更为突出：无论预算期业务量是否有变动，只按事先确定的某一业务量作为预算编制基础，过于僵化；当实际业务量与预算业务量出现较大差异时，容易引起误解，可比性差。固定预算适用于业务量较为稳定的预算单位。

弹性预算也称变动预算，是与固定预算相对应，并为克服固定预算的缺点而设计的，是根据预算期某一相关范围的可预见的多种业务量（并非单一业务量）水平来编制的。其主要特点是：当实际业务发生后，将经营业绩的实际数与预算数进行比较，使预算执行情况的考核建立在客观可比的基础上，更好地发挥预算控制的作用。现代预算大多采用弹性预算。

（2）增量预算与零基预算。增量预算是以基期的预算执行情况为基础，结合预算期各指标可能发生的变化（如产品组合优化、业务量增长、成本降低等），适当进行增量调整而编制的。传统预算大多采用增量预算。增量预算关注的是增量，其设计有两个假定：第一，现有业务活动是必需的，未来业务活动是现有业务活动的继续；第二，现有各项指标是合理的，未来指标增加是正当的。增量预算的缺点显而易见：第一，不加分析地保留或接受原有反向指标（如费用），可能会使原来不合理不必要的费用开支存续下去，引起预算浪费；第二，容易助长预算编制的主观臆断性，降低预算功能；第三，对未来需要增加的指标，可能会因为没有考虑未来情况的变化，造成预算不足；第四，容易助长责任单位在年底突击消费，不加掩饰地用完当年的预算指标，维持现有的预算水平，增加未来的预算，导致预算失控。

零基预算是以零为基数而编制的，与增量预算相对应，并为克服增量预算的缺点而设计的。其主要特点是：零基预算按行动方案设计，而不是按传统的属于各个职能部门的成本项目，要求在将可动用资源分配给各行动方案之前，必须进行合规性分析、成本收益分析和重要性分析，以确定该行动方案的合理性和先后顺序。其基本做法是：划分基层预算单位；对基层预算单位的业务活动提出计划，说明每项业务活动计划的目的及需要开支的费用；由基层预算单位对业务活动提出“一揽子方案”。零基预算编制要明确：确定预算期应该发生费用的项目及金额；划分费用项目是否可避免；确定费用项目发生的时间是当期必须支付还是可以延期。

（3）定期预算与滚动预算。定期预算是按确定的预算期（通常为一个会计年度，我国采用公历年度）来编制的。传统预算大多采用定期预算。其优点是：预算期与会计年度一致，便于实际数与预算数的比较，也便于考核和评价预算执行结果，尤其是年终决算。其缺点是：第一，定期预算通常在年初甚至提前两三个月进行，很难对预算期尤其是预算期后期的生产经营活动作出准确的预算，使预算出现盲目，缺乏指导性；第二，定期预算不能随情况的变化及时调整，当预算期的生产经营活动出现重大变化时，预算会出现滞后性；第三，定期预算使预算编制、决策和执行的视野往往局限在预算期，特别在预算期后期，管理人员往往只考虑剩余时间的生产经营活动而忽视长远打算，预算会出现间断性。

滚动预算也称永续预算，是与定期预算相对应，并为克服定期预算的缺点而设计的，预算编制将预算期与会计期间脱离和错开，随着预算的不断执行而不断的补充完善，逐期向后滚动，使预算期间始终等于会计年度（见图 4-2）。滚动方式分为逐月滚动、逐季滚动和混合滚动。逐月滚动是预算编制以月作为滚动单位，每月调整一次。逐季滚动是预算编制以季作为滚动单位，每季调整一次。混合滚动是预算编制同时以月和季作为滚动单位，是一种变通方式。其优点是：能够使企业管理当局对未来一年的经营活动计划进行持续不断的改进，并保持一个稳定的预算视野，不要等到原有预算执行快要结束时，仓促编制新的预算，有利于保证企业经营管理工作能够稳定而有序地进行。其缺点是：预算期较长，难以预测未来期间的某些活动，给预算执行带来种种困难；事先预见到的某些活动，预算执行中往往会有所变动，原有预算未能及时调整，使原有预算显得不相适应；受预算期的限制，使管理决策视野局限于剩余的预算期间的活动，缺乏长远打算，不利于企业长期稳定、有序发展。

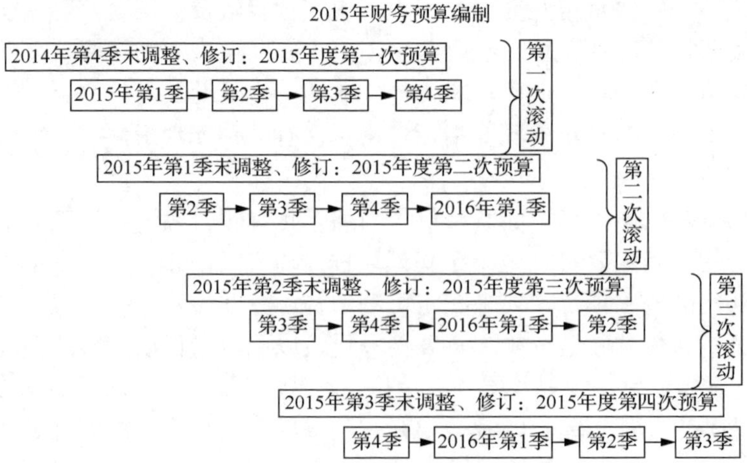

图 4-2　滚动预算法下的财务预算编制

（4）定值预算与概率预算。定值预算是指预算期对涉及的所有变量估计采用一个定值来编制的，如销售量增加到多少，成本降低了多少，等等。传统预算大多采用定值预算，适用于生产经营较为稳健的企业。

概率预算是与定值预算相对应，并为克服定值预算的缺点而设计的，利用概率论对涉及的所有变量出现的可能性分别做出概率估计，并综合后求出一个综合概率。其基本编制步骤是：第一，预测各种预算项目可能出现的具体数值；第二，估计所列示的具体数值出现的概率；第三，将各种预算项目出现的各种概率按照与预算项目之间的关系进行组合，得出不同条件下的综合概率；第四，用各种综合概率测算其相应预算数值的结果，并将其汇总形成不同情况下的可能预算内容。例如：

息税前利润=边际贡献-固定成本

=销售收入-变动成本-固定成本

=销售量×（销售价格-单位变动成本）-固定成本

=销售量×单位边际贡献-固定成本

息税前利润的分项预算值=息税前利润×综合概率

=（销售量×单位边际贡献-固定成本）×综合概率

（5）产品基础预算与作业基础预算。产品基础预算是以产品成本计算系统为基础，并假定产量与成本之间存在严格的依存关系而编制的。若这种依存关系并不严格乃至根本不存在，则据此编制的预算在业绩报告、成本管理等所发挥的作用非常有限。这种预算不能反映低效作业，不能提示消除浪费的办法。

作业基础预算是以作业成本计算系统为基础，对企业预期的作业量进行计划，以满足预计的作业量和战略目标而编制的。这种预算的目的是向责任中心授权，为其提供完成预计产销量必须执行的作业所需要的资源。其特点是：将资源成本分配给作业，再根据成本对象消耗的成本动因数量，将作业成本分配到成本对象上。这种预算的步骤是以成本对象为出发点，根据预计的产销量，预计必须执行的作业和作业量，然后再预计各个作业必须消耗的资源。

（6）严格预算与宽松预算。严格预算源于标准成本制度，其基本内容是指管理层业绩主要根据预算期经营目标的完成程度来评估，以控制偏差为基础，监督实际业绩与预算目标之间的差异，然后采取控制行动以减少乃至消除偏差。这种预算的特点是较易引起高管层的重视，预算期一般不对预算进行修正；关注预算具体项目，不允许偏离预算目标。严格预算主要适用于经营环境稳定的企业。

宽松预算是近年来国外企业逐渐兴起的一种预算模式，如一些欧洲大公司实行的“超越预算”是典型代表。“超越预算”并不是放松或放弃预算，而是将预算作为沟通和计划工具。这种预算模式要求管理层每年也要编制、复查、修正和批准预算，也会比较实际业绩与预算目标，分析和解释差异，但不将预算作为对预算执行者进行约束和评价的标准。同时，随着企业经营环境的变化和预测前提条件的改变，初始预算可以修改，预算目标没有达到并不意味着业绩不佳。自 20 世纪 90 年代以来，随着不确定性因素的增加，随着诸如平衡计分卡、杠杆管理等先进管理手段的出现，随着企业组织结构的扁平化，随着非财务控制作用的加强，宽松预算的优越性得到了普遍认同。

（7）强制预算与民主预算。强制预算也称集中预算，是按“自上而下”方式编制的，由企业最高管理当局完成，较少甚至根本没考虑基层管理者或员工的意见，预算编制结束后强制要求员工执行。其优点是：增强了企业战略目标与计划活动融合的可能性，强化了企业不同部门预算之间的协调，有利于及时完成预算指标和缩短预算执行时间。其缺点是：这种预算不过是一种惩罚工具，员工可能会产生抵触情绪，不利于培养团队精神，抹杀下级管理者乃至员工的积极性。强制预算主要适用于创业型中小企业，也适合于困境中的大型企业。

民主预算是与强制预算相对应并为克服强制预算的缺点而设计的，其分为两类：第一，参与性预算。参与性预算是按“自下而上”方式编制的，由下级管理者提出，然后逐级向上汇总，经过讨论后批准执行。其优点是：由于这种预算是以下级管理者对市场前景的判断和对企业资源的需求为基础的，使预算更切合实际，操作性强；下级管理者身体力行地参与预算编制，有利于实现预算目标与个人目标的一致性，有利于动员企业的一切资源。总之，这种预算有利于增强下级管理者和员工的责任感和创造性，有利于提高激励效果与员工士气，有利于提高企业业绩。其缺点是：由于编报环节多，耗费时间多，下级管理者出于自身及本部门利益的考虑，容易滋生预算本位主义；下级管理者有意低估收入，高估成本和风险，倾向于编制保守的容易实现的预算，造成预算松弛。参与性预算主要适用于组织管理体制健全的大型企业。第二，协商性预算。协商性预算介于强制预算与参与性预算之间，按照“自上而下，自下而上，上下结合，综合平衡”的方式编制。其特点是：各级管理者通过协商达成对预算的共识，以减少他们认为不切实际的预算目标。事实上，预算编制如同交易一样，本身充斥着讨价还价。

5. 财务预算编制内容

举例说明：HMW 公司为制造企业，由 XY、XZ、ZX 于 2019 年 4 月合伙创办，注册资本 20 亿元，三个公司出资比例分别为 20%、30%和 50%，主要生产 A 产品，经过半年的经营磨合，于 2016 年 10 月准备编制 2017 年的财务预算。

财务预算主要围绕企业的供产销活动而做出，主要内容包括销售预算、生产预算和采购预算（见图 4-3），其中生产预算的主体是成本预算和期间费用预算，这些预算前后衔接，相互联系，有实物指标，也有价值指标，还有时间指标。

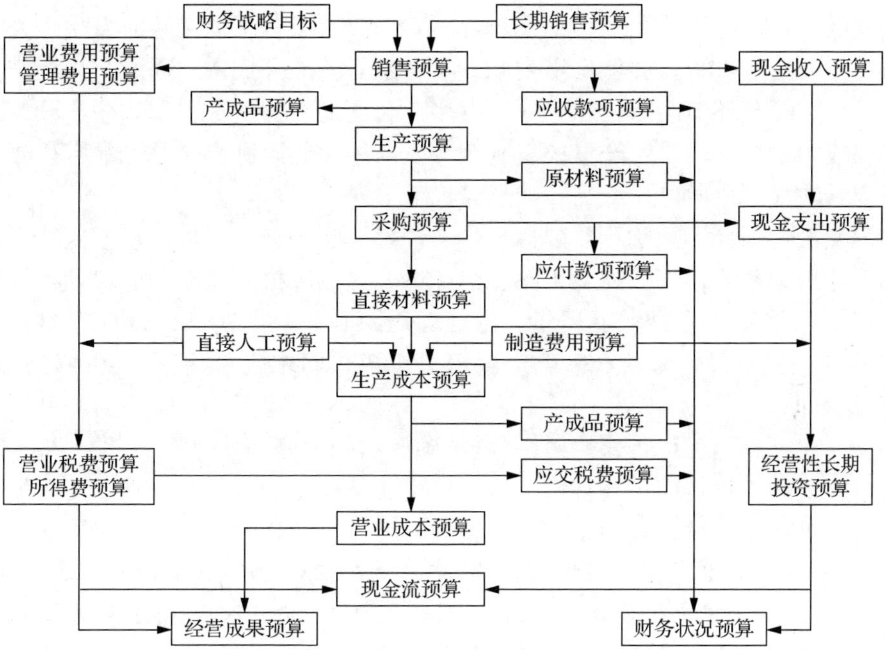

图 4-3　财务预算的编制过程

（1）销售预算。作为整个预算的编制起点，销售预算是其他预算的编制基础。其主要内容包括销售量、销售单价、销售额、销售现金流和应收账款。本期销售预算计算式为

销售额=销售量×销售单价

销售量是根据市场预测或销售合同并结合企业的生产能力确定的。产品销售单价是在市场行情下通过价格决策确定的。产品销售是在权责发生制（应收应付制）下进行的，分为现销和赊销。销售现金流是现收现付制下的销售额，可以直接编制现金预算。应收账款是赊销的结果，计算公式为

期末应收账款=期初应收账款+本期应收账款发生−本期应收账款收回

（2）生产预算。生产预算建立在销售预算的基础上，根据“以销定产”原则编制，为以后的生产成本预算和期间费用预算提供依据。生产预算的主要内容有销售量、库存产品和生产量。生产预算公式为

本期生产量=本期销售量+期末库存产品−期初库存产品

销售量是决定生产量的主要因素，来自销售预算。期末、期初库存产品用以下公式估算：

期末库存产品=下期销售量×一定百分比（如假定10%）

期初库存产品=上期末库存产品

库存产品是保证企业生产经营活动正常进行的必要条件。企业的生产与销售

不可能做到“同步同量”，需要设置一定的库存产品，以保证销售时发生意外市场需求时能够按时供货，并能均衡生产，节省赶工的额外成本。因此，库存产品过少，会引起经营环节中断；库存产品过多，会增加经营资金占用。生产预算的实际编制较为复杂。一是生产量要受到企业生产能力的限制；二是产品存量要受到仓库容量的限制。此外，产品存货预算也可单独编制。

（3）采购预算。采购预算建立在生产预算的基础上，根据“以产定购”原则编制，为规划预算期直接材料采购及消耗情况提供依据，主要内容包括本期和下期生产量、单位产品材料耗用量、生产耗用材料量、期初和期末库存材料、材料采购量、材料采购单价、采购现金流、期初和期末应付账款。直接材料预算式为

材料采购额=材料采购量×材料采购单价

材料采购单价是在市场行情下通过价格决策确定的，材料采购量要根据生产耗用材料量和库存材料来确定，其计算式为

本期材料采购量=本期生产耗用材料量+期末库存材料−期初库存材料

=本期生产量×单位产品材料耗用量+期末库存材料−期初库存材料

生产量来自生产预算，单位产品材料耗用量来自材料标准成本或材料消耗定额资料。期末、期初库存材料用下列等式估算：

期末库存材料=下期生产量×一定百分比（如假定10%）

期初库存材料=上期末库存材料

库存材料是保证企业生产经营活动正常进行的必要条件。企业的采购与生产不可能做到“同步同量”，需要设置一定的库存材料，以保证生产时发生意外市场需求时能够按时供货，并可均衡生产，节省断料的停工损失或应急进货的额外进货成本。因此，库存材料存量过少，会引起经营环节中断；库存材料存量过多，会增加经营资金占用。

材料采购是在权责发生制（应收应付制）下进行的，分为现购和赊购。采购现金流是现收现付制下的采购额，可以直接编制现金预算。应付账款是赊购的结果，计算式为

期末应付账款=期初应付账款+本期应付账款发生−本期应付账款支付

材料采购预算可以分采购品种、采购区域、采购人员来编制。另外，材料存货预算和应付账款预算也可以单独编制。

（4）生产成本预算。生产成本预算建立在生产预算的基础上，根据“以产定耗、以产定需、以产定费”原则编制。生产成本包括直接材料、直接人工和制造费用，相应地，生产成本预算包括直接材料预算、直接人工预算和制造费用预算。

一是直接材料预算。参见上述“采购预算”。

二是直接人工预算。以生产预算为基础编制，主要内容包括生产量、单位产品工时需用量、生产需用工时量、每小时工资和工资额。直接人工预算公式为

本期工资额=本期生产需用工时量×本期每小时工资

每小时工资是参考行业规定或标准，结合企业实际情况确定的。生产需用工时量要根据生产量和单位产品工时需用量来确定，计算公式为

本期生产需用工时量=本期生产量×单位产品工时需用量

生产量来自生产预算，单位产品工时需用量来自人工标准成本或人工消耗定额资料。

三是制造费用预算。制造费用分为变动制造费用和固定制造费用。变动制造费用预算的编制以生产预算为基础。如果有标准成本资料，用单位产品标准成本乘以生产量，就可以得到相应的预算金额；如果没有标准成本资料，就需要根据预计产量逐项估计预算金额。固定制造费用预算与生产量无关，需要按实际支付的金额逐项估计。

制造费用=变动制造费用+固定制造费用

=生产量×变动制造费用分配率+固定制造费用（仅一种产品）

=生产需用工时量×变动制造费用分配率+固定制造费用（有多种产品）

四是生产成本汇总。最后要对生产预算、直接材料预算、直接人工预算、制造费用预算汇总，内容包括单位产品生产成本。生产成本与产品存货成本、销售成本的关系如下：

本期销售成本=本期生产成本+期初库存产品-期末库存产品

（5）期间费用预算。企业的期间费用包括销售费用、管理费用和财务费用。期间费用预算分为销售费用预算、管理费用预算和财务费用预算。销售费用大多属于变动费用，随着销售收入的增加而增加，因此，销售费用可以根据销售预算来编制。管理费用大多属于固定费用，通常按实际支付额来估计。财务费用与筹资规模、期限、利率有关。财务费用预算大多是附加在长期筹资预算中。

（6）长期投资预算。长期投资预算建立在业务预算的基础上，根据“以业定投”原则编制预算，目的是扩大企业的生产经营能力。长期投资分为固定资产投资和长期股权投资。前者包括单纯固定资产投资和无形资产投资；后者包括子公司长期股权投资和非子公司长期股权投资。

累计折旧预算可以包括在内，也可以单独编制；与“制造费用预算”的累计折旧相对应。

（7）长期筹资预算。长期筹资预算建立在长期投资预算的基础上，根据“以投定筹”原则编制预算，其目的是满足长期投资的需要。长期筹资分为股性筹资、债性筹资和混合筹资。前者包括留存收益（内源性）和普通股发行（外源性），中者包括银行借款、企业债券发行和融资租赁，后者主要是优先股发行。

长期筹资预算可以单独编制，也可以直接放在现金预算“现金筹措与运用”项目中。财务费用预算一般放在长期筹资预算中，可以单独编制（数量多且数额大时），放在期间费用预算中。

（8）纳税预算。纳税预算是财务预算不可或缺的组成部分，主要涉及增值税和企业所得税。

增值税是主要的流转税，也是价外税，不作为企业的税前成本，虽然不影响利润，但增值税的发生和缴纳会暂时影响企业的现金流。增值税预算的内容包括期末应交增值税、期初应交增值税、本期应交增值税和本期已交增值税，计算公式为

期末应交增值税=期初应交增值税+本期应交增值税-本期已交增值税

本期应交增值税=本期销项税额-本期进项税额

=（本期销售额-本期材料采购额）×增值税税率

所得税是企业的税前成本，且所得税的发生和缴纳始终会影响企业的现金流。企业所得税预算的内容包括期末应交所得税、期初应交所得税、本期应交所得税和本期已交所得税，计算式为

期末应交所得税=期初应交所得税+本期应交所得税-本期已交所得税

本期应交所得税=本期应纳税所得额×企业所得税税率

=（本期收入总额-各项扣除）×企业所得税税率

=（本期利润总额±调整事项）×企业所得税税率

（9）综合预算。以上所有预算，最终要体现在预计财务报表上。财务报表包括现金流量表、利润表和资产负债表，相应地，综合预算包括现金流预算、经营成果预算和财务状况预算。

现金流预算也称现金预算，是在上述预算的基础上编制的，对企业预算期的现金收支做出预计，主要反映企业预算期的现金收入、现金支出、现金余缺（多余或少缺）及其现金筹措与运用情况。现金流预算通常采用现金流量表的形式，故也称预计现金流量表。

经营成果预算也称利润预算，是在上述预算的基础上编制的，对企业预算期的经营成果做出预计，主要反映企业预算期的各项收入、各项费用、利润及利润分配情况。经营成果预算通常采用利润表的形式，故也称预计利润表。

财务状况预算也称资金平衡预算，是在上述预算的基础上编制的，对企业预算期的财务状况做出预计，主要反映企业预算期的各项资产、各项资本（负债与所有者权益）情况。资金平衡预算通常采用资产负债表的形式，故也称预计资产负债表。

（二）财务预算执行及调整

强化财务预算执行是中心环节，也是关键工作。

1. 财务预算执行

为了强化财务预算执行力，企业必须做好以下工作：第一，健全预算组织体系。敦促企业各部门及直属单位、分公司、子公司均能参与财务预算，成为财务预算管理的责任部门。第二，从基层做起，保证执行过程中各种相关信息能及时有效完整地在企业各部门之间传递；基层相关人员必须定期记录如产量、收入、投资额、生产消耗、成本费用等数据。第三，逐级审核各种预算信息，各预算责任部门和归口管理单位及时收集、整理、审核、汇总和加工这些数据，把最终的有效数据上报给预算管理部门，在预算管理委员会的批准下执行。第四，运用计算机系统，提高预算执行的效率，同时，避免一些人为因素，增强预算刚性。

（1）财务预算执行结果。对预算执行情况要进行及时监控，分析和调整偏差，并采取相应措施，确保预算目标的实现。通常会出现以下预算执行问题：第一，预算管理文化缺失，预算执行意识淡薄。目前，虽然大多数企业已采用预算管理，但尚未充分意识到预算管理的重要性。预算管理是企业管理的核心，预算的片面认识导致预算管理的疏忽，对人员配备、职权分配、预算编制都造成了很大影响。第二，预算管理程序不严，预算执行流于形式。当前，企业预算管理模式清晰度低，预算编制科学性差，导致预算不能有效地执行，从而使执行流于形式，缺乏严肃性。第三，预算管理约束软化，预算执行效果不佳。预算执行监督机制不健全，大大降低了监督力度，导致预算管理约束职能减弱，预算执行过于随意。预算执行考核机制不完善，使预算执行过于形式化，预算管理权威性下降，员工积极性下降，预算执行效果下降。

（2）财务预算执行措施。第一，加强预算管理意识。企业应重视预算执行文化建设，提高员工的预算管理意识，使预算管理理念深入到企业每个员工，只有这样预算执行过程才能顺利进行，预算执行效果才能得到体现。第二，完善预算监督体系。企业应设立单独的预算管理委员会去监督预算管理过程，确保预算管理各部门的职权有序进行。各部门及人员应根据自己的职能和责权去执行管理职权，不可越级，预算的审批、执行、考核、调整都要经过相应部门的监督。第三，健全预算考核机制。预算管理执行是预算管理的核心环节，企业应建立考核机制对预算执行行为进行约束和激励，使员工都能朝着同一目标努力。只有建立健全的监督体系，才能保证预算管理贯彻执行，才能保证预算管理的有效实施。

2. 财务预算调整

企业环境变化导致预算编制的基础发生变化时，为了不违背预算作为管理控制系统的初衷，企业原有预算需要做出相应调整，且需要一定的程序和制度作为保障。

（1）明确界定预算调整范围。只有当不可控的情况出现时，才需要进行预算调整，如市场需求或价格变化。如果企业预算调整范围不明确，预算调整过于随意，会极大削弱预算约束职能。

（2）严格规范预算调整权限。任何预算项目在调整前，必先进行申请，经过相应规定程序严格审批后，才能予以调整。此外，重大调整必须得到预算管理委员会的认可。如果没有章法，预算管理权限不明晰，会导致预算调整过程出现混乱。

（3）着力完善预算调整机制。界定预算调整范围，规范预算调整权限，排除预算调整的随意性，维护预算管理的严肃性，保证预算管理人员“在其位，谋其政”，各负其责。

（三）财务预算考评及反馈

强化财务预算考评是最后环节，也是重要工作。

1. 财务预算考评

财务预算考评是对财务预算自身进行检查、衡量与评定，为企业实行奖惩措施提供主要依据，并对当前的预算执行和今后的预算编制提出建议。考评在企业财务预算管理体系中具有极其重要的作用，不但可以及时检查、督促和调整预算偏差，也有助于全面了解企业经营状况和发展方向，为企业下一步合理预算编制提供保障。

预算管理考评的方法较多，如指标法、趋势法、情境模拟法、强制比例法、评语法、重要事件法、小组评价法、相对比较法、序列比较法、目标考评法、等级评估法、综合法等。企业可以根据不同的情况采用不同的考评方法。

为保证预算考评的可信度，应遵循以客观公正、科学合理、公示透明、综合全面、长期发展、稳妥可信等为标志的定量评价与定性评价相结合的基本原则。

2. 财务预算反馈

要做好财务预算反馈工作，必须有完善的治理结构（企业制度）、高端的企业文化（主人翁意识）和规范的管理体系（工作流程）。

第二节　基于财务风险防范的财务预算

国外的风险研究始于19世纪末20世纪初。1895年，海恩斯（John Haynes）在其著作《经济中的风险》（*Risk as an Economic Factor*）中提出：风险一词在经济学和其他领域中，并无任何技术上的内容，意味着损害的可能性。某种行为能否产生有害的后果应当以其不确定性界定，如果某种行为具有不确定性时，其行为就反映了风险的负担。1901 年，首次对风险进行理论探讨的 A. H. 威雷特（A. H. Willett)，在博士论文《风险与保险的经济理论》(*The Economic Theory of Risk and Insurance*）中认为：风险是关于不愿发生的事件发生的不确定性的客观体现，风险的本质是不确定性；风险是客观存在的；风险被人们厌恶、不愿其发生。1921 年，弗兰克·H. 奈特（Frank H. Knight）在《风险，不确定性与利润》(*Risk，Uncertainty and Profits*）中认为：风险不是一般的不确定性，而是“可测定”的不确定性，经济生活中的现实风险和未来风险都可以借助数理统计分析来计量和测定。这一观点是风险评估和测度理论的奠基石。1964 年，阿瑟·C. 威廉姆斯（Arthur C. Williams）和里查德·M. 汉斯（Richard M. Hans）在《风险管理与保险》（*Risk Management and Insurance*）中认为：在给定的情况下和特定的时间内，那些可能发生的结果间的差异，如果肯定只有一个结果发生，则差异为零，风险为零；如果有多种可能结果，则有风险，且差异越大，风险越大。

财务风险的研究可以追溯到 20 世纪 50 年代。1952 年，哈里·马科威茨（Hary Markowitz）在《资产组合选择》（*Portfolio Selection*）中认为：风险资产期望收益和均方差分别代表资产组合的收益和风险，在相同风险下，证券投资组合的效率边界上的组合收益最高；在相同收益下，证券投资组合的效率边界上的组合风险最低。1958 年，M. 米勒（Merton Miller）和 F. 莫迪格利亚尼（Franco Modigliani）提出的 MM 理论认为：由于财务杠杆收益与财务杠杆风险同步涨落，公司价值不受资本结构的影响。1964 年，威廉·夏普（William Sharpe）提出资本资产定价模型（Capital Asset Pricing Model，CAPM)，继承并发展了资产组合理论，该理论认为：一种股票的风险包括系统风险和非系统风险，通过多元化可以消除非系统风险，为了承担系统风险，投资者必须得到风险补偿，风险越大，要求的收益率也越大。1976 年，迈克尔·C. 詹森（Michael C. Jensen）和威廉·麦克林（William Meckling）在《企业理论：管理行为，代理成本与所有权结构》（*The Theory of the Firm：Managerial Behavior，Agency Costs and Capital Structure*）一文中创立了委托代理模型，已经成为学术界研究企业价值、股东风险偏好和管理者风险道德的财务规则。总体来看，国外研究财务风险及其管理，早期主要集中于事后风险管理，较少涉及事前风险管理，后来的研究发现，财务风险管理能够创造企业价值。

国内的风险研究起步较晚。郭仲伟（1987）在《风险分析与决策》一书中全面系统地研究了风险分析与决策的方法，借鉴国外风险理论，对风险进行定性与定量相结合的研究。刘恩禄、汤谷良（1989）在《论财务风险管理》中第一次全面论述了财务风险的定义、特性及其步骤与方法。于川等（1994）在《风险经济学导论》中对经济风险尤其是针对我国所特有的经济风险，作了全面深刻的剖析，为我国财务管理方向树立了一个风向标。怯来法（1995）认为财务风险是由公司负债直接引起的，并由负债公司的股东承受的风险，公司资本结构中的借入资本比例愈大，公司没有剩余现金支付股息的可能性也愈大，普通股股东承受的这种股息减少或没有股息的风险就越大。周首华等（1996）在《论财务危机的预警分析——F 分数模式》中，以企业财务指标作为评价体系，提出了如何预测企业陷入财务危机的 F 分数模式。纪连贵（1998）采用广义财务风险概念，将财务风险分为筹资风险、使用资金风险、资金回收风险和资金分配风险，其中筹资风险表现为筹资数量不当风险、筹资时机不当风险和资本结构恶化风险。余廉、胡华夏等（1999）在《企业预警管理实务》中通过实证考察和分析我国企业经营现状，对我国企业由于管理失误等原因所导致的经营困境或破产倒闭等现象及其规律进行了初步研究，构建了初步的预测指标体系和数理分析模型，为我国财务风险管理做出了较大贡献。张延波、彭淑雄（2002）通过建立一系列财务报表监控指标来达到财务风险监测的目的，使财务风险能实体化和范围化。黄锦亮、白帆（2004）认为要紧紧围绕企业价值最大化财务目标，从筹资、投资、资金回收和收益分配四类风险建立由"识别—评估—防控"三个环节组成的财务风险管理机制，对其中的狭义财务风险防控主要通过指标分析法和财务杠杆系数法来进行。

一、财务风险类型及成因

近年来，随着经济全球化进程的不断加快，企业面临的不确定因素越来越多；随着竞争环境的日益变化，企业面临的风险越来越大，如战略风险、经营风险、财务风险等。风险已经成为制约企业可持续发展的重要瓶颈，有效地降低和合理地规避财务风险，具有重大的现实意义。

（一）财务风险分类

风险是由事件的不确定性引起的，表现为实际结果与期望结果的可能偏离。财务风险通常有两种观点。传统观点认为：财务风险就是筹资风险，是指企业发生的金融性筹资（负债筹资和优先股筹资），由于存在固定的金融性资本成本（负债利息和优先股股息），导致未来资产收益的不确定性，财务风险与企业筹资额的大小和投资回报率的高低相关。现代观点认为：财务风险是企业财务活动由于各种不确定因素的影响，导致实际收益与预期收益发生偏离，从而蒙受财务损失的可能性。由于财务活动贯穿于企业各项经济活动之中，包括投资和筹资。本文所指的财务风险是现代观点。诚然，企业在组织财务活动过程中，只要某一方面或者某个环节出现问题，都可能发生财务风险，导致企业盈利能力和偿债能力降低。

财务风险的潜在性是现代企业面临的一个不容忽视的问题。现代财务的风险观要求企业不断调整自身的经营战略，在全面认识和把握风险的前提下，预防和避免各种不应有的损失，使企业在竞争中不断壮大与发展。财务风险是贯穿现代财务理论的一个重要范畴。企业财务风险是企业财务活动中由于受各种不确定因素的影响，企业财务收益与预期收益发生偏离而使企业蒙受损失的机会和可能，是指由负债筹资所引起的股东收益的可变和偿债能力的不确定，以及财务信息不可靠带来的其他风险。企业财务风险从资金流动看分为筹资风险、投资风险、资金回收风险和收益分配风险，贯穿于企业财务活动的整个过程。

（二）财务风险产生的原因

财务风险是客观存在的，企业无法避免，其原因大致可以分为两类。

1. 外部因素

外部因素主要包括宏观环境、行业背景、政策影响等。

（1）宏观环境。从长期看，宏观环境是影响企业生存和发展的基本因素。随着宏观经济波动周期、利率、就业等因素的变动，企业收益会受到影响。如果企业能够适应，财务状况就会趋于稳定，发生财务风险的概率降低；反之，发生财务风险的可能性较大。

（2）行业背景。行业是连接宏观经济和微观经济的桥梁，也是分析企业财务状况的重要环节。行业在经济体系中的不同地位，在生命周期的不同发展阶段，其投资价值和投资风险不同。

（3）政策影响。当政策发生改变，如调整利率上下限、征收环境税等，企业原来的资本成本会发生变化。如利率提高，企业将要支付更多的利息，给企业财务状况带来不确定性。

2. 内部因素

外部因素是发生财务风险的环境条件，而内部因素是导致财务风险的根本所在。

（1）财务制度不完善。财务制度内容涵盖企业基本活动的各个方面，包括投资和筹资。进一步细分，包括制定预算标准、记录业务数据、实施年终考评各个环节。如果财务制度无法覆盖所有部门及业务环节，就会造成财务漏洞，带来财务风险。

（2）风险意识不到位。企业财务人员如果忽视财务风险的客观存在，缺乏企业财务风险的预判，当突发事件发生时，就没有应变能力和处理对策，容易诱发财务风险。

（3）资本结构不合理。当企业的股性资本和债性资本的比例不恰当，就会造成资本结构不合理，引发财务风险。举债规模过大，会加重企业的利息负担，一旦企业的偿债能力下降，容易产生财务风险；举债比例过小，没有充分利用财务杠杆，会损害企业的盈利能力。

（4）投资决策不科学。科学的投资决策可以提高财务收益，降低财务风险。如果在重要或重大的投资项目中，没有充分认识到投资风险，甚至对自身的风险承受能力预计不足，就可能带来灾难性的后果。可见，投资决策是否科学至关重要。

二、防范财务风险导向的战略预算框架

企业财务管理活动中，财务预算是财务管理的基础，财务预算的优劣直接关系到财务风险防范的力度和深度。财务预算编制一旦完成，财务预算执行阶段的工作重心是控制。然而，许多企业较为随意，财务预算执行流于形式，只是贯彻上级的垂直命令而已，财务预算执行与编制相分离，财务预算起不到有效的监督作用，也增加了企业的财务风险。因此，构建防范财务风险导向的战略预算框架相当重要。

（一）战略预算框架构建的环境背景

科技进步使企业外部环境发生了巨大变化，也给企业经营管理活动带来了巨大不确定性，对企业组织结构、战略选择、管理决策、会计体系等具有重大影响。

斯蒂芬·罗宾斯、玛丽·库尔特（1988）将环境分为一般环境和具体环境。前者是指企业之外的，包括政治、经济、社会、技术等，构成 PEST 模型；后者是与企业目标直接相关的，包括供应商、顾客、竞争者、政府、公共压力集团等。环境分为确定性环境和不确定性环境，而环境不确定性分解为变化性和复杂性两个维度，其中变化性分为变化很小的稳态环境和大幅变化的动态环境，复杂性分为简单环境和复杂环境，从而环境分为简单稳态环境、简单动态环境、复杂稳态环境和复杂动态环境。席酉民等（2005）选取变化性、复杂性、难以预测性三个指标，从产业竞争（顾客、竞争者、供应商）、国际竞争、技术变革、社会变革、政府影响等五个维度进行了衡量，如表 4-1 所示。

表 4-1　企业环境的变化性、复杂性和难以预测性

维度	变化性	复杂性	难以预测性
产业竞争	竞争激烈，顾客、竞争者、供应商的格局难以稳定	产业环境要素增多，关系多样	没有明显规律，很难预测
国际竞争	竞争在全球范围内展开，产业全球化趋势明显加快	来自国际市场竞争因素复杂，动态多变	无规律可循，难预测
技术变革	产品更新换代速度加快，技术创新风险和难度加大	技术创新的深度和广度加大，不确定性增大	呈非线性规律，不可预测
社会变革	生产生活方式、思想观念、价值取向发生明显改变	从多方面影响企业发展	对企业作用规律，不明显
政策影响	多变性使政策随之调整	多样化，影响面广	很难随之做出正确预判

过去很长一段时间，一直将利润最大化作为企业目标。随着企业社会责任理论的兴起，利润最大化逐渐被价值最大化所取代，作为管理会计实务工具的预算管理理论也发生了巨大变革，防范财务风险，确保价值创造，逐渐成为财务预算乃至管理会计关注的重点和焦点。既然企业经营目的是价值创造，那么财务预算要为价值创造服务，更加关注企业的财务风险防范和可持续发展目标。

（二）战略预算框架构建的基本要求

战略预算框架构建，结合战略管理理论和预算管理理论，将战略管理和预算管理有效结合，构建围绕财务风险防范而实施的动态预算管理机制、技术、方法等，能够大幅提高预算在编制、执行、控制、调整、考评等环节的灵活性和应变性，使企业从容面对复杂经营环境的挑战，保障价值创造目标的实现。

1. 战略支撑

战略支撑预算管理是破解当前财务预算难题的必然选择。客观而言，反映企业战略目标阶段性的预算管理，如果与企业战略缺乏有机联系，就会由控制工具沦落为管理障碍，不仅无法解释财务资源配置的合理性，而且容易造成企业的短期经营行为。因此，没有战略支撑的预算就是没有目标的预算，没有预算支撑的战略就是空洞的战略。当前，企业外部环境越来越复杂多变，企业战略目标必须随着环境变化做出实时调整。与传统财务预算相比，战略导向的财务预算更具市场竞争和动态控制特征，有利于财务预算管理的顺利实施。

2. 滚动规划

滚动规划主要是指根据企业管理需要、企业生命周期和企业经营情况的变化，间断对企业未来业务进展做出长远计划。从财务预算执行的实际情况看，根据内外环境的不断变化，企业采用滚动预算方法编制财务预算，及时修正预期经营目标和具体行动计划，才能确保财务预算的动态性和预算管理的稳定性，提高财务预算的环境适应能力，及时应对各种潜在威胁。

3. 实时控制

实时控制是指在管理信息系统的支持下，通过实时反馈的预算信息，能够自动对企业发生的每项业务进行事中控制，实现业务信息与预算信息的同步协调。如果该项业务没有超出预算范围，会计核算系统可以自动将该项业务单据转换为财务凭证，为账务处理提供实时动态的信息。如果该项业务预算超标，会计核算系统就会自动提示，并将超标警戒信息及时反馈给预算管理者，然后通过管理决策或者系统预设方案，对该项业务预算实施有效控制。

4. 快捷反馈

随着信息技术的迅猛发展，越来越多的战略预算实施途径和管理工具应用于企业实战演练之中，构建了高效的信息反馈系统。不同层次的预算参与人员通过在线呼叫、移动短信、电子邮件等方式，浏览相应权限内的预算信息，使预算执行情况进行双向甚至多向的信息互动交流与反馈，保障实际状况与预期目标一致，实现预算管理的时空跨越。

5. 持续改进

持续改进是指责任团队及各级员工需要通过对标分析法将战略预算目标定位于行业标杆，不断改进和完善预算管理标准和水平，实现追赶、超越的目的。标杆是动态变化的，追求和超越标杆的过程也是动态变化的，持续改进使战略预算管理能够得以不断改善。

（三）战略预算框架构建的现实意义

作为企业财务管理的核心部分，战略预算管理有着极其重要的意义。

1. 完善现代企业制度的现实需要

随着信息技术的高度发展，企业为了求得长期生存与发展，管理职能从传统的垂直型向现代的扁平型过渡。企业所有权与经营权的逐渐分离，投资者群体分散化，投资者价值追求趋于多元化，投资者关注的不仅是企业当期的经济成果和现实利润，还有企业未来的发展前景和盈利能力。为了满足投资者的信息需要，经营者对财务预算安排的重心，从经营结果（利润预算）扩大到经营过程（业务预算和资金预算），再延伸到经营质量（资产负债预算和现金流预算），这种当期控制和未来规划，是产权制度改革的必然选择。

2. 搞好企业财务管理的客观愿望

现代企业的财务管理，要对不同投资方案进行比较和选择，要为各种投资活动筹资，还要对营运资本进行管理。财务管理能否科学、合理地搞好资金预算，决定企业经营效率乃至生存与发展。

3. 变革企业财务理念的根本要求

从资产经营到资本经营的转换，是现代企业财务理念变革的趋势和关键。资产经营以产品经营为基础，以资产的流动性、盈利性和风险性的均衡为特征，以利润最大化为目标。资本经营以资源配置为基础，以资本的保值和增值为特征，以兼并、收购、股份回购、战略联盟、企业分立、资产剥离、破产重组、资产重组、债务重组、债转股、租赁、托管、控股、参股、转让、交易等为途径，以价值最大为目标。可见，财务战略、财务预算与财务理念具有内在一致性。

4. 提升企业财务绩效的有效途径

战略预算以市场为导向，有效结合了企业的发展愿景和财务环境，贯穿企业资金运动实施和监督全过程，是企业连接市场的桥梁，也是企业部门协调的纽带，促使企业所有员工各司其职，相互配合，达到资源优化配置，提高企业的管理效率和经济效益的目标。

（四）战略预算框架构建的基本路径

为了有效防范财务风险，战略预算管理除了要灵活地应对复杂多变的动态环境外，还要与企业经营活动进行有效整合和动态集成。基于财务风险防范的战略预算管理框架至少应该包含战略管理、预算管理、信息管理和经营管理四条路径。

1. 战略管理

从财务风险防范和财务价值创造出发，将战略预算看成是一个闭环管理流程，从战略到预测再到预算，实现了战略管理与预算管理的有机衔接、互动和融合。

2. 预算管理

预算管理使战略管理模式从传统直线式转变为现代网状式，形成双向循环系统，改进了预算管理流程，化解了预算管理的信息不对称，提高了预算管理执行效率，疏通了预算目标确定、预算编制、预算执行、预算调整、预算考评五个环节，增加了企业绩效的关注度。

3. 信息管理

目前，战略预算欲发挥有效作用，必须解决两个问题：一是保持战略预算与经营环境变化的适应；二是保持预算信息的即时传递和预算管理的动态控制。当企业经营环境发生变化时，战略预算管理通过信息技术支持系统给予及时的信息传递，对经营环境变化做出快速反应，保证了与经营环境的动态适应。目前，数据挖掘、数据库、互联网等先进信息工具在战略预算管理中的广泛应用，为预算信息的集成和整合、预算数据的充分挖掘和深度分析、预算决策的价值创造、预算信息的即时共享、预算环节的全面控制、预算计划的动态调节提供了雄厚的技术支撑。整体而言，信息管理为下列事务提供资源保障：一是战略预算管理各个环节的动态运转和各项功能的动态发挥；二是经营系统各项业务的顺利开展；三是战略预算管理与经营系统的无缝连接和数据集成。

4. 经营管理

有了先进信息技术的支撑，预算管理有效整合了信息管理与经营管理，实现了供应链和客户关系管理等核心业务功能的连接，缩短了生产的前置时间，提升了产品和服务质量，加大了企业的整体柔性和市场适应能力，降低了能耗，减少了库存压力，强化了物流、资金流和信息流对预算管理的实时控制，适应了生产柔性化、组织扁平化、产品个性化的市场要求。数据集成通过对经营业务信息的实时反馈和执行结果的动态分析，保证了预算数据的实时性和精确性，实现了预算信息的内部共享，使经营者可以对管理过程中的异常情况做出及时调整，达成预定目标。通过数据集成、远程处理和在线控制，预算管理与经营管理在业务上得到高度集成，经营管理有效融入预算管理，预算管理及时指导经营管理，实现了预算管理与战略管理、静态管理、动态管理的有机配合，极大发挥了预算管理事前计划、事中控制和事后反馈的功能，实现对经营业务的全过程管理。

第三节　基于业务流程再造的财务预算

国外对基于业务流程再造的财务预算的研究较多。迈克尔·哈默（Michael Hammer）和 CSC 管理顾问公司董事长钱皮在 1993 年出版的《企业再造》中提出企业再造理论，主张为了适应新的世界竞争环境，企业不适宜遵循亚当·斯密的劳动分工思想来建立和管理企业，必须摒弃已成惯例的经营模式和工作方法，以工作流程为中心，重新设计企业的经营、管理和运营方式。佩帕德（Joe Peppard）和罗兰（Philip Rowland）在 1999 年出版的《业务流程再造》中阐述了流程再造的理解、研究和创新，其目标是通过重新设计组织经营的流程，使其增值内容价值最大化，从而获得绩效的逐步改善。阿什利·布拉干扎（Ashley Braganza）在 2004 年出版的《全面流程再造》中提出公司流程再造可以与恐龙灭绝相比，生动阐述了流程变革的内涵以及流程再造的实施方式和意义。李西军（2003）论述了业务流程再造的基本理念、全面预算与流程再造的结合，提出了具体的再造方案等。彭正辉（2008）提出全面预算管理作为衔接战略目标与执行的有效管理、控制工具，对整合与控制企业内部资源起着非常重要的作用。

总之，业务流程再造起源于 20 世纪 80 年代美国企业，是全面变革企业经营模式、有效提高企业竞争实力的一种管理工具，顺应了增强企业活力的需要，引起越来越多学者的密切关注，已经成为流程管理的新方法（Management Through

Process，MTP），即以流程为基本的控制单元。

从很大程度上讲，MTP 按照企业经营战略要求，对业务流程的规划、设计、构造、运转、调控等所有环节实行系统化管理，全面考虑各种作业程序之间的相互配置关系以及与管理程度的适应性，实行统一指挥，综合协调，是一个崭新的管理理论和方法。

一、业务流程再造的作用和意义

财务预算在财务管理中占有举足轻重的地位，是追求财务价值最大化的重要手段，业务流程在财务管理中是黏合剂和价值链，两者的结合有利于财务价值的创造、转移和锁定。

（一）业务流程再造意义

业务流程再造（Business Process Reengineering，BPR）在财务管理中的作用可以概括为以下几个方面。

1. 保障财务预算有效实施

对企业原有业务流程的重新塑造，包括实物资源、契约资源和信息资源的结构调整，提高企业整体竞争力；另外，业务流程的不断重塑，优化了现有业务流程，提升了财务资源配置效率，提高了企业经营绩效，为企业实施财务预算创造了宽松的管理氛围。

2. 推动财务观念及时转变

业务流程再造强调面向业务流程管理，将业务的审核与决策之点，定位于业务流程执行，疏通信息沟通渠道，缩短信息传递时间，从而提高对客户和市场的反应速度，增强财务弹性、柔性和韧性，转变财务观念，以便适应对环境、政策、市场的变化。

3. 促进财务目标圆满实现

业务流程再造是围绕企业财务目标而设计的，为此，重塑业务流程要贯彻以下方针。

（1）质量第一。当前，企业之间的竞争，实质上是供应链之间的竞争。同时，市场态势早已从卖方市场转化为买方市场，每个财务人要以客户服务为中心，而不是以上司服务为中心，每个财务人的工作质量评价要由客户做出，而不是由上司做出，客户的需求是企业的最大目标。因此，企业不但要重视内部业务处理流程，还要结合客户、供应商所构成的整个产业链进行重新整合。

（2）效率优先。业务流程再造要求先设计流程，后根据流程建立企业组织，尽力消除纯粹的中间环节，减少业务摩擦，降低管理成本，更重要的是，提高组织运转效率。

（3）信息共享。业务流程再造运用计算机信息技术，既提高了业务流程之间的信息传递效率，也加强了部门之间的信息沟通，实现信息共享。设计和优化业务流程时，要尽可能利用信息技术实现信息的一次处理与共享机制，将串行工作流程改造为并行工作流程，协调分散与集中的矛盾。

（二）业务流程再造目的

通常所指的 BPR 是企业遵循市场规律，以客户为导向，以网络技术为基础，结合经营业务、经营环境、经营战略，对经营业务进行重构。其主要目的有以下几个方面：

1. 推动组织变革

业务流程再造是以流程为中心实施组织变革的，也是组织变革能否成功的关键。业务流程再造能够降低管理层级，权力下放，经营虚拟化，而且可以缩小经营规模，减少管理环节。

2. 适应环境变化

企业是通过比竞争对手更廉价的成本或更出色的产品来赢得市场优势的。在数字经济时代，企业为了确保原来的增值过程不受影响，应当随着信息技术的变革，对业务流程进行重新设计。

3. 提高企业绩效

企业的根本目的是利润最大化，需要通过降低经营成本、优化产品质量、提高企业绩效等来实现。提高绩效需要明确目标，细心设计，精准协调，离不开与外部环境相关联的业务流程再造系统。

（三）业务流程再造原则

较为全面的 BPR 是指通过资源整合和优化，最大限度满足企业供应链系统、健康、发展的一种方法，更多体现为一种管理思想，超出了管理工具的价值范畴，其目的是使企业在质量、成本、服务、速度等方面得到显著改善，适应以竞争和变化为特征的财务环境。

1. 面向市场

业务流程再造可以减少不必要的项目和经营活动，撤销并整合一些部门及其人员，发现并消除一些非增值活动，如过量生产与供应、故障与返工、重复任务等，以便提高管理效率，直接面向市场。业务流程再造是一项持续性的变革，应当随着市场的变化而做出相应的调整和改革。

2. 以人为本

业务流程再造及其财务预算，涉及企业的方方面面，关系每一位员工，要努力加强员工素质培训，也要充分尊重员工人格塑造，只有这样，才能推进员工将自身利益与企业利益挂钩，激发员工的积极性、主动性和创造性，保持旺盛的斗志，提高企业的预算执行效率。

3. 客户至上

在当今纯粹的买方市场中，企业要想实现利润最大化目标，首先要满足客户的利益。业务流程再造是面向客户的，要站在客户的角度去思考问题。企业为客户提供有价值的商品或服务，是在企业流程再造中完成的。同时，只有面向客户的业务流程再造，才能达到经营和管理变革的目的。

（四）业务流程再造方法

一般而言，业务流程再造方法分为两类：一是渐次改进式，是指在原有流程的基础上通过不断修复和完善，形成新的流程。二是全新设计式，是指抛开原有的条件，重新考虑产品或服务的提供方式，零起点设计新的流程。与渐次改进式相比，全新设计式是流程的彻底变革，采取新的思考、新的特征和新的方式，往往会出现经营业绩的巨大飞跃，具有无限潜力，但也会面临变革过程艰难，且对正常流程的干扰大，再造风险大等问题。

企业应当根据所处的财务环境，结合业务流程的效率曲线，面对风险与报酬，运用成本收益原则，来决定是选择渐次改进式，还是选择全新设计式。具体方法有：

1. 价值链分析法

波特提出的价值链分析法是辨别某种“价值活动”能否给企业带来竞争力的方法，后来成为企业战略分析的重要手段，对企业信息化建设具有重大的应用价值。波特将企业活动分为主要活动与辅助活动。前者包括采购物流、生产制造、发货物流、市场营销、售后服务等；后者包括高层管理、人事劳务、技术开发、后勤供应等。当然，以上活动可能因为企业或行业的不同而有所不同，但所有企业或行业都从这些活动链接中积累了面向顾客的最终价值。因此，一个企业的活动一旦分解开来，逐一分析链条上各项活动的价值，就可以发现哪些活动是需要改造的。

2. 标杆瞄准法

标杆瞄准法也称基准分析法，是指企业将自身的产品、服务、成本等相关的业务流程再造实践，与那些在业务流程再造上表现优异的企业（并不局限于同一行业）相比较，以改进业务流程再造，不断地精益求精的过程。如丰田的投资回报率（ROI）曾是日本汽车行业的标杆，当日产发现自己的投资回报率还不及丰田的一半时，意识到了问题的严重性，通过缜密分析业务流程后，决定关闭这一造车厂。

3. 头脑风暴法

头脑风暴法也称智力激励法、自由思考法、畅谈集思法，头脑风暴法鼓励与会者尽可能提出大胆设想，不允许对别人的观点进行批评，针对原来业务流程中的弊端，提出根本性的改造设想。一些软件工具也可以用来支持这种讨论，与会者可以匿名地对议题提出其建议和意见，根据关键字来进行存储、检索、注释、分类和评价。

4. 德尔菲法

德尔菲法也称专家调查法，德尔菲法经常用来论证企业再造方案的可行性，将初步方案发给若干事先选定的信息系统专家，征求其意见，然后将各专家的反馈意见经过整理和分析后，再重新发给各专家，对分歧之处进行更深入的思考。这样，经过几轮征集，最终可以获得比较一致的意见。这对减少业务流程再造风险、设置正确的信息战略是十分有益的。

5. 因果分析图法

因果分析图法也称鱼刺图法、树枝图法，是一种逐步深入寻找问题成因的方法。现实生活中，问题产生的原因往往是多方面的，各种原因的作用又不同，需要综合考虑，按照从大到小、从粗到细的路径，逐步找到问题的根源。因果分析图法通常分为回归分析法（显著因果关系）和经济计量法（复杂经济关系）。因果分析图法最早由质量管理专家石川馨于1953年提出，又名石川图。

（五）业务流程再造步骤

业务流程再造通过删减一些无效的业务活动和整合一些闲置的财务资源，为财务预算的制定和执行铲除障碍。按照整体业务流程最优化的目标，通过渐次改进原有业务流程或全新设计新的业务流程，使各项活动及其各个环节尽可能地实现最大化增值。

1．再造项目策划

此阶段要对业务流程再造的必要性和可行性进行反复论证和严格考察。再造的机会、风险、意义、边界等，都要事先明确，同时，得到企业高层领导的批准和支持是至关重要的，因为再造对企业具有较大的战略意义和占用较多的战略资源。

2．再造团队组建

此阶段要招募团队成员，组建高效团队。成员包括来自企业从事现有流程工作的圈内人和来自其他部门乃至其他企业的局外人。通常情况下，圈内人多于局外人。组建团队前，向外大力宣传业务流程再造涉及的范围、时间、影响等，让意欲加入团队的人员意识到其中的危机和挑战。团队成员的主要任务是分析现有流程，根据企业的现有状况，渐次改进或全新设计新的流程。

3．再造目标设立

有了项目策划和团队组建，运用上述有关业务流程再造分析方法，确立企业能够实现的未来目标。目标要有层次感和激励性，分为可行性目标和延伸性目标。前者是初步目标，具有刚性；后者是高级目标，具有一定弹性。

4．再造方案决策

从企业战略出发，结合技术创新、人力资源和组织变革，考虑信息技术的应用，针对以往业务流程出现的主要问题和主要环节，诊断经营流程与管理流程是否一致，渐次改进现有的业务流程或全新设计新的业务流程，选择适合企业的最优方案。

二、业务流程再造的关键问题

业务流程再造是创新性行动，不可能一蹴而就，也不可能一成不变，需要企业管理者的不断探索、反复总结和亲身实践，加以发展和完善。

（一）业务流程再造的功能结构

随着经济全球化、信息化、网络化、智能化，原有的业务流程管理模式已经不能满足企业可持续发展的需要。在互联网日益开放的今天，企业在使用数字控制系统时，必须维护数据的安全性和可靠性。平台上有价值或敏感的数据特别是重大商业机密，一旦被滥用、盗用和向外流失，就会造成不可估量的损失。因此，构建有效的业务流程再造功能结构，非常必要。

1. 项目团队

业务流程再造的顺利实施，离不开强有力的团队。一个高效的业务流程再造团队，不宜采用传统的职能式组织结构，应当采用项目式组织结构或者矩阵式组织结构，要求其成员掌握企业真实的业务情况、信息及相关技术，拥有良好的道德素质和人际关系。

业务流程再造一般是随着资金运动而展开的，涉及面广。如果组织协调工作简单，就采用项目式组织结构。整个流程设有总监、经理、专业委员会等机构，分工明确。项目总监领导整体规划和建设，对跨部门的经营活动进行协调，通常由副总经理担任，并向总经理负责。项目经理负责具体目标及任务分解，需要由掌握现有流程及特定流程知识的相关人员担任，通常从相关部门中选定。专业委员会负责指导项目再造过程的技术问题，一般由各部门的主管组成。团队成员来自企业内部和外部，前者熟悉具体流程，了解现有流程的利弊，后者主要从旁观者角度去观察和分析问题。

如果组织协调工作非常复杂，就采用矩阵式组织结构。各个流程都有流程负责人和操作人员，在相关专家的指导下独立进行，打破部门间的职能分割，加强部门间的信息沟通，提高业务流程再造效率。

2. 网络技术

如果企业的权限划分不当或内部控制不严，就会造成信息滥用和向外流失。为了保证核心数据的安全性，除了加强内部控制外，要在信息技术方面采取一定措施，常用的网络安全手段包括防火墙、加密、身份认证等。

（1）防火墙。作为一种位于网络内部与外部之间的安全防护系统，依照特定的规则，允许或限制传输的数据通过，在内外网络接口处，对跨越网络边界的信息进行过滤，防止来自外部的非法访问和干扰，为企业设立一道电子屏障。防火墙通常分为两类：一是基于数据包过滤，直接转发报文；二是基于代理服务器，需要进行身份验证和注册。

（2）加密。作为电子商务最常用的安全保密措施，利用信息技术手段把重要数据变为乱码（加密）传送，到达目的地之后，再用相同或不同的手段还原（解密），从公共网络传输和防止电子窃取两方面对信息进行保护。现代数据加密技术分为对称加密和非对称加密。前者以DES标准算法为典型代表，加密密钥与解密密钥相同，其关联双方共享一把专用密钥进行加密和解密运算，但安全级别不高。后者通常以RSA标准算法为代表，加密密钥可以公开，解密密钥需要私有，即公开密钥和私有密钥。若用公开密钥加密，则只有用对应的私有密钥才能解密；若用私有密钥加密，则只有用对应的公开密钥才能解密。现实中，往往将各种加密技术结合使用，充分利用各种密钥的优势。

（3）身份认证。身份认证也称“验证”或“鉴别”，是指在计算机及网络系统中确认操作者身份的过程，根据身份确定该用户是否具有对某种资源的访问和使用权限，进而使计算机及网络系统的访问策略能够可靠、有效地执行，防止攻击者假冒合法用户获得资源的访问权限，保证系统和数据的安全和授权访问者的合法利益。在网络环境下，电子符号、磁性介质的出现，财务数据流动过程中的签字、盖章等发生了改变，通过采取数字签名的安全控制手段，验证对方身份，能够保证数据的完整性。同时，在数字签名的基础上建立不可否认机制，只要用户或应用程序已经执行某一操作过程，就不能撤销其行为。

3. 制度

随着信息技术的迅速发展，企业原来在手工作业环境下建立的制度难以满足知识经济、数字经济的需求，应当建立一套适合自身发展的新制度，保证业务流程的顺利进行。

（1）职责权限划分。崭新的作业环境要对系统控制团队的职权进行重新分配。一般来说，系统管理员、操作员、信息使用人等权限划分应当坚持以下原则：一是系统管理员不能担任操作员；二是系统管理员不能担任信息使用人；三是系统操作员只能使用经过批准的文件及应用程序，不得修改应用程序及文件。

（2）业务处理和凭证传递。企业的凭证编制及传递程序可以反映财务管理信息系统中业务流程的责任控制及其相互联系。信息技术打破了传统的业务处理和凭证传递流程，企业要针对新环境的变化对制度进行完善和修改。新流程日记账和分户账的登记是由操作员完成的，不再由原来的会计人员进行登记。为了保证系统管理员及职权的相互牵制，凭证、账簿、磁盘或磁带文件分开保管，会计人员保管各类凭证及账簿，操作员保管磁盘或磁带文件，最后由相关人员共同签章的各种账簿按相关规定装订成册。

（3）数据收集、输入和输出管理。信息技术化方便了企业的数据管理。而今，许多数据都存于磁盘里，为了保证数据的完整性、严密性等，企业应对这些磁介质的传递、验收、登记、保管制定相应的管理制度。同手工环境一样，账簿与报表只有经过批准后才能借阅，文件不得随意拷贝。只有严格控制数据的输入和输出程序，才能保证信息的完整性、正确性和严密性。

（二）业务流程再造的持续改进

业务流程再造涉及面广，是一项持久的重大工程，实施过程中可能会出现设计的功能缺陷，只有通过不断学习和实践，才能找到更为合适的流程。可见，业务流程再造和再造后的持续改进具有较大的区别，主要体现在规模、时间和影响上。

1. 规模

业务流程再造是对原业务流程进行全面、彻底的重新设计，而业务流程再造的后续改进规模是有选择的，也是局部的。业务流程再造之后，当环境发生变化，若涉及面不广、规模不大，可以对流程进行后续改进；若涉及面广、规模大，则需要对流程进行新一轮的再造。

2. 时间

业务流程再造和其后续改进的程序不同，持续时间也不同。流程再造是间断性、周期性过程，而后续改进是渐进性、连续性、长期性过程，且跨越了本次流程再造到下次流程再造的整个时期。与流程再造相比，后续改进的时间要长。同时，将流程再造与后续改进有机结合起来，两者的管理效果均会更好。

3. 影响

业务流程再造关乎企业的长期发展，具有战略性；而流程的后续改进所产生的影响是局部的，流程的后续改进要按照一定的规章制度去实施，先提出申请，经过相关部门批准，并通过调试成功后，才能并入系统运行。

第五章　财务激励：重要财务手段

管理的实质是利益的管理，能够容纳合理的不公平。

制度的精髓不在于强制，而在于对被执行者的利益拉动。

骏马是跑出来的，强兵是打出来的。

财务激励是重要财务手段，是财务控制的一个节点，是指企业通过一定的激励方式，对员工尤其是管理层的财务行为进行约束，让其在心理上处于兴奋状况，诱使其付出更多时间和精力，尽心尽力服务于财务目标。

第一节　财务激励概述

现代企业制度的基本特征是所有权与经营权分离，即股东委托经理人经营管理法人财产，形成委托—代理关系。在经营管理中，由于经理人与股东之间拥有信息的不对称性、满足偏好的不一致性和缔结契约的不完备性，经理人要做到完全的“道德自律”是不现实的，经理人可能利用各种赋权，形成两种腐败倾向：一是“经理人偷懒”引起的不作为，忽视股东利益；二是“经理人侵占”引起的贪腐，违背股东利益。

如何遏制经理人的腐败倾向，使其能够为股东利益尽心尽力？激励机制是约束经理人腐败行为的好办法。财务激励是以企业经理人为激励对象，以财务利益为激励载体，利用有效激励方式，激发其工作热情，为实现企业的财务目标而努力工作。经理人包括公司董事、监事、高级管理人员、核心技术人员、关键业务人员及其列入公司激励计划的其他员工，但不包括独立董事。

一、财务激励制度

企业无论采用哪种财务激励制度，其本质都是委托人通过建立健全激励制度来约束代理人，谋求公司价值最大化的管理手段，包括事业制、年薪制和持股制。

（一）事业制

事业制是指企业的薪酬结构与事业单位没什么区别，包括基薪、津贴和养老金计划。一般来说，薪酬的高低在很大程度上取决于公司性质、规模、管理者行政职位，计量标准在于当年的政策目标实现情况或行政任务完成情况。承担国家政策的国有企业，尤其是关系国计民生的大型控股公司、企业集团，更适合这种事业制。

与事业单位的薪酬类似，这种制度的激励动力来自升职机会、声望建立、生活稳定等非财务因素，退休后的养老金计划可以保障企业员工高质量的生活，也可以起到约束经理人短期行为的作用。

（二）年薪制

年薪制的薪酬结构包括基薪、津贴、养老金计划、年终奖金等，基薪标准主要依据公司规模、营业收入等确定；年终奖金主要依据营业利润、净资产增长、公司价值增值、同行业效益水平等确定。目前我国大部分上市公司都采用这种年薪制。年薪由三个部分组成：基本年薪、业绩年薪和特别奖励薪金。

若年终奖金没有上限，且计量指标相对科学合理，与事业制相比，年薪制可能更会激发经理人的积极性。但若年终奖金过度膨胀，可能诱发经理人短期行为。

（三）持股制

持股制包括现股和期股，其薪酬结构包括基薪、津贴、养老金计划、持股计划等，基薪的确定标准主要依据公司规模等；现股和期股的风险收入取决于公司业绩、公司价值增值情况等。该制度既要关注持股的多元化，也要关注资本市场的有效性。若资本市场有效，股价等相关信息就更能客观反映经理人业绩。上市公司适合于采用持股制。

持股制将经理人薪酬与公司长远目标结合在一起，使经理人与股东的战略方向保持一致，增强公司的凝聚力。但持股制具体操作相对复杂，设置条件比较苛刻。

二、财务激励方式

激励分为物质激励和精神激励。精神激励大多表现为非财务激励，包括情感激励、授权激励、沟通激励、信任激励、荣誉激励、福利激励等。物质激励主要表现为财务激励，属于价值范畴，便于设计、量化和执行，通用性更强，作用面更广，主要包括货币薪酬、薪酬差距、股权分配、经理人收购、福利计划等。

（一）货币薪酬

货币薪酬是企业最基本的一种激励方式，主要包括工资和奖金。

1. 工资

工资是在一定时期内相对稳定的薪酬，一般不随员工的业绩变化而变化，由岗位级次、企业经营状况和薪酬政策、地区差异与行业特点等因素决定。这种激励方式对经理层、知识型技术型员工的激励效果不太显著。

2. 奖金

奖金是依据经理人当期业绩超出目标业绩的劳动部分而支付的一次性报酬，与公司短期业绩表现的关系密切，但与公司长期价值的关系不大，容易引发经理人的短期行为，经理人可能为了短期的财务指标而牺牲公司的长期利益。两者区别如表 5-1 所示。

表 5-1　企业不同发展阶段的薪酬结构

发展阶段	初创期	成长期	成熟期	衰退期
经营特征	取得收入	规模扩张	维持盈利 并保护市场	争取盈利 并开发新领域
稳定薪酬	低于市场水平	等于市场水平	高于市场水平	高于市场水平
业绩薪酬	高	较高	较低	低
薪酬结构	高弹性	调和型	调和型	高稳定

（二）薪酬差距

薪酬差距是企业普遍存在的一种隐性激励方式，是指企业对不同层级的员工给予不同水平的薪酬，主要表现为：员工职位越高，其薪酬水平越高。薪酬差距的衡量方法主要有：一是绝对薪酬差距，是指经理人团队中核心高管与非核心高管之间的薪酬之差；二是相对薪酬差距，是指经理人团队中核心高管与非核心高管的薪酬之比。

薪酬差距使员工时刻处于激烈的竞争环境之中，为了保住现有的职位或者追求更高的职位，不得不努力工作。可见，该方式既能激发员工的工作积极性，满足其事业追求，又能提高企业经营绩效，完成企业财务目标。

（三）股权分配

股权分配是企业为了激励和留住核心人才而推行的一种长期激励机制，是指有条件地给予激励对象一部分股东权益，使其与企业形成利益共同体，从而实现企业的长期发展目标。主要包括五种模式。

1. 股票期权

股票期权是指公司授予经理人一种权利，可以在规定时间内以事先确定的价格购买一定数量的本公司流通股票，也可以放弃这种权利。股票期权的行权有严格的时间和数量限制。行权前，经理人没有现金收益；行权后，其收益为股票增值，即行权日市场价与行权价的差额。可见，只要行权价一定，经理人的收益与股票市场价正相关。这样，把经理人的个人收益与企业的未来发展前景紧密地联系起来，促使经理人勤勉尽责地为企业的长期发展服务，能够有效抑制经理人的机会主义倾向和道德风险，在很大程度上起到了财务监督的作用。

2. 股票增值权

股票增值权是指公司授予经理人的一种权利，如果公司股价上升，经理人就可以通过行权获得相应数量的股价升值而受益。经理人不必为行权付出现金，行权后获得现金或等值的本公司股票。

3. 业绩股票

业绩股票是指年初确定一个较合理的业绩目标，如果经理人年末达到预定目标，公司就会授予一定数量的股票或者提取一定的奖励基金购买本公司股票。当然，业绩股票的流通变现通常有时间与数量限制。由于股票价格与企业未来预期业绩有较大关系，在一定程度上克服了薪酬引起的短期行为，但这种方式衡量企业业绩的准确性方面存在不足。

4. 限制性股票

限制性股票是指事先授予经理人一定数量的本公司股票，但对股票来源、抛售等作了一些特殊限制，一般情况是：只有当经理人完成特定目标，如扭亏为盈，才可以抛售限制性股票并从中获益。

5. 虚拟股票

虚拟股票是指公司授予经理人一种权利，经理人可以据此享受一定数量的分红权或股价升值收益权，但没有所有权和表决权，不能转让和出售，且一旦离开公司，就会自动失效。

（四）经理人收购

经理人收购（管理层收购）是指企业设立职工持股会，通过持股会收购本企业股票而提高持股比例，从而控制本企业，经理人从原来的企业经营者转变为现在的企业所有者和经营者，形成新的利益共同体。

（五）福利计划

福利计划是公司一种辅助的长期激励方式，主要体现为在职消费，包括：带薪休假或探亲，提供培训或出国深造机会，购买住房或车辆，购买补充养老保险和医疗保险，提供业务招待费、办公费、通信费、交通费、水电费等各种补贴。不过，这些项目容易成为经理人牟取私利的捷径，能够轻松地将私人支出转嫁为公司费用。

三、财务激励环节

财务激励通常包括财务激励设计、财务激励执行和财务激励反馈三个环节。

（一）财务激励设计

财务激励设计的整体框架包括三个部分。

1. 物质激励为主，精神激励为辅

根据马斯洛的需求层次理论，物质需求是人类最基本、最直接的需求，企业的财务激励应当以物质激励为主。当经理人的物质需求得到满足以后，要关注和关怀其精神需求，促进其自我价值的实现。

2. 短期激励与长期激励相结合

对取得良好业绩的经理人要给予及时的短期激励，否则，会挫伤其工作积极性。但短期激励可能会加剧经理人的短期行为，为企业的长期发展埋下隐患。因此，企业要增加对经理人的长期激励，想办法留住人才和用好人才，为企业创造更多的价值。

3. 团队激励与个人激励相兼顾

随着社会分工进一步细化，团队合作更加重要，团队合作效率更高。财务激励要正确协调团队激励与个人激励的关系，团队激励时，要制定合理的薪酬差距，有利于发挥个人突出才能，也有利于弘扬团队合作精神，从而同时提高团队与个人的工作积极性。

（二）财务激励执行

财务激励执行实际上是一个完整的体系。首先，应建立财务指标评价体系，提供既定的业绩评价标准，用于对企业员工的业绩衡量与对比；其次，制定明确的奖惩制度，为期末财务业绩评价提供参考标准；再次，制定业绩考核标准的计量办法；最后，根据提前设定的各种财务激励标准，对员工实际业绩进行评价。

1. 建立有效的评价指标体系

一个有效的评价指标体系，要注重各个指标之间的互补性，使业绩评价能够

全面、客观地反映公司财务价值的增加。财务评价指标体系要根据企业财务目标进行分解，按照各个部门的目标和任务合理设置，找到关键价值驱动因素，既能反映企业的整体目标，又能体现基层目标的可实现性，从而充分发挥指标体系的财务激励作用。

2. 制定明确的奖惩制度

明确物质奖励与精神奖励、短期奖励与长期奖励、团队奖励与个人奖励相结合的具体奖惩制度，可以让被考核人清楚自身业绩与奖惩制度的关系，激励被考核人主动完成或超额完成目标。同时，通过惩罚措施为被考核人完成目标任务给予压力。

3. 出台业绩考核标准计量办法

明确规定业绩考核标准计量办法，是搞好激励的关键。例如，辅助生产成本用什么方法进行分配，内部转移价格用历史成本还是重置成本进行计量，都应当事先规定好，这样能够减少部门之间因考核办法不明确而产生的矛盾，也为年末业绩考核打好基础。

4. 评价实际业绩

根据既定的评价指标体系、奖惩制度和业绩考核标准计量办法，由财务部门对各岗位的实际业绩与预定业绩进行比较，并对指标差异的性质与大小进行分析，依此进行奖惩。

（三）财务激励反馈

财务激励反馈是指汇总财务激励执行后的实际效果与预期目标之间的差异，对差异的成因进行深度分析与修正，为下次制定激励标准提供参考依据。在财务激励执行过程中，或多或少会出现一些问题，将这些暴露的问题及时反馈，通过团队、财务人员的共同剖析，在下次目标的分解和实现过程中，加以修正与改良，最终完善整个财务激励体系。可见，财务激励机制是一个随着社会经济发展而不断调整的管理体系。

第二节　财务激励与财务目标

价值创造作为反映公司在资本市场和行业领域健康发展的微观基础，影响公司的经营风险以及资本市场对经营业绩和发展前景的评估，从而影响公司管理层的财务激励水平。

一、财务目标及其衡量

财务目标是企业在特定的财务环境中，组织财务活动、处理财务关系所要达到的理想境地，是财务活动的根本方向，也是财务管理的根本出发点和归宿。在以两权分离的现代企业中，经理人的目标与股东的目标可能不一致。但是，股东要通过对经理人进行有效激励，引导经理人的目标向股东的目标靠拢，从而最终实现财务目标。

（一）财务目标的衡量指标

衡量财务目标的指标，主要有两个方向：一是会计利润；二是财务价值。

1. 传统的会计利润

财务目标以传统的会计利润来进行衡量，主要存在两大缺陷：

（1）未考虑股性资本成本。年终财务报表上的会计利润仅仅扣除了债性资本成本，股性资本成本并未得到补偿。如果考虑了股件资本成本，企业可能出现经营亏损，降低了股东价值，此时，会计利润的增加并非意味着企业价值的增加。因此，会计利润不能精确地衡量经理人为企业创造的价值，不能正确地评价经理人为企业付出的努力程度与效果。

（2）计算过程容易出现主观化倾向。会计利润的计算过程中，存在许多主观行为，经理人会选择对自己有利的会计核算方法，从而改变会计利润。如通过延长固定资产摊销年限来延期提取折旧费用、提前确认销售合同收入等手段，增加当期的会计利润。

片面强调会计利润，会使经理人单纯追求当期利润最大化的短期行为，忽视或损害企业的长期效益。因此，会计利润为依据的财务激励机制已经不能适应财务目标，需要对其进行改进与完善，以适应财务目标理论的发展和企业自身利益的需求。

2. 现行的财务价值

为了更好地实现财务目标，不应以会计利润来衡量，而应以财务价值来衡量。

（1）经济增加值。经济增加值（Economic Value Added，EVA）是指从税后净营业利润中扣除全部资本成本后的剩余收益。其核心思想是资本投入是有成本的，只有高于全部资本成本，企业盈利才会给股东创造价值。

EVA 是对真正“经济利润”的评价，总是以股东投资的价值增量为标准，提供了更好的业绩评估标准。第一，考虑了企业的全部资本成本，显示了一个企业在每个报表年度创造或损害的财富价值量。第二，规定了经理人决策必须运用两条基本原则：一是任何公司的财务目标是最大限度地增加股东财富；二是公司的价值取决于股东的利润超出或者低于资本成本的预期程度。因此，EVA 的计算方法减少或杜绝了经理人利用财务杠杆粉饰会计利润的行为，促使经理人进行进取性的投资，获取长期回报。

当然，EVA 也有缺点。第一，未考虑时间价值与风险价值因素，无法解释企业在不同时期的内部成长因素。第二，仅是一个绝对指标，不利于不同规模企业的横向比较。在企业资产规模未发生变化的前提下，EVA 不能反映企业不同时期的经营业绩。而在资产规模不同的企业或者同一企业资产规模发生变化的情况下，EVA 无法比较企业业绩。第三，仅反映企业的最终经营成果，综合性极强，不利于分析企业存在的生产经营问题，无法帮助管理者找出经营无效的原因。第四，可能违背成本与效益原则。EVA 的计算通常以会计利润为基础，需要进行多项调整，工作量极大，人工成本也会相应增加。因此，计算 EVA 要进行细致调整，在成本与效益之间进行均衡，以尽可能低的成本来提高 EVA 的准确性。总之，EVA 将会计利润调整为经济利润，是迄今为止对企业经营业绩进行评价较为准确和合理的方法。

（2）市场增加值。市场增加值（Market Value Added，MVA）是公司市值与累计资本投入之间的差额，即企业变现价值与原有投入资本之间的差额，直接反映了企业累计为股东创造的财富量。对于上市公司来说，公司市值为股票市场价值，MVA 等于股票市场价值减去累计资本投入的差额。对于非上市企业而言，MVA 是企业未来 EVA 的折现值之和，即 MVA 是市场对企业未来获取 EVA 能力的预期反映。

MVA 的优势在于：第一，准确计量了股东财富的增加，优于其他任何指标；第二，考虑了资金的时间价值和风险因素；第三，MVA 等价于金融市场对一家企业净现值的估计，不仅可直接用于比较不同公司的经营业绩，而且能直接用于比较不同国家的经营业绩。

当然，MVA 也有一定的局限性：第一，股票市场不一定准确评价上市公司的价值。一是股票市场并不是完全有效市场；二是由于信息不对称，投资者会做出不合理预期，使股票价格偏离股票价值。第二，非上市公司的市场价值估计的可靠性较差。非上市公司的市值估计是未来预期 EVA 的折现值之和，受主观因素的影响较大。第三，MVA 计算的是公司整体的 EVA，无法计算下属部门与内部单位的 EVA，从而不能用于企业内部业绩评价。第四，从短期看，股票市场环境变化可能会削弱经理人的经营业绩表现。股价既受管理业绩影响，也受整个股票市场环境的影响，若股票市场不景气，股市总体水平下降，可能会削弱经理人所付出的努力效果。第五，MVA 未考虑股东得到的中期现金回报。

（二）财务目标的选择

企业选择适合自身发展状况的财务目标，能够有效指导企业的财务活动，降低财务风险。目前企业财务目标主要有：利润最大化、股东财富最大化和企业价值最大化。

与利润最大化相比，股东财富最大化强调了企业所有者权益的价值，其大小由发行在外的普通股股数与股票市价决定，更具科学性。

与利润最大化相比，企业价值最大化强调了企业资产的价值，可以更好地兼顾各利益攸关人，调动各方面的积极性和主动性，更具合理性。

与企业价值最大化相比，股东财富最大化更具可计量性与可操作性。不仅如此，在实际管理中，可以通过一定的财务安排，在一定程度上协调公司各利益攸关人之间的关系，使企业价值最大化与股东财富最大化趋于一致。因此，股东财富最大化与企业价值最大化的本质是一样的，都是为了增加企业的市场价值和股东财富。随着我国资本市场有效性的增强，随着 EVA 和 MVA 指标可以较为精确地衡量企业的价值增量，企业价值最大化的可计量性和可操作性逐渐增强。

二、财务激励对财务目标的影响

财务激励对经理人追求效用最大化具有巨大刺激力量，将其切身利益通过物质报酬形式体现出来，可以将其努力付出通过价值创造的潜能发挥出来。

（一）财务激励对价值创造的作用效应

从协同效应和堑壕效应两个方面分析公司财务激励对价值创造的作用机理。

1. 协同效应

锦标赛理论认为：经理人的能力和努力共同决定了其经营管理行为，前者决定了其“能够”选择的行为，后者决定了其“愿意”选择的行为。只有这两个前提同时成立，才能激发经理人发挥经营管理的最大潜力，减少偷懒和搭便车现象，提高公司绩效。

（1）薪酬激励效应。对经理人实施薪酬激励时，在一定范围内，薪酬水平越高，对经理人的激励越强。公司为经理人提供有市场竞争力的薪酬，促使其付出更多努力，有助于公司价值增值。此外，薪酬激励将加大人力资源竞争。一方面可能会激活人力资本存量，引导员工追求更高的管理职位，为公司价值的提升做出更大的贡献；另一方面可能会放大人力资本流量，引导社会各界人士加入公司团队，为公司注入新鲜血液，企业能更好地应对复杂多变的外界环境，提高公司决策力和创造力水平。

当然，薪酬激励的作用有限。随着薪酬的进一步提高，其激励作用可能会下降，导致薪酬激励过度。根据激励保健理论，薪酬激励是否有效，在很大程度上取决于薪酬水平对激励对象的吸引力。当经理人的收入水平较低时，薪酬激励的吸引力较强，经理人的努力程度会随着薪酬激励的刺激程度加深而显著增强，对价值创造力具有积极作用。随着经理人收入的攀升，薪酬的吸引力下降，一旦薪酬激励过度，薪酬的收入效应就会超过替代效应，经理人就会选择更多闲暇，降低工作努力程度，从而可能降低公司创造价值力，损害公司经营业绩。

（2）股权激励效应。Jensen 和 Meckling（1976）认为，经理人持股比例的增加有助于降低代理成本，一定程度上克服了经理人的短视行为，从长期来看，可以促进管理方式革新，提高生产率，从而有助于提高公司的价值创造力，增加投资者对上市公司发展前景的信心。

当经理人持股比例较低时，股权激励对公司价值创造产生正向作用，即利益协同效应。当经理人的控制权比例较低时，公司财富的变化与经理人持股比例的变化呈显著正相关。随着经理人持股比例逐渐增加，经理人自身的利益就会更多地与公司及其他股东的利益联系在一起，主人翁意识得到强化，正所谓“利益趋同，目标一致”，从而有效地减少代理成本。

2. 堑壕效应

财务激励固然对价值创造力产生一定的正向作用，但当财务激励达到一定程度时，也可能产生负面影响。当经理人持股比例过于集中时，从公司获得的原有收益已经满足不了当前对物欲、名欲和权欲的膨胀与贪婪，经理人就可能有动机通过转移公司财富获取私人利益，侵害公司及股东利益。这种挖空行为出于经理人因激励过度而导致利己动机强烈，存在一定的堑壕效应，根据掏空程度分为掘壕自守效应、风险规避效应和风险寻求效应。

（1）掘壕自守效应。Jensen 和 Meckling（1976）研究发现，经理人持股比例的适度增加可以有效降低代理成本，但其对上市公司的控制力就会显著增强，受外界约束的程度就会变弱。这样，股东的监督作用就会下降，经理人攫取公司利益就会更方便，从而偏离公司价值最大化目标。

（2）风险规避效应。股东风险不同于经理人风险，厌恶风险的经理人一旦发现自身承担的风险超出风险收益的临界点时，就会采取保全自身的策略。由于经理人眼中的风险收益要低于股东眼中的风险收益，经理人保全自身的策略意味着风险与收益的同时规避。可见，当风险厌恶的经理人持股比例达到一定程度，对公司价值的影响就会减弱，甚至体现为副作用，对公司价值最大化目标毫无益处。

（3）风险寻求效应。经理人股权激励过度导致其掌控公司的股权比例过大，享有一定比例的公司控制权，也承担了一定的风险。对风险厌恶的经理人会出现风险规避效应，但对风险喜爱的经理人会追逐更大的实际控制权，导致风险寻求效应。

可见，对经理人进行适当的股权激励具有积极效应，但随着经理人持股比例提高，特别是当公司股权过度分散，经理人的持股比例足以控制公司时，外界约束和监督减弱，经理人代理行为有可能偏离公司目标而过分追求自我价值的实现，产生壕沟防御效应。

（二）财务激励对财务目标的影响方式

这里仅就货币薪酬、薪酬差距、股权分配三种激励方式，对财务目标所产生的积极影响与消极影响展开论述。

1. 积极影响

（1）货币薪酬的积极影响。向经理人提供高于同行业类似职位的货币薪酬，会激发经理人的工作积极性。同时，加大经理层职位的潜在竞争力，提高当前经理人的工作强度。

（2）薪酬差距的积极影响。锦标赛理论认为：加大较高经理人与较低经理人之间的薪酬差距，会降低委托人对代理人的监控成本，强化委托人和代理人之间的利益一致性，提高公司绩效。适度的薪酬差距能够促进企业不同职位的经理人努力工作，追求更高职位的薪酬水平，从而促进经理人努力工作。

（3）股权分配的积极影响。股权激励能够使经理人的利益与股东利益趋于一致，降低经理人的道德风险与逆向选择行为倾向，引导经理人将自身的利益与企业的利益挂起钩来，减少经理人在日常经营管理中的短视行为，致力于财务目标。

2. 消极影响

（1）货币薪酬的消极影响。随着货币薪酬水平的逐步提高，对经理人产生的边际激励效果就会随之减少，甚至会引起过度激励效应。

（2）薪酬差距的消极影响。如果薪酬差距过大，经理人发现短期内升职难度极大甚至不可能实现，就会在工作中产生懈怠情绪，影响激励效率。

（3）股权分配的消极影响。当经理人的持股比例过高，从公司获得的收入可能满足不了其更高层次的需求，经理人有可能将公司财产通过不正当方式转化为私有财产，从而掏空公司。

三、实现财务目标的财务激励对策

目前，我国的经理人财务激励机制不尽完善，其威力和潜力没有得到最大限度的发挥，需要从内部和外部两个方面进一步完善与改进。

（一）做好内部激励

内部激励是财务激励的主体，必须花大力气用苦功夫做好。

1. 优化财务激励结构

我国目前许多企业的经理人财务激励主要体现为货币薪酬，且总体水平较低。为此，要根据物价上涨情况，逐步提高企业核心、技术型员工的货币薪酬水平，但货币薪酬的增加一定要渐进，要适度，否则，会带来消极影响。其次，要丰富财务激励方式，单一货币薪酬的激励效果不佳，要适度提高变动性薪酬，降低固定性薪酬；提高绩效性薪酬，降低工资性薪酬；提高股权性薪酬，降低货币性薪酬；提高长期性薪酬，降低短期性薪酬，使经理人将个人的切身利益与企业的长远利益有机结合起来，为实现财务目标而努力。

2. 加大非财务激励的占比

随着知识经济时代的到来，经理人的物质满足程度得到了极大提高，其需求层次也会随之提高，经理人还有追求被尊重和自我实现的需求，这时，非财务激励发挥作用的时候到了。在企业财务活动中，董事会对经理人进行的授权激励、沟通激励、信任激励、荣誉激励等，可能会极大激发经理人的工作潜力，实现企业的可持续发展。

3. 完善公司治理结构

公司治理结构是一个激励与约束并存的完整体系，监督机制与激励机制也是公司治理结构的主要内容。激励机制从主观层面引导经理人行为，对照一定的目标，发掘经理人的潜力，使经理人尽心地为企业服务。监督机制从客观层面规范经理人行为，发挥经理人的实力，使经理人甘愿为企业服务。

需要指出的是，发挥监督机制的作用需要激励机制的配合。为了更加有效地达到财务激励效果，必须加强监督机制的作用。第一，探索与企业所有利益攸关人参与的可行监督机制。第二，适度实现股权多元化，既可避免“一股独大”所引起的内部人控制，也可防止股权过于分散所造成的监督不力。第三，积极发挥监事会的作用，约束和减少违规违法行为。

（二）外部激励

外部激励是财务激励不可或缺的部分，有时，激励力度比内部激励更大。

1. 完善资本市场

公开透明、健康发展的资本市场是上市公司有效实施经理人财务激励，尤其是股权激励的前提。若资本市场无效，则上市公司股票价格就会偏离其市场价值，财务信息披露的参考价值较弱，对经理人的激励效果就会减退。目前，我国上市公司披露的财务信息可靠性较差，存在“失真”现象，市场操纵与投机现象严重，弱化了企业财务激励措施的效果，不利于对经理人进行有效的经营业绩评价。因此，完善资本市场刻不容缓。

完善资本市场，可以从以下两个方面着手：第一，严把公司“上市关”。严格履行公司上市的相关法规要求，规范公司上市程序。上市公司作为资本市场的主要构成部分，只有提高上市公司的质量，保证其财务信息的公开透明与真实可靠，才能引导投资者进行有效的投资行为，增强资本市场的有效性。第二，强化市场“监管力”。加大资本市场监管力度，建立政府监管、市场监管与民间监管相结合的多元监管模式，优势互补，真正发挥资本市场的监管作用，促进资本市场的健康发展。

2. 培育经理人市场

良性竞争、充分发展的经理人市场，能够为公司提供广泛筛选与有力鉴别职业经理人的机会。有了经理人市场的约束，能够促进经理人自觉主动地提升专业素养和经营管理能力，更加关注公司的可持续发展，将自身的个人利益与公司的长远利益统一起来。

培育经理人市场，需要国家、市场与企业的通力协作，为优秀经理人的选拔和输送提供良好的外部环境。第一，大力发展猎头公司、人力资源测评公司等人才中介，建立经理人储备数据库，为经理人队伍的选聘和使用提供客观公正的参考标准。第二，规范经理人市场的有关法律，促进经理人市场井然有序发展。目前，迫切需要明确的法律，来规范经理人之间的合情、合理、合法的竞争，避免恶性竞争，减少公司频繁更换经理人所造成的不良后果。

3. 完善相关的法律法规

逐步完善并有效实施相关法律法规，是现代公司治理的基本要求，为公司财务治理提供了一个硬性标准，能够有效促进财务激励的实施。

目前，随着我国《公司法》《证券法》等法律的不断修订，随着《企业会计准则》《企业财务通则》等法规的逐步完善，这些更加适应当前的市场经济环境，对经理人的职责、权利、义务等相关条款更加明确，对上市公司财务信息披露的要求更加具体，有利于顺利推进经理人股权激励计划的实施。

第三节　财务激励与财务舞弊

财务舞弊分为财务报告舞弊和非财务报告舞弊。前者是通过篡改财务报告的间接舞弊，后者是通过侵占公司财产的直接舞弊。这里仅指与财务激励密切相关的财务报告舞弊。

一、财务舞弊动因

财务舞弊行为是有动因的，有动因理论创造，也有动因实践总结。

（一）财务舞弊动因理论

有关财务舞弊的行为动因，目前有许多理论诠释。最著名的是冰山理论、三角形理论、GONE（G——Greed，贪婪；O——Opportunity，机会；N——Need，需要；E——Exposure，暴露，）理论、风险因子理论等。

1. 冰山理论

冰山理论也称两因素理论，将财务舞弊比喻为漂流在大海的一座冰山，露出海平面的仅仅是冰山一角，巨大的危险在海平面之下。从结构和行为来考察，海平面以上的是舞弊的结构部分，其内容主要是指企业内部管理，是客观存在且容易鉴别的，主要包括财务资源、技术、目标、等级制度、效率措施等。海平面以下的是舞弊的行为部分，其内容更主观、更个性化、更容易被掩饰，主要包括行为人的态度、感情、价值观、满意度等。冰山理论强调在财务舞弊的风险因素中，行为方面的影响更危险，需要给予更多注意。

2. 三角形理论

三角形理论也称三因素理论，是艾伯伦奇特（W. Steve Albrecht）提出的，是指财务舞弊的产生同时需要压力、机会和借口三个条件，缺一不可。斯特文对这些要素进行了具体阐述，并用三角形来形象比喻，生动解释了舞弊现象的社会规律。

财务舞弊的第一要素是压力。压力是舞弊者的行为动机，是直接的利益驱动。压力大致分为经济压力、工作压力和其他压力，其中经济压力主要包括意外财产损失、高额负债、应急需要、贪婪、虚荣等；工作压力主要包括失去工作的威胁、升职受阻、加薪落空、对领导不满等。

财务舞弊的第二要素是机会。机会是指舞弊者的行动能掩盖起来不被发现或者能逃避惩罚的时机，其存在使舞弊动机的实现成为可能，其成因主要包括缺乏内部控制、财务制度不健全、信息不对称、缺乏惩罚措施、工作质量不易辨认、无知或能力不足六个方面。

财务舞弊的第三要素是借口。借口是指舞弊者要找到某个理由，使其行为活动与行为准则、道德观念等相吻合，常用的理由主要有：别人都这么做，我不做就是一笔损失；我只是暂时借用这笔资金，肯定会归还的；我也是被迫的，无可奈何；我会通过其他方面予以更多的回报；没有人会因此而受到损害；这是公司欠我的；某些东西如荣誉或正直是可以牺牲的等。

3. GONE 理论

GONE 理论也称四因素理论，是美国流传最广的财务舞弊理论，是指财务舞弊（Fraud）由 G、O、N、E 4 个相互作用、密不可分的因子构成，各个因子同等重要，共同决定了财务舞弊的风险程度。G 为 Greed（贪婪）；O 为 Opportunity（机会）；N 为 Need（需要）；E 为 Exposure（暴露）。这 4 个因子实际上表明了财务舞弊产生的四个条件，也就是说，舞弊者要有贪婪之心，要有物欲权欲名欲的需要，要有机会，并事后不会被暴露。

“需要”（Need）被称为行为动机因子。舞弊者的行动出于一系列纷繁复杂的理由，其中最普遍、最基本的理由是“需要”。正当的财务行为动机产生正当的财务运作，不正当的行为动机容易在外界刺激下产生不正当的财务舞弊。

“机会”（Opportunity）因子与潜在舞弊者在企业中掌握的一定权力有关，如果舞弊者拥有信息优势和财务控制权，且其行为得不到应有的监督和制约，那他就有机会通过会计非法操作而牟取利益。

“暴露”（Exposure）因子包括两部分：舞弊行为被发现和披露的可能性；对舞弊者的惩罚性质及程度。舞弊具有隐瞒性和欺骗性，发现和揭露这种行为的可能性大小会影响舞弊者作出是否实施舞弊行为的判断。惩罚的性质与程度也会关系行为实施之前的判断，惩罚措施严厉给予潜在舞弊者足够的威慑力。

“贪婪”（Greed）因子的涵义更广，即道德水平低下。道德对舞弊者而言是一种心理因素，在行为产生与实施过程中，其对行为主体的作用无所不在，表现为一种个人价值判断。对符合自身价值判断的行为就实施，反之就放弃。一旦舞弊者具有不良的道德意识，或者在道德意识上不良价值判断占了上风，或者已经为违背道德规范找到了合理借口，财务舞弊就会成为一种符合个人价值判断的行为。

4. 风险因子理论

风险因子理论是 G. Jack Bologna 等在 GONE 理论的基础上发展形成的，是迄今为止最为完善的财务舞弊因子学说。该理论认为决定财务舞弊的是个别风险因子和一般风险因子。个别风险因子会因人而异，且在企业控制范围之外，包括道德品质与动机，相当于 GONE 理论的贪婪 G 和需要 N。一般风险因子在企业控制范围之内，包括舞弊机会、被发现的可能性和被发现后受惩罚的性质与程度，相当于 GONE 理论的机会 O 和暴露 E。

（二）我国上市公司财务舞弊的原因

有关研究表明，我国上市公司财务舞弊的原因主要包括：欺诈上市、配股与增发、保留上市主体资格、骗取信贷资金、粉饰经营业绩和操纵股价。前四个动因与经理人激励没有直接关系，而粉饰经营业绩在一定程度上反映了经理人对货币薪酬的利益驱动，操纵股价反映了经理人对持股的利益驱动。

1. 粉饰经营业绩

经理人对经营业绩的粉饰，是以财务指标为基础的。销售增长率、净利润增长率、净资产增长率、投资回报率等，是考核上市公司经营业绩的重要指标，其计算均涉及财务数据。同时，上市公司经营业绩的考核不仅涉及上市公司经营业绩的总体评价，而且涉及经理人经营业绩的单独评定，这既影响经理人的奖金、福利等，也影响经理人股票期权的执行。在市场经济条件下，传统利润表中的经营业绩已经无法全面衡量经理人的经营能力及业绩，这种状况导致经理人在达不到预定经营目标的情况下，便会采取财务报告造假，使经营业绩达到考核的要求，最大限度地保护自身的利益。

2、操纵股价

上市公司股价通常都与各利益攸关人的利益直接相关。一般情况下，股价上升意味着公司价值上涨，能够提升公司形象。股价上涨会给公司经理人、员工以及持有公司股票的各个利益攸关人带来好处。于是，公司及其经理人可能会与券商联手，操纵股市。

二、财务舞弊识别

财务报告舞弊是指舞弊者为了欺骗财务报告使用者，对其中列示的数字及其附注进行有意识的错报或忽略，大体包括两类：第一，人为编造财务数据。根据所呈报对象的要求，以有利于公司的会计数据为基础编制财务报告，主要手法有：对财务报表据以编制的会计记录或凭证文件进行伪造或更改；对财务报告记录的交易和事项及其重要信息错误提供或有意忽略；与数量、分类、提供方式或披露方式有关的会计原则有意误用。但这种手段较为低级，往往是资产、收入、费用、损失、利润的简单虚增或者虚减，造成证证、账证、账账、账表、表表不符，勾稽关系不平衡，前后数据不衔接等。第二，利用会计方法选择调整财务数据。对某一交易或事项进行核算，企业可以利用会计方法选择的便利，手法较隐蔽，能够做到账证、账账、账表等相符，以及实现财务报告平衡。

（一）财务舞弊识别方法

1. 分析性复核法

分析性复核法是对企业重要的财务比率（存货周转率、应收账款周转率、流动资产周转率等）或趋势进行分析，重点对一些变动异常的指标进行差异分析。常用的方法有简易比较、比率分析、结构百分比和趋势分析等。通过分析性复核，可以发现财务报告中的异常波动，从而识别财务报告的粉饰问题。

2. 关联交易剔除法

关联交易剔除法是将源于关联企业的营业收入和利润总额予以剔除，计算各分析指标。其分析要点有：关注关联交易的定价政策，分析企业是否以不等价交换的方式与关联交易进行财务报告粉饰，是否以公允价值进行交换。在实际工作中，应当根据实质重于形式进行合理判断，是否存在关联方关系。

3. 异常利润剔除法

将来源不稳定、不可能经常发生的损益从企业利润总额中剔除，以分析和评价异常利润是否对企业利润增长的贡献过大，可以客观地判断和评价企业盈利能力的高低和利润来源的稳定性，主营业务是否具有核心竞争力，因此要关注非经常性损益项目占利润总额的比重大小及其变化。当企业利用资产重组来调节利润时，所产生的利润主要通过这些项目体现出来，这时运用异常利润剔除法识别财务报告是否被粉饰特别有效。

4. 现金流分析法

现金流分析法是将经营活动、投资活动所产生的净现金流和总体净现金流，分别与主营业务利润、投资收益和净利润进行比较分析，判断企业的主营业务利润、投资收益和净利润的质量。一般而言，没有净现金流的利润，其质量是不可靠的。如果企业的总体净现金流长期低于净利润，就意味着已经确认为利润的资产可能属于不能转化为现金流的虚拟资产，表明企业可能存在粉饰财务报告的现象。

（二）财务舞弊识别程序

1. 深入了解经营状况

公司经营状况不佳，是管理舞弊的主要原因之一。识别公司的经营状况，有赖于对公司及其行业的了解。增加管理舞弊的可能性有以下问题：一是行业日渐走下坡路；二是科技环境快速改变；三是许多同类公司发生经营失败；四是行业之间的获利能力差异较大，尤其公司的业绩表现明显低于同行业平均水平。

2. 密切关注舞弊征兆

通常情况下，如果存在财务报告舞弊，往往会出现一些征兆，包括：经营业绩异常，可能预示特定动机的管理当局特征；组织结构异常以及与外部交易主体之间违规关系的存在等；会计、控制和组织结构方面的显著变化；通过分析财务报告也能发现一些无法解释的异动。比如，在一个充满危机的环境下经营，迫于报告有利收益的需要，一些非同寻常的大额和获利丰厚的交易，收益质量的不断下降，高额负债，其他利益负担，以及无法及时收回应收账款或者其他现金流量问题。

3. 充分借用审计手段

除了分析性复核程序是对付舞弊的有效武器，审计方法还有询问、函证、存货监盘等。询问也是对付舞弊的重要武器，要避免“会话式”，又要避免不得要领的单刀直入，使有关人员难以接受。函证是对付舞弊的有力武器，要特别注意公司管理当局对函证的态度、函证的对象和范围、函证的方式、函证的重点等。监盘也是对付舞弊的常规武器，对存货的检查重点，是虚增数量或单价，从一个细小环节可以发现舞弊的线索。

三、财务舞弊防范主导的经理人激励

从上述分析可知，适当的经理人激励是有效防范上市公司财务舞弊的重要措施，因此，要积极采取措施，建立以绩效考核为中心的经理人激励机制。

建立以绩效考核为中心的绩效考核制度，在很大程度上能够确保经理人所付出的努力与所获得的报酬基本一致。当然，在其他条件相同的情况下，对同样努力的两个经理人而言，处于不同行业，其所取得的经营业绩可能不同。行业越景气，经理人获得良好业绩的可能性越大；反之则相反。建立以绩效考核为中心、以多种因素为基础的薪酬机制，可以实现经理人与股东的利益相统一，最大限度地防范财务报告舞弊行为的发生。

（一）完善公司治理结构

1. 优化经理人持股制度

对经理人进行股权激励时，至少有两个方面要加以改进：第一，持股形式多元化。从股票期权、股票增值权、业绩股票、限制性股票、虚拟股票等股权形式，建立多元化长期激励机制，约束经理人注重公司长远利益，减少短期化行为，在一定程度上可以减少经理人强化盈余管理，操纵会计利润，粉饰财务报表。第二，持股的转让限制。适当规定经理人持股必须达到一定时间才能转让，可以避免经理人的短期化行为，削弱股权激励的“利益掠夺”效应。当然，强硬规定所持股份在任期内不得转让，必然会挫伤经理人持股的积极性，削弱股权激励的效果。

2. 加强企业内控建设

内控建设可以从以下方面进行：第一，加强组织控制。明确企业的机构设置、部门职责、职务分工的合理性和有效性。第二，加强内部监督。改变股东事中监督企业事后惩戒的做法，改革经理人薪酬制度，建立不当获利追回机制，如果发现经理人存在财务信息舞弊，就立即追回其不当利益，以示惩戒，让经理人从追求短期利益和恶性竞争的误区中走出来。第三，加强内部审计。充分发挥内部审计对财务报告的监督作用，进行适当的改革，推进现有内部审计部门从仅向企业负责人报告，变为向董事会下的审计委员会、监事会和企业负责人联签报告。

3. 明晰治理层级关系

所有权与经营权的分离，董事会作为股东代言人拥有公司的剩余索取权和剩余控制权，并对职业经理人进行考核、监督和激励。若公司董事长和总经理两职合一，委托人和代理人的身份重叠和利益相容，就可能会出现“合谋”的机会。若董事长偏向董事会，则可能会疏于公司的日常经营管理，反之，董事长则可能会疏于公司的重大决策制定。尤其是，董事会对总经理的监督权是代表股东行使的，若董事长兼任总经理，则董事会难以对总经理进行有效监督，为总经理控制会计信息提供了可能。因此，从长远看，应该建立明晰的委托代理关系，董事长和总经理两职分离，削弱经理人对公司的控制权，保证董事会监督的独立性和有效性，避免经理人的财务舞弊行为，维护股东特别是中小股东的权益。

4. 设立薪酬委员会制度

设立独立权威的薪酬委员会是设计激励机制的制度保证。美国95%以上的上市公司设立了董事会下的薪酬委员会。我国上市公司治理准则规定：上市公司董事会可以按照股东大会的有关决议，设立薪酬与考核专门委员会。但是，我国公司治理实践经验的研究表明，经理人薪酬一般由董事长或总经理领导下的人事劳资部门制定，这种做法既无权威性又无独立性，会诱导经理人为了自身利益而损害股东利益。

因此，设立薪酬委员会作为经理人激励机制的决策机构势在必行。该机构必须全部由独立董事（外部董事）组成，当制定有关薪酬计划和进行相应绩效考核时，经理人除了按要求提供必要资料外，不得进行干扰。同时，积极参与中国证券业协会设立的上市公司薪酬委员会专项基金。该基金的资金来源于各上市公司，专门用于发放各上市公司经理人的奖励报酬，与上市公司没有直接的利害关系，这样可以保证公司经理人激励决策的权威性和独立性，从而保护股东及公司的利益不受侵害。

（二）健全经理人市场

两权分离机制决定了经理人市场产生的必然性和可能性。经理人市场的出现，意味着经理人的未来财富取决于其市场估价。若经理人市场有效，经理人业绩可以直接通过公司价值反映出来，优秀经理人可以通过为股东创造财富来满足自身的经济利益。为保障经理人之间的公平市场竞争，应当建立经理人业绩档案、业绩调查、业绩追踪、业绩评价、业绩反馈等，完善各种市场制度建设。

经理人市场的声誉对经理人极为重要，能约束经理人的盈余管理行为，也能加大经理人的违约成本。经理人的财务舞弊行为，一旦被证监会披露，可能会断送自己的职业生涯。

一个健全的经理人市场对职业经理人有很强的激励约束效应。在产品市场、资本市场、经理人市场的三重压力下，即便经理人的动机是追求个人利益最大化，但不得不把公司目标放在首位。经理人市场为所有者和经营者提供了一个信息连接平台，可以实现稀缺的经理人资源的优化配置。市场竞争和制度约束使经理人行为得到有效控制，经理人会自觉地维护自身声誉，提升自己的市场价值。

第六章　财务监督：关键财务手段

不受约束的权力，必将导致腐败。——孟德斯鸠

手莫伸，伸手必被捉。

财务监督是关键财务手段，是财务控制的一个节点。财务监督是指企业通过一定的监督方式，对员工尤其是管理者的财务行为进行约束，让其在心理上处于紧张状况，逼迫其付出更多时间和精力，尽心尽力服务于财务目标。

第一节　财务监督概述

财务监督是监督主体为了实现监督目标，利用各种监督工具，对监督对象的财务活动和财务关系的合规性、合法性、合理性及其有效性实施的监督管理行为。

一、财务监督要素和缘由

企业为什么需要财务监督？最直接的理由是尊重企业利益相关者尤其是股东的利益。为此，必须弄清财务监督要素。

（一）财务监督要素

财务监督要素包括主体、对象、依据、目标等。

1. 财务监督主体

财务监督实施人或主导者。财务监督主体从主体关系看，分为内部监督主体和外部监督主体；从主体层面看，分为外部约束主体、内部控制主体和社会问责主体；从主体人格看，分为所有者监督主体、经营者监督主体和其他利益攸关人监督主体。

2. 财务监督对象

财务监督客体，也即财务监督的事项或范围，泛指一切财务活动（经营性活动和金融性活动）和财务关系，包括财务信息、财务绩效、财务风险等。

3. 财务监督依据

财务监督的基本参考标准和条例，包括基本财务通则、财经法律法规、行业财务制度、股东对董事会财务行为以及董事会对总经理财务行为的基本规范等。

4. 财务监督目标

尽管不同的财务监督主体的财务监督目标不尽相同，但财务监督要达到的最终目的都是要服从财务目标。股东的财务监督目标是敦促董事会和管理层规范财务行为，使其投入资本增值最大化；董事会的财务监督目标是激励和约束管理层规范财务行为，为企业法人财产增值最大化；上级管理者的财务监督目标是激励和约束下级管理者规范财务行为，按时按质完成规定指令或任务。

（二）财务监督缘由

财务监督作为财务治理的重要构成，是基于产权关系，为解决以下代理矛盾而设立的。

1. 股东大会与董事会之间的所有权与决策权的分离

股东权益由董事会代理，公司的最终决策权属于董事会。股东虽然在法律上享有出资财产增值的索取权，但增值分配的多少由董事会来控制。董事会的意志不能完全代表股东的利益，当二者出现矛盾时，没有完善的监督机制，就难以保证股东权益的落实。

2. 董事会与总经理之间的决策权与执行权的分离

董事会是由股东大会选举出来的，主要行使决策权，以总经理为首的经营管理班子，主要执行股东大会和董事会决策，行使公司财产的占有权、使用权、收益权和一定范围内的处分权。如果没有切实可行的监督制度，董事会就无法及时约束总经理的违规行为。

3. 总经理与部门经理之间的经营权与管理权的分离

公司规模达到一定程度时，就会形成不同层级管理者之间的委托代理关系，产生新的委托代理矛盾。下级管理者可以利用信息优势，按照自身利益最大化的原则选择自己的行动，从而影响上级管理者的目标实现，最终损害投资人的利益。上级管理者为了控制可能被下级管理者分流的占有权、使用权、收益权和处置权，也需要建立相应的监督制度。

二、财务监督体系

按实施时限，财务监督分为定期监督（日、旬、半月、月、季、半年、年）和不定期监督。按实施环节，财务监督分为事前监督、事中监督和事后监督。按实施内容，财务监督分为财务状况监督、财务成果监督和财务法纪监督。按主体关系，财务监督分为内部监督和外部监督。按主体层面，财务监督分为外部约束层面监督、内部控制层面监督和社会问责层面监督。按主体人格，财务监督分为所有者监督、经营者监督和其他利益攸关人监督。

财务监督体现的是监督主体与监督对象之间的财务关系，产权关系是关键。由于两权分离，所有者和经营者成为企业两大基本利益群体。所有者将企业委托给经营者，为了更好履行经营者的受托责任，必须建立监督机制。除所有者和经营者外，企业还有其他利益攸关人。虽然所有者财务监督和经营者财务监督在一定程度上维护其他利益攸关人的利益，但所有者和经营者更多的是维护自身的利益，有必要建立其他利益攸关人监督机制。

（一）所有者监督

财务监督首先表现为所有者对经营者的监督。财务监督要立足于所有者的诉求和权益保护，所有者财务监督必然会激励和约束经营者为提高资本运营效率而努力。所有者财务监督主体有：监事会、审计委员会和首席财务官。

1. 监事会

根据我国《公司法》规定：监事会是为董事会及其成员和经理等管理人员行使监督职能而设立的专门监督机构。可见，监事会属于公司的最高监督机关，有权对公司董事会及其他高层管理人员进行监督。从权利来源看，监事会一般是由企业投资者共同选举产生，其监督权来自于企业资本所有权。两权分离下，监事会是投资者监督权的执行者之一。

2. 独立董事

独立董事制度是指在董事会中设立独立董事、以形成权力制衡与监督的一种制度。独立董事（国际惯例）也称外部董事（美国标准）或非执行董事（英国标准），是指在公司不担任董事以外的其他重要职务，并与其所受聘的公司及其主要股东不存在可能妨碍其进行独立客观判断关系的董事。独立董事是除了其董事身份和在董事会中的角色之外，既不能是公司的雇员及其亲属，也不能是公司的供货商、经销商、资金提供者，或者为公司提供法律、会计、审计、管理咨询等服务的机构职员或代表。

独立性作为独立董事制度的“灵魂”，也是独立董事在董事会中能否有效发挥作用的关键。独立董事的独立性表现在：第一，与公司股权关系的独立。若独立董事持有所属公司的股票，则独立董事可能变得不再独立，可能为了自己的利益而忘记自己所处的位置和所肩负的监督责任。第二，与公司业务关系的独立。若独立董事与公司发生业务往来，则不可避免地影响独立董事的独立性，同时也不应该在与公司有业务往来的利益攸关人的公司中担任职务。第三，与公司经营管理的独立。独立董事在 2 年内不能是公司员工及亲属，不能是高管的直系亲属，且独立董事需要由股东大会选举产生，而不能是董事会自行决定。

3. 审计委员会

董事会往往下设许多专门委员会，审计委员会是其中之一。2002 年美国颁布实施的《萨班斯——奥克斯利法案》规定：审计委员会是由发行证券的公司董事会组建并隶属于董事会的一个委员会，其职责是监督该公司的财务会计报告过程以及财务报表审计。我国公司审计委员会的职能定位通常是代表董事会对经营者行使独立的财务监督。

4. 首席财务官

首席财务官（Chief Financial Officer，CFO）也称财务总监。CFO 的基本角色和职能是代表所有者在财务价值层面对经营者进行监督。CFO 位于企业的高级管理层与决策层，有权参与企业的经营管理及其重大决策的制定，同时负责监督企业财务运行的全过程。在公司治理结构中，CFO 首先代表股东利益对董事会的财务行为进行监督，其次作为企业财务工作第一领导人，全面主持企业财务控制系统。

（二）经营者监督

在管理层与内部职能部门的委托代理关系中，也会不可避免地存在信息不对称和机会主义倾向。为充分调动各部门及员工的积极性，管理层也需要委托专门的部门及人员进行财务监督，行使这一财务监督职能的是会计控制部门和内部审计机构。

1. 会计控制部门

会计监督主体是财务部门及会计人员，监督方式是填制凭证、登记账簿、编制报表、成本核算等专门会计核算手段，对经济活动的合法性和合理性、会计资料的真实性和完整性、财务预算的执行情况进行检查，并考察经济活动是否遵守国家财经法纪，是否符合财务计划（预算）和经营管理要求。财务部门及会计人员通过向管理层提供真实完整的信息，来反映受托责任完成情况，帮助管理层加强对其下属部门及人员的监督，确保其财务决策能够在各部门及人员中得到有效执行。

2. 内部审计机构

内部审计监督主体是审计部门及审计人员，《审计署关于内部审计工作的规定》（审计署令〔2018〕第 11 号）第三条规定：内部审计是指对本单位及所属单位财政财务收支、经济活动、内部控制、风险管理实施独立、客观的监督、评价和建议，以促进单位完善治理、实现目标的活动。可见，内部审计的职能是监督、评价和建议，监督是内部审计的原始、固有和核心职能；评价是监督的衍生职能，也是内部审计的传统职能；随着科技进步和社会经济发展，内部审计的咨询作用日益增强，出现了建议职能。

内部审计是管理层为履行代理责任而建立起来的对企业经营过程和结果的监督控制机制。前述的会计监督是管理层对各职能部门受托责任的监督，而内部审计监督是对会计监督的再监督。

3. 内部控制制度

内部控制主体是企业董事会、监事会、经理层和全体员工，《企业内部控制基本规范》（财会〔2008〕7 号）第三条明确：内部控制是由企业董事会、监事会、经理层和全体员工实施的、旨在实现控制目标的过程。内部控制的目标是保证企业经营管理合法合规、资产安全、财务报告及相关信息真实完整，提高经营效率和效果，促进企业实现发展战略。企业建立和实施有效的内部控制，应当包括内部环境、风险评估、控制活动、信息与沟通、内部监督五个要素。

（三）其他利益相关人监督

补充性财务监督是对所有者和经营者的财务行为进行监督，是对企业内部财务监督的补充和再监督，其监督主体包括债权人、社会舆论、税务机关和注册会计师。

1. 债权人

债权人监督源于股东与债权人之间存在的利益冲突。债权人贷款给企业是为了取得利息收入并按期收回本金，而股东往往建议经营者将借款用于高风险的生产经营项目，以攫取高额利润，这样就会损害债权人的利益。要改变这种局面，债权人有必要采取必要的监督手段维护自身利益，可以通过与企业签订更有约束力的债务契约，强化企业的关键财务数据、未来负债金额等，纠正股东的不当行为，达到监督目的。

2. 注册会计师

注册会计师从独立的第三方对企业的财务报告发表审计意见，确保企业披露信息的真实性，维护投资者的利益。第一，独立性是注册会计师财务监督的最基本特征。注册会计师执行财务监督职能是通过会计师事务所的审计活动来实施的，会计师事务所及其注册会计师与被审计单位的管理层之间没有关联关系，互相独立。第二，注册会计师的独立审计是有偿审计。注册会计师实施的审计不具有政府审计的无偿性和强制性，被审计单位很可能不配合注册会计师的工作，甚至受到来自企业管理层的压力。

3. 政府审计机关

政府审计监督主体是国务院和县级以上地方人民政府设立的审计机关。《中华人民共和国审计法》第二条规定：国务院各部门和地方各级人民政府及其各部门的财政收支，国有的金融机构和企业事业组织的财务收支，以及其他依照本法规定应当接受审计的财政收支、财务收支，应接受审计监督。审计机关对前款所列财政收支或者财务收支的真实、合法和效益，依法进行审计监督。

政府审计监督具有以下特征：一是权威性。权威性是政府审计的最显著特点，政府审计的权利由宪法授予。二是独立性。政府审计机关是代表国家对国有企业实施审计，在组织上和经济上，政府审计独立于国有企业。三是强制性。政府审计机构是根据宪法建立的，代表国家对企事业单位实施监督的组织，被审计单位必须无条件接受。

4. 社会舆论

舆论监督是指广大人民群众通过新闻工具对社会现象和公共事务进行的监督，主要作用表现在：第一，有利于解决信息不对称。外部投资者、中小股东获取的信息与管理层、控股股东、实际控制人相比处于劣势，容易引起前者的利益受损。新闻媒体的介入，可以改善其信息劣势的地位。第二，揭发公司内幕消息。近年来，新闻媒体通过披露、揭发上市公司财务、经营危机、交易黑幕等，有效避免了投资者的损失。第三，通过“声誉机制”促使管理层规范财务行为。新闻媒体通过对企业高管的财务造假、舞弊、贪腐等违法行为进行尖锐的谴责和批判，形成一种强大的社会舆论压力，迫使管理层规范财务行为。

目前，我国的财务监督体系，如表 6-1 所示。

表 6-1　财务监督体系

监督层次	监督主体	监督对象
所有者	监事会、独立董事、审计委员会、首席财务官	经营者行为
经营者	会计控制部门、内部审计机构、内部控制制度	各职能部门及员工行为
其他利益攸关人	债权人、注册会计师、政府审计机关、社会舆论	所有者、经营者行为

三、财务监督的概念界定

在财务实践中，经常遇到很多模糊不清的概念，需要仔细分辨，准确界定财务监督。

（一）财务监督与会计控制

会计具有反映和控制职能，即核算和监督职能。第一，会计控制分为财务会计控制与管理会计控制；第二，会计控制是利用会计信息对经营活动的直接控制，如预算控制、成本控制等；第三，会计控制是利用会计信息系统对会计信息的优化过程控制，防止信息失真；第四，现代会计控制已经从纯粹会计信息控制向综合会计信息（含市场信息、科技信息等）控制转化；第五，会计控制的目的是为企业利益攸关人的经济决策提供全面、完整的信息。

会计控制的内涵和外延要小于财务监督，理由如下：第一，财务监督要对财务行为的全过程进行监督，包括战略、预算、筹资、投资、成本、收益、税收筹划等财务活动的监督。而会计控制仅对交易或事项的会计核算实施复核。第二，财务监督所需要的资料大多来自会计控制。财务监督要利用全面、准确、及时的会计信息，对企业经营活动进行全面的分析和控制。第三，财务监督是会计控制的基础。会计控制需要依据财务监督制度或以往的财务监督来进行，否则，会计控制效果会大打折扣。

（二）会计控制与内部审计

会计控制和内部审计是企业不能相互替代的两种管理形态，内部审计包含了会计控制的内容，会计控制为内部审计提供了必要前提。两者的区别明显。

1. 产生动因不同

会计控制是为了反映生产经营成果和加强征税经营管理而产生的；内部审计的产生是由于所有权与经营权的分离而出现了委托代理关系。

2. 执行主体不同

会计控制的执行主体是企业的会计人员，是对具体会计工作过程所实施的监督；内部审计的执行主体是独立的“第三人”，专门从事经济监督工作，不参与具体经营事务。

3. 对象不同

会计控制的对象是能够用货币表示的经营活动；内部审计的对象既包括用货币表示的经营活动，也包括不能用货币表示的经营活动。

4. 时间不同

会计控制是经常性工作；内部审计是突击性工作。

5. 范围不同

会计控制是事前的监督，内部审计包括事前、事中和事后监督。

6. 独立性不同

会计控制与企业经营活动有着直接的利益关系，没有独立性可言；内部审计不受具体经营业务的限制，具有独立性。

7. 权限不同

会计控制对检查出来的违纪事件有不予理睬、制止、纠正的权利，当然，也有向企业领导反映、请求处理的权利；内部审计有检查、调查取证、提出处理意见和改进建议的权利，经企业领导同意，向上级主管部门汇报。

8. 作用不同

会计控制是经济管理活动，节约开支，减少成本，提高效益；内部审计包括“查错防弊”的保护性、会计责任的鉴证性和提高经济效益的建设性。

9. 方法不同

会计控制是审核企业资金的筹集、使用和分配，检查能源、材料耗用是否节约等，是通过会计人员的工作直接进行的；内部审计是借助对会计资料的审查，监督资金运动的全过程，对经营活动的监督是间接的，是会计控制的再监督。

通过上述分析，可以看出内部审计与财务监督的联系和区别。第一，事后的财务监督职能是由内部审计完成的。第二，内部审计的工作重点是财务监督的主要内容。第三，内部审计的目的是财务监督的目的。第四，内部审计的方法是财务监督的常用方法。第五，内部审计的任务构成财务监督的部分任务。

（三）内部审计与内部控制

内部审计（内审）和内部控制（内控）都是企业内部管理的重要手段，都要建立相关体系和制度。内审是内控的保证，为内控提出改进意见，内控的建立健全是内审的目的之一。内审与内控互为目标和手段，相辅相成。两者有着明显的区别。

1. 目的不同

内审的目的是判断各种业务是否合规；内控的目的是改善经营管理。

2. 手段不同

内审手段主要有查证、函证、抽样、座谈、调查等，属于管理职能；内控手段主要有内部环境、风险评估、控制活动、信息与沟通、内部监督等，属于管理框架。

3. 关注点不同

内审的关注点是各项指标完成情况、异常财务现象、财务规范性等，是对内控的整体评价，是风险管理的最后一道防线；内控的关注点是管理流程、岗位约束、制度有效性、关键岗位等，内控检查是部门应负的管理责任，是内控的一个管理环节，属于管理审核。

4. 对象不同

内审的对象是相关环节和财务相关信息，通过测试、检查等手段，对内控的完整性、有效性进行审计，为修订内控制度及有效性提供依据；内控的对象是整个企业的各个环节，内控制度是公司的内部基本制度。

5. 成果不同

内审工作成果是审计报告；内控工作成果主要是内部管理手册。

通过以上分析，可以看出内部控制与财务监督的联系和区别。第一，内部控制的主要内容是财务监督的重要内容。第二，内部控制的目标体现了财务监督的目标。第三，内部控制对财务风险的重点防范是财务监督的基本要求。

（四）内部控制与财务治理

财务治理包含诚实、信任、正直、开放、责任感、可靠性、互相尊重、对组织有承诺等要素。最重要的是董事与管理层如何建立治理的典范，为其他公司参与者提供可以依据的价值，并能够有效地定期评估它的有效程度。财务治理框架应当保护股东权利；平等对待所有股东，包括中小股东和境外股东；确认企业利益攸关人的合法权利，鼓励企业与其开展积极的合作；确保及时、准确地披露所有与企业有关的实质性事项的信息，包括财务状况、经营状况、所有权结构状况；确信董事会对企业战略的指导、对管理层的有效控制、对公司和股东的增值负责。内部控制与财务治理的目标和产生基础具有一致性，但两者的差异较为明显。

1. 要素不同

内部控制包括管理制度和会计制度两个层面，主要由内部环境、风险评估、控制活动、信息与沟通、内部监督五大要素组成；财务治理包括内部财务治理和外部财务治理，前者主要是指企业内部权利与责任的划分，后者主要是指企业所处的外部环境。

2. 结构不同

内部控制是塔形结构，内部监督处于塔尖，内部环境处于塔基，风险评估、控制活动、信息与沟通是塔身；财务治理是线形结构，由内部和外部财务治理两个单元组成。

3. 内容侧重不同

内部控制的内容更注重对企业内部具体生产经营活动的管理；财务治理的内容更注重对企业整体的把握，包括责权利划分以及企业所处的外部环境。

（五）财务治理与财务监督

从以上分析可知，财务监督是财务治理的重要组成，在财务治理中发挥着重大作用。

（1）保障公司财务权利格局高效运转。公司董事会、监事会和管理层在财务权利分配上各得其所，形成了相互制衡的财务权利格局。财务权利分配是否合理，执转中是否出现擅权、越权等违规行为，要保证财务权利格局高效稳定运转，离不开有效的财务监督机制。

（2）保障公司财务战略决策顺利实施。公司股东大会和董事会做出的重大财务决策，能否被管理层不折不扣地执行，需要有一套通贯上下的财务监督机制。

（3）敦促公司财务人爱岗敬业。财务监督体系是用来考核、检查、评价公司各级财务人员业绩的，能够敦促财务人员更好地工作。

（4）敦促公司管理层克己奉公。切实有效的财务监督体系，能够从制度上及时防范和制止高管人员的谋取私利行为，降低职位开支额度，减少不必要的在职消费。

严格来讲，财务监督与会计控制、内部审计、内部控制、财务治理的关系，如图 6-1 所示。

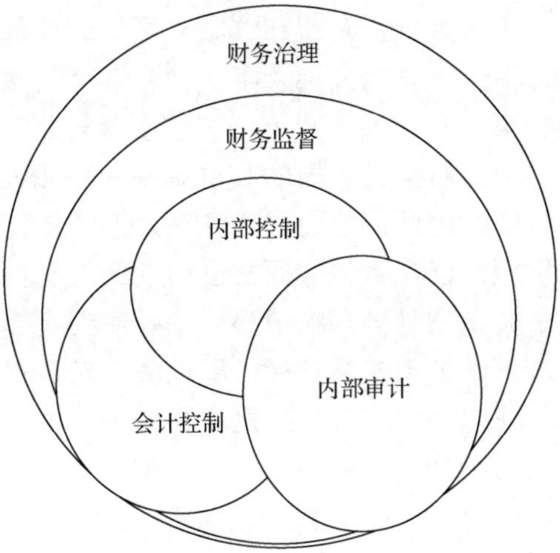

图 6-1　财务监督与会计控制、内部审计、内部控制、财务治理的关系

由于财务监督体系非常复杂，以下仅研究财务监督制度中比较完善的独立董事制度，阐述其与会计信息质量、财务业绩和财务风险的关系。

第二节　基于独立董事制度的财务监督与会计信息质量

通过文献梳理发现，两权分离后的委托代理关系是公司财务信息披露和独立董事制度出现的根本原因。

一、独立董事制度

董事作为公司高管，是通过股东大会选举产生的。董事可以由法人出任，也可以由自然人出任。董事有的通过出席董事会发表意见干预公司经营管理，有的直接管理公司一些具体工作。董事有的对内主要从事公司事务管理，有的对外主要代表公司参与交易活动。

按照美国标准，董事分为内部董事与外部董事。按照英国标准，董事分为执行董事与非执行董事。内部董事大致相当于执行董事，外部董事近似于非执行董事。

内部董事是在公司任职的董事，既是公司雇员又是公司董事。外部董事是与内部董事相呼应的，主要是在公司兼职的管理人员，本身不被公司所雇用。

（一）独立董事的来源和特征

1. 独立董事的来源

按照国际惯例，董事分为独立董事和非独立董事。外部董事、非执行董事对应独立董事。不过，许多学者认为外部董事的独立性阈值太大，需要将其进一步分为独立董事和灰色董事。两者的区别是：灰色董事与公司存在一定利益关系，表面上不受雇于公司，但实质上是公司的利益关联者，如大股东的亲人或朋友、企业的主要客户或供应商、退休后的公司高管等。而独立董事完全独立于公司之外，除了领取少许的报酬外，在其他方面与公司的经济利益不存在任何关系。也就是说，独立董事除了其董事身份和在董事会中扮演的适当角色之外，不是公司的雇员及其亲朋好友，不是公司的供货商、经销商、资金提供者，不是为公司提供法律、会计、审计、管理咨询等服务的机构职员或代表。

2. 独立董事的特征

独立董事至少具有以下特征。

（1）专业性。专业性是独立董事的前提。独立董事应当是某一领域的专家。如果独立董事不具有某一方面的专长，就无法对公司的经营管理做贡献。所谓“专业人做专业事”。因为专业，所以值得信赖。

（2）兼职性。兼职性是独立董事的关键。独立董事不能在公司内担任专职，尤其是高级管理和高级技术职务，只能以独立人格在公司里兼职，按时出席董事会，并发表意见。

（3）独立性。独立性是独立董事的精髓。独立性是指独立董事在产生程序、经济利益、行权等不受控股股东、管理层的限制，主要表现在：第一，股权关系的独立。股权关系通常包括：直接或间接持有公司已发行股份1%以上或者是公司前十名股东中的自然人股东及其直系亲属；在直接或间接持有公司已发行股份5%以上的股东单位或者在公司前五名股东单位任职的人员及其直系亲属。独立董事若持有公司股票，则可能变得不再独立，可能会为了自己利益而忘记所肩负的监督责任。第二，业务关系的独立。独立董事若与公司发生业务往来，如为公司或者其附属企业提供财务、法律、咨询等服务，独立性会受到不同程度的影响。第三，亲朋关系的独立。亲朋关系是指在公司或者其附属企业任职的人员及其直系亲属、主要社会关系。直系亲属是指配偶、父母、子女；主要社会关系是指兄弟姐妹、岳父（母）、儿媳、女婿、兄弟姐妹的配偶、配偶的兄弟姐妹等。

（二）独立董事制度的理论基础

支持独立董事制度的理论较多，主要有：

1. 利益攸关人理论

利益攸关人理论打破了传统的股东利益至上观念，强调公司的生存和成长不能单纯依靠公司股东，需要其他相关利益者的投入和付出，使整个利益群体价值最大化。

利益攸关人理论的出现，使公司治理模式发生了很大改变。第一，公司经营目的从单纯满足股东需求转变为满足各方利益攸关人的需求，且更加关注社会效率的提升。第二，公司经营决策与日常管理由许多利益攸关人集体决议，独裁专制已成为过去。第三，现有的公司绩效评价方法不再主要运用财务指标，需要从更广泛的角度去测评，运用更多的非财务指标，其中社会责任指标是不容忽视的。

公司治理模式的改变，为独立董事制度的出现奠定了基础。利益攸关人理论认为：公司不是股东一方的公司，而是整个利益群体共有的，公司的剩余索取权和控制权应当由利益攸关人共享。随着利益攸关人理论的不断成熟，各国政界和学界意识到：董事之职不能限定为仅由股东担任，要容纳各方面的人员，既能使企业管理层素质得到提高，也能使董事会结构得到优化，为独立董事制度的建立和健全创造条件。

2. 内部人控制理论

内部人控制理论认为董事会只是企业的一个傀儡机构，并没有真正掌握企业的权利，管理层才是幕后主使，操控着整个企业经营。从这点上看，董事会的存在，无法消除已有的委托代理问题。随着企业扩张，股本规模越来越大，股权结构越来越分散，股权稀释到连大股东也很难对公司形成实质上的控制，公司控制权会逐步转移，最终落入管理层之手，这样，"没有资产的权利"将会逐步取代"没有权利的资产"。

经济人假设下，当管理层受利益驱使，会不惜一切手段达到自己的目的，这时会以牺牲股东的利益为代价。经理一旦取得公司的实际控制权后，会想尽办法来操控董事会。在这种情况下，董事会可能由于自身利益或者自己能力无法与管理层抗衡，而不得不与管理层妥协，这时，独立董事显得尤为重要。

3. 委托代理理论

委托代理理论的主要思想是：委托人为了达到自己的某些目的，授权代理人代替自己从事某些活动，委托人和代理人之间形成了一种契约关系。

委托代理理论经历了两个阶段。董事会出现之前，处于简单委托代理时期，是委托代理理论的第一阶段。董事会产生以后，进入双重委托代理时期，是委托代理理论的第二阶段。无论哪个阶段，委托代理关系的形成均是由股东将公司经营控制权交由特定管理层，从而达到降低成本、提高效益的目的。

然而，双重委托代理比简单委托代理所产生的道德危机和逆向选择问题要严重得多，独立董事制度的引入起到了很好的抑制作用。第一，由于能力或者各方面的限制，股东不能自己去管理企业，委托董事代其管理，但由于股东没办法很好地对董事进行控制，董事可能为了自己的利益不履行应有的职责，甚至与代理人合谋损害股东的利益。另外，由于信息不对称，股东选择董事时可能会发生逆向选择，使董事会不能更好地维护股东的利益。为了弥补董事会结构的不足，应该引入作为独立第三方的独立董事，为广大投资者的利益服务，敦促董事会更好地工作，降低股东与董事会之间的委托代理成本。第二，现代公司规模巨大，股权结构复杂，许多公司董事会中存在一股决定性的力量，如受关联方控制的或者对关联方能够施加重大影响的企业，这些关联方可能操纵公司董事会，过度地投资高风险项目，把大部分风险转移给中小投资者，然后通过操控关联方交易将利润转移出去。因此，董事会中急需有能力的成员来对董事会进行约束，独立董事制度便是一个选项。

4. 不完全契约理论

不完全契约理论认为公司由一系列的利益攸关人组成，且基于一定的合作关系之上，公司不过是一系列契约的集合。然而，由于环境不确定性的存在，公司事先难以掌握各种情况。因此，企业签订契约时难以对未来所有交易事项都形成条款，即使契约制定能够做到面面俱到，但出于成本效益的考量，也是不可能的。这样，公司契约就难免存在缺陷。第一，小股东的从众心态。小股东因持股较少，公司自然会由持股量大的人去管理，自己无需付出管理就可以得到回报，久而久之形成了搭便车心理。而且，即便公司处于无人监管的状态，小股东撤资也很容易。正是由于这种心态，公司的实际控制权就会逐步流入管理层之手。第二，大股东操纵董事会。大股东利用自己的表决权来把持整个董事会，进而影响公司决策，使利益攸关人的合法权益受到损害。

独立董事的存在，能够有效地制约董事会，防止大股东对董事会的操纵。同时，独立董事可以发表符合弱势群体利益的意见，对小股东的利益进行保护。

（三）我国独立董事制度的产生背景

独立董事制度起源于 20 世纪 30 年代，美国于 1940 年颁布的《投资公司法》是其产生的基本标志。20 世纪 90 年代以来，独立董事制度发展成为一种国际潮流，许多发展中国家纷纷仿效，公司治理结构在一定程度上引发了一场“独立董事革命”。

我国从 20 世纪 80 年代后期伊始的企业股份制改造及其上市，揭开了一场中国式现代企业制度建设和公司治理革命。然而，从 10 多年的实践看，我国“二元制”监督功能及效果与其制度设计的初衷相去甚远。受各种原因的制约，公司监事会几乎成了一个摆设，起不到多大的监督作用，在国有股“一股独大”“内部人控制”普遍存在的状况下，监事会监督功能几乎丧失，进一步加剧大股东侵犯中小股东利益、公司资产“空壳化”等现象，公司盈利能力和市场竞争力逐年递减。20 世纪与 21 世纪交替之际，我国学界和政界对引入独立董事制度的呼声日趋高涨，要求弥补监事会监管的不足，强化对董事会和经理层的内部监督。

1997 年 12 月 16 日，《上市公司章程指引》（证监〔1997〕16 号）提及了独立董事制度，并于 2006 年 3 月 16 日（证监公司字〔2006〕38 号）进行了第一次修订，2014 年 10 月 20 日（证监会公告〔2014〕47 号）进行了第二次修订，2016 年 9 月 30 日（证监会公告〔2016〕23 号）进行了第三次修订，2019 年 4 月 17 日（证监会公告〔2019〕10 号）进行了第四次修订，逐步完善了独立董事制度规定。

2001 年 8 月 16 日，《关于在上市公司建立独立董事制度的指导意见》（证监发〔2001〕102 号）第一条规定：上市公司应当建立独立董事制度。其第三款要求各境内上市公司要按照本指导意见的要求修改公司章程，聘任适当人员担任独立董事，其中至少包括 1 名会计专业人士（具有高级职称或注册会计师资格）。在 2002 年 6 月 30 日前，董事会成员中应当至少包括 2 名独立董事；在 2003 年 6 月 30 日前，上市公司董事会成员中至少包括三分之一独立董事。

2002 年 1 月 7 日，发布《上市公司治理准则》（证监发〔2002〕1 号），修订后的《上市公司治理准则》（证监发〔2018〕29 号）于 2018 年 9 月 30 日颁布，第三十四条到第三十七条专门论及“独立董事”，对独立董事的任职条件、选举变更程序、一般职权和特别职权、履职义务等，作了详细规定。

21 世纪以来，一系列政策的出台，标志着独立董事制度建设在我国开始全面铺开。

二、会计信息质量

会计信息质量是指会计信息产品满足需求或者符合会计准则要求的程度，前者是从消费者角度观察的，后者是从生产者角度观察的。无论从哪个角度观察，会计信息质量的高低会极大影响信息需求者的经济决策。

（一）会计信息质量特征

会计信息质量特征是选取会计准则、程序和方法的标准，其主要功能是辨别什么样的会计信息有助于经济决策。会计信息质量特征在不同国家（或地区）有不同标准，反映在各国的会计准则制定和实施的差异上。

1. 我国的会计信息质量要求

我国 1992 年颁布了《企业会计准则》（国函〔1992〕178 号），财政部 2006 年对其进行了修订，颁布了《企业会计准则——基本准则》（财政部令〔2006〕第 33 号），自 2007 年 1 月 1 日起施行，并于 2014 年再次进行了修改，颁布了《企业会计准则——基本准则》（财政部令〔2014〕第 76 号）。体系包括基本准则、具体准则和应用指南。

我国《企业会计准则——基本准则》对企业财务会计的一般要求和主要方面作出了原则性规定，为制定具体准则和会计制度提供依据。目前，基本准则虽然向国际会计准则趋同，但还是存在较大差异，规定了会计信息质量要求有八个方面，如表 6-2 所示。

表 6-2　我国企业会计准则的会计信息质量要求

总体特征	具体特征	相关含义
可靠性	真实性	实事求是地反映所发生的经济业务
	可核性	已有的信息能够经得起检查和确认
	中立性	不带主观偏见的出具会计信息
相关性	预测价值	对未来将会产生的信息能够进行预测
	反馈价值	过去已经产生的信息对现在或将来有所帮助
可理解性	通俗、明晰	会计信息清晰易懂，能够被使用者所理解
可比性	统一、一致	过去的和未来的、不同企业之间的会计信息可以比较
实质重于形式	真实、公允	按经济实质进行确认和计量，而不是法律形式
重要性	全面、确保重点	对一项业务能够区别不同的重要程度，来进行核算
谨慎性	稳健、审慎	核算时不得多计资产或收益，少计负债或费用
及时性	讲求时效	能够快速及时地反映给信息使用者

2. 美国通用会计准则的会计信息质量要求

美国通用会计准则（GAAP）也称公认会计准则，有 150 多项财务会计准则（FAS），由美国财务会计准则委员会（FASB）发布。按照美国法律，美国会计准则的制定或管理权属于美国证监会（SEC），SEC 将制定会计准则的工作委托给 FASB，但保留了否决权。美国财务会计准则委员会成立于 1972 年，属于民间专业机构，由高等院校、会计师事务所等的一些专家组成，专业性和独立性非常高。

美国财务会计概念公告认为，会计信息主要发挥决策作用，决策有用性是最主要的，而可靠性和相关性是决策有用性的基础。因此，在美国会计准则中，相关性和可靠性是不可分离的。除此以外，会计信息质量要求包括效益性、重要性、可比性、一致性、可理解性等。

3. 国际会计准则理事会的会计信息质量要求

国际会计准则理事会（IASB）认为：可靠性、相关性、可理解性、可比性是会计信息质量最重要的特征。实质重于形式、审慎性、中立性、重要性对保证会计信息质量起着重要作用。

可靠性、相关性、可理解性、可比性是会计信息质量的首要要求，是企业财务报告中所提供会计信息应具备的基本质量特征。第一，可靠性是高质量会计信息的重要基础和关键所在，如果企业以虚假的经济业务进行确认、计量、报告，属于违法行为，不仅会严重损害会计信息质量，而且会误导投资者，干扰资本市场，导致会计秩序混乱。第二，相关性是以可靠性为基础的，在会计信息可靠的前提下，应尽可能地做到相关性，以满足投资者等信息使用者的决策需要。第三，可理解性和可比性是在会计信息的可靠性、相关性的前提下，提高会计信息的有用性。

实质重于形式、审慎性、中立性、重要性是会计信息的次级质量要求，是对首要质量要求的补充和完善，尤其是在对某些特殊交易或者事项进行处理时，需要根据这些质量要求来把握其会计处理原则。

4. IASB 与 FASB 的会计信息质量比较

需要指出的是，国际会计准则与美国会计准则有许多相似之处：第一，运作机制相似。二者均由企业、专业团体资助，由民间机构负责专门制定会计准则，不过 FASB 要获得 SEC 的授权。第二，制定程序相似。在制定准则前，二者都要经过大量的调研、征求意见、投票批准等程序，且透明度相当高。第三，准则内容相似。尽管 FASB 发布的会计准则数量要多于 IASB，但其对相同业务的会计处理原则、方法等差不多。

当然，国际会计准则与美国会计准则的不同点显而易见：IASB 主要以原则导向（Principe-based）制定会计准则，在基本原则一致的条件下，兼顾不同国家的具体情况，制定全球通用的会计准则，注重专业人员的内在及主观判断，发布的会计信息是精练、粗线条的。只要企业报送会计信息时满足了财务会计概念框架（Conceptual Framework）的要求，那会计信息就是真实、公允的。FASB 主要以规则导向（Rule-based）制定会计准则，尽可能地将规则细化，每一项业务都有具体的准则作为指引，主要根据美国国内经济活动的需要制定。只有企业报送会计信息完全满足了相关要求时，会计信息才能整体满足美国通用会计准则设立的初衷，内容具体、细致。

5. 会计信息质量的新特征：会计透明度

从上述分析得知，世界普遍认同的会计信息质量标准是可靠性与相关性。但是，20 世纪 90 年代起，会计透明度概念问世，被频繁地使用。透明度把会计信息质量各个要求全面有机地整合起来，对会计信息质量提出更新更高的要求，包括三个含义：第一，存在一套准确、清晰、易理解、正式、普遍认可的会计准则，以及有关会计信息披露的监管体系，所有的会计信息披露监管制度与会计准则应当协调一致，而不是政出多门。第二，无论是企业还是政府，无论是私营部门还是公营部门，都要严格遵循会计准则。第三，提供高频率准确的会计信息，同时非常便利地获得相关财务状况、现金流量、经营成果和风险水平的相关信息。可见，会计透明度是一个综合概念，是一套全面的会计信息质量标准和一个高效的全面信息管理“工具箱”，不但需要行之有效的会计准则、制度和监管体系，更需要健康运行的会计机构。

（二）会计信息质量的衡量标准

目前，对会计信息质量的好坏如何衡量尚无官方统一的指标，现行的考察会计信息质量的主流标准主要有四种。

1. 盈余管理

对盈余管理，目前有三种较为权威的解释：Schipper（1989）认为盈余管理是为了获得某种私人利益，对向外财务报告进行有目的的干预。William R. Scott（1997）认为盈余管理是会计政策的选择具有经济后果的一种具体表现。Healy 和 Wahlen（1999）认为当管理者在编制财务报告和构建经济交易，运用判断改变财务数据，从而误导一些利益攸关人对公司根本利益的理解，或者影响根据财务报告数据形成的契约结果的时候，盈余管理就产生了。不难看出，这三种界定的本质是一致的，只是最后一种界定更为具体，指出了盈余管理主体、目的及其相应的对象、方式和方法。第一，盈余管理的主体是企业管理当局。无论是董事会、总经理还是高级管理人员，作为会计信息的生产者和披露者，有权利安排交易发生时间和方式、选择会计政策和方法、变更会计估计等，这种信息拥有的不对称和信息披露的不完全，为盈余管理创造了条件。第二，盈余管理的目的是获得自身利益。虽然盈余管理的直接结果是使一些利益攸关人对企业的经济收益产生误解，但最终目的是获取自身利益最大化。第三，盈余管理的主体是企业管理者，对象是对外公布的会计收益，即盈余信息，方式是管理者的目的和意图，方法是会计政策选择或交易安排。

尽管盈余管理仅会影响报告收益而不是企业的实际收益，但这种操纵和调节报告收益的行为严重违背会计信息质量的可靠性原则，最终损害据此做出经济决策的信息使用者的根本利益。许多学者对会计的应计部分与财报舞弊的相关性进行实证研究后发现：财报舞弊与超额的会计应计部分呈显著相关性，应计部分数据的虚实是潜在财报舞弊的一个强烈信号，也即当盈余管理超过一定程度后，就会演化为财报舞弊。

2. 财务报告舞弊

财务报告舞弊大体分为两种情况：第一，虚假的信息陈述或者存在严重误导性的表述。手段有高低之分：一是根据所报送对象的要求，人为地编造有利于企业的财务报告数据，虚增或虚减资产、费用、收入、利润等，造成报告不平衡、账表不相符、各类报告之间的勾稽关系不吻合、前后期报告数据不衔接等，这种手段较为拙劣。二是利用会计方法的选择调整有关财务报告数据，使账证、账账、账表相符以及报告平衡等，这种手段较为隐蔽。第二，故意瞒报一些重大事项。利用各种手段隐瞒一些重大不利事项，不向社会公布。

财报舞弊意味着企业对外发布的信息真实性并不可靠，失去了其应有的价值。将财报舞弊作为标准来衡量会计信息质量时，往往选择有过财报舞弊劣迹的公司作为样本。

3. 注册会计师的审计意见类型

注册会计师对公司进行审计后，出具的审计意见有标准的无保留意见、带强调事项的无保留意见、保留意见、否定意见和无法发表意见五类。当注册会计师出具标准的无保留意见，说明公司编制的财务报表已按照适用的会计准则编制，并在所有重大方面公允反映了公司的财务状况、经营成果和现金流量。当注册会计师出具带强调事项的无保留意见，说明公司编制的财务报表符合相关会计准则的要求，并在所有重大方面公允反映了公司的财务状况、经营成果和现金流量，但存在需要说明的事项，如对持续经营能力产生重大疑虑等。当注册会计师出具保留意见，说明公司财务报表整体上公允但仍不排除存在影响重大的错报情况发生的可能。当注册会计师出具否定意见，说明公司财务报表整体不公允或者几乎没有遵照适用的会计准则的要求编制。当注册会计师出具无法发表意见，说明审计范围受到了限制，且其产生的影响可能是重大而广泛的，致使不能取得充分的审计证据。

注册会计师出具的五类审计意见，反映的会计信息质量从高到低。

4. 证券交易所的年度信息披露考评等级

深圳证券交易所从 2001 年起，已经连续 18 年为在深证交所上市的全部公司信息披露情况进行等级考评。《深圳证券交易所上市公司信息披露工作考核办法》（2017 年修订）第五条：上市公司信息披露工作考核结果主要依据上市公司信息披露质量，同时结合上市公司运作规范程度、对投资者权益保护程度等因素，从高到低划分为 A、B、C、D 四个等级。考核结果在上市公司范围内通报，向社会公开，计入公司诚信档案。考核标准分为真实性、准确性、完整性、及时性、合法合规性、公平性和其他标准，如表 6-3 所示。

表 6-3　深圳证券交易所的信息披露质量考评指标

考评标准	考核内容
真实性	（1）公告文稿是否以客观事实或具有事实基础的判断和意见为依据； （2）公告文稿是否如实反映客观情况，是否存在虚假记载或不实陈述； （3）公告相关备查文件是否存在伪造、变造等虚假情形。
准确性	（1）公告文稿是否出现关键文字或数字错误，错误的影响程度； （2）公告文稿是否简洁、清晰、明了； （3）公告文稿是否存在歧义、误导性陈述； （4）是否通过业务专区准确选择公告类别； （5）是否通过业务专区准确录入业务参数。
完整性	（1）提供文件是否齐备； （2）公告格式是否符合要求； （3）公告内容是否完整，是否存在重大遗漏； （4）是否通过业务专区完整选择公告类别； （5）是否通过业务专区完整录入业务参数。
及时性	（1）是否在规定期限内披露定期报告、业绩快报、业绩预告及修正公告； （2）是否按照规定的临时报告信息披露时限披露。
合法合规性	（1）公告事项是否符合法律、法规和本所相关业务规则的规定； （2）公告事项涉及的程序是否符合法律、法规和本所相关业务规则的规定。
公平性	（1）公告事项是否存在提前向特定对象单独披露、透露或泄露的情形； （2）公告事项披露前，公司股票交易是否因信息泄密而出现异常； （3）公告事项披露前，指定媒体之外的其他公共媒体是否出现相关报道或传闻； （4）公司是否在投资者关系活动结束后及时通过本所“互动易”网站披露《投资者关系活动记录表》和相关附件。
其他标准	（1）被处罚、处分及采取监管措施情况； （2）与本所配合情况； （3）信息披露事务管理情况； （4）本所认定的其他情况。

可见，“真实性”考核标准与会计信息质量要求的吻合度非常高。同时，深证交所将注册会计师的审计意见也纳入考虑范围，不同的审计意见类型对信息披露考评结果产生重大影响。某公司一旦被注册会计师给予的不是标准的无保留意见，则该公司当年的考评肯定无缘 A 级。如果被注册会计师出具的是保留意见或者因为公司未来持续经营能力的不确定性而出具的是无法表示意见，考评结果直接为 C。

三、独立董事制度对会计信息质量的影响

影响财务信息质量的因素通常包括：第一，会计处理的技术标准，即会计准则和会计制度；第二，会计系统的操作水平，即会计人员的能力、经验和素质；第三，内部控制制度；第四，公司治理结构。独立董事制度对财务信息质量的影响，可以从上述四大因素的作用来剖析。

（一）优化财务治理结构

财务治理结构分为内部和外部两个部分。内部治理结构主要是指股东与董事会及其经理人之间的委托代理关系；外部治理结构涉及股东（由企业行权）与产品市场、股票市场、债务市场、控制权市场、经理人市场、竞争者市场、政府等关系。两个部分的财务治理结构是相互影响、共同作用的有机整体。

我国现阶段资本市场不够完善，财务运作环境不佳，很多公司存在诸如“一股独大”、“内部人控制”等问题。为了扭转这种局面，需要变革财务治理模式，学习和借鉴欧美国家践行多年的独立董事制度。

独立董事的专业背景和超然立场，使其能够客观、公正地发表专业意见，制约大股东和高管的不端行为，大大降低了大股东和高管利用不正当手段谋取不止当利益的可能性。《关于在上市公司建立独立董事制度的指导意见》（证监发〔2001〕102 号）第五条规定独立董事可以行使如下特别职权：向董事会提议聘用或解聘会计师事务所；独立聘请外部审计机构和咨询机构。第六条规定独立董事可以对如下重大事项发表独立意见：提名、任免董事；聘任或解聘高级管理人员；公司董事、高级管理人员的薪酬。这样，独立董事可以从外部和内部两个方面监督公司治理结构的优化，以此提高公司的会计信息质量。

（二）完善公司内部控制

为保障财务资源的安全性和完整性，会计信息的可靠性和准确性，以及经营活动的正常进行，企业有必要完善内部控制制度。

独立董事制度的引入改变了董事会格局，对内部控制制度的完善产生积极作用。第一，独立董事被法律法规赋予的超然监督权力和独立、公正发表意见的权力，本身便是完善内部控制的一大举措。第二，独立董事的专业知识、经验、能力和管理水平，可以帮助公司结合长期战略发展规划，科学合理地制定内部控制目标。第三，独立董事的示范作用，能够帮助公司在内部控制实施中，督促各职能部门按时按质完成职责。

（三）提升会计从业素质

如果会计从业者的业务素质不高，业务能力不强，难以准确理解会计准则的

精神实质，就会影响职业判断，容易编制不够公允的会计信息。如果会计从业者的道德素质不高，容易提供虚假不实的会计信息。因此，提升会计从业素质非常重要。

独立董事对会计从业素质的作用要从两方面辩证地看待。第一，示范约束作用。《关于在上市公司建立独立董事制度的指导意见》（证监发〔2001〕102 号）第一条第三款规定：聘请适当人员担任独立董事，其中至少包括一名会计专业人士（具备高级职称或者注册会计师资格的人士），独立董事良好的业务素养和道德品质对公司会计人员的行为，起到了较大的示范约束作用。第二，促进作用。具有会计专业背景的独立董事在履职过程中，有能力及时发现企业会计工作存在的问题，对在岗会计人员进行业务指导，提高上市公司会计人员的业务水平和职业素养，促进了会计信息质量的大力提高。

第三节 基于独立董事制度的财务监督与经营绩效

独立董事制度源自西方国家，实施时间将近 100 年，其引入能否提高我国企业经营绩效，学界、商界、政界至今仍然存在很大争议，但观点可以归纳为三种情况：独立董事制度与企业经营绩效之间存在正相关、负相关和不相关。

Jeasen 和 Meckling（1976）是较早证明公司独立董事制度与整体经营绩效呈正相关的学者之一，认为独立董事作为监督公司管理者最重要的角色，应以实现股东利益最大化为目标。Weibach（1988）认为独立董事要么是领域内的著名专家，要么是其他公司的高级管理人员甚至 CEO，有着丰富的商业经验、市场知识和专业技术，可以很好地帮助公司管理层解决经营业务产生的问题，同时激励公司经理人员提升公司业绩。吴淑楒（2004）研究发现非执行董事能对公司的整体绩效产生正向的影响，公司非执行董事比例越高，公司绩效越好。袁萍等（2006）研究认为所有监事会的相关变量与公司业绩之间都没有显著相关关系，而独立董事的相关变量对公司绩效的提升起着积极作用。

Coharan、Wood 和 Jones（1985）是较早证明公司独立董事制度与整体经营绩效呈负相关的学者之一，认为公司内部董事对公司绩效有着负面影响，独立董事在董事会中所占比例的增长并不会提升公司整体绩效，反而与公司绩效呈负相关关系。Agrawal 和 Knoeber（1996）以公司业绩的替代变量（托宾 Q 值）来作为判断公司整体业绩的指标，研究公司中独立董事在董事会中的比例与代表公司业绩指标的托宾 Q 之间的关系。研究结果发现当独立董事占比上升时，公司业绩下降，反之则公司业绩上升。李常青、赖建清（2004）用每股收益和净资产收益率等指标来衡量公司业绩，研究发现公司业绩与董事会成员中独立董事所占比例之间存在相对稳定的负相关关系，即独立董事占比的增加会降低公司业绩。

Fosberg（1989）是较早证明公司独立董事制度与整体经营绩效不相关的学者之一，他认为公司独立董事的比例高低与公司的业绩是没有关系的，换句话说，独立董事的比例高低和公司的管理绩效好坏和整体回报率之间是不相关的。Helmalin 和 Weibach（1998）使用公司业绩的替代变量（托宾 Q 值），发现托宾 Q 值并没有随着外部董事的辞职而下降，即公司业绩与外部董事辞职并无明显的相关关系。刘启胜、刘跃（2003）研究发现行业景气度是影响我国上市公司业绩的主要因素，而独立董事制度对上市公司业绩的影响是微弱的正相关甚至不相关。

可见，国内外研究对独立董事制度与企业经营绩效的关系，并未取得统一的结论。更有甚者，国外研究较早，国内许多研究几乎是沿着国外的研究成果及思路进行的，这正是国内研究大有可为之处。

一、独立董事制度的有关特征

独立董事制度是解决公司委托代理问题的一种创新方法，设立的初衷是更好地监督管理者行为，为股东利益服务。独立董事制度源于西方国家，其引入能否提高我国企业经营绩效，无论是学术界还是商业界，至今仍有很大争议，这不仅与我国独立董事制度处于初级发展阶段有关，也与我国上市公司建立独立董事制度的主要特征有关。

（一）独立董事的占比

英国一般把董事分为执行董事和非执行董事。美国通常把董事分为内部董事和外部董事，并把外部董事分为独立董事和灰色董事（Gray Director）。独立董事除了担任监督角色外，有时也充当战略角色和政治角色。

独立董事所占的比例会影响独立董事制度的整体独立性。委托代理理论认为，独立董事能够以中立身份考虑公司治理问题，对控股股东和高管层的监督作用显著，能够遏制公司大股东的“掏空”行为，也能够解决公司高管层的内部人控制。一般来说，独立董事比例越高，对董事会的影响和作用越大，参与公司经营战略决策的话语权越大，提高经营绩效的可能性越大。反之亦然。

（二）独立董事的独立性

独立董事行使监督职能，需要对公司高管层和大股东的行为进行判断，看这些行为是否损害了公司的合法权益，这就要求独立董事具有较高的独立性。如果独立董事担任过公司现任高管（董事长、总经理、董秘等）的学业指导教师，或者与公司现任高管的毕业高校相同，这种独立性就会大打折扣。

在独立董事的选聘过程中，公司高管层或大股东往往会利用所掌握的权利介入到独立董事的提名与选举中。Shivdasani 和 Yermack（1999）认为当 CEO 处于换届选举的过渡时期，会聘请相对较多的灰色董事和较少的独立董事，且强调这些灰色董事与内部董事不同，而是那些与公司 CEO 私交较好或者与公司联系较多的人员。事实上，我国许多独立董事的身份是高等院校的教师。上市公司聘请这些教师担任独立董事，除看重这些教师的丰富学识外，很重要的一点可能是其与公司高管之间有较深的私交。

根据社会交换理论，公司高管人员在高等院校接受教育时，其指导老师及其学校付出较多，给予了极大帮助。公司高管人员离开学校以后事业有了极大发展，每当独立董事出现空缺时，自然会想到邀请自己的指导老师或者毕业院校的教师担当本公司的独立董事，以此作为回报。但是，这些有关联的独立董事对高管层的监督作用，可想而知。

根据委托代理理论，引入独立董事的主要目的是防止高管层对股东或者大股东对小股东的利益侵占。然而，如果这些独立董事与现任高管存在某种形式的教育经历关联，就可能难以充分行使监督职能，甚至会助长高管层的利益侵占行为，从而降低企业经营绩效。

（三）独立董事的专业性

专业性是指独立董事所担任的本职工作或者所精通的专业领域，要与本公司所处行业具有较高的相似性，甚至是本行业的顶级专家。委托代理理论认为，上市公司独立董事为了维护公司股东的利益，需要对公司生产经营活动进行指导和提出可行性建议，审核公司的生产经营决策。具有行业知识和经验的独立董事，大多在本行业工作多年，了解本行业的最新动向，可以为公司的未来发展提供相应的技术指导和管理建议。

此外，独立董事的年龄、性别、性格、学位、职称等，也对独立董事的监督职能产生一定影响。统计数据表明，我国上市公司独立董事来源趋于多元化，如表 6-4 所示。

表 6-4　独立董事来源

一级分类	二级分类	行业或职业分布
职业型	专家型	曾供职于会计、技术、律师、管理咨询、财务顾问、投资分析行业的专家
	实业型	曾供职于实体企业的高管
	金融型	曾供职于银行或非银行金融机构的高管
背景型	学者型	来自高校、研究机构、中介机构的专业技术人员
	官员型	来自政府有关部门、高校的官员
民间型	实业型	私人投资者、民营企业家

二、经营绩效的衡量指标

既然独立董事制度的相关特征，决定了独立董事的质量，从而影响经营决策的科学性和合理性，进而影响公司经营绩效。那么，经营绩效应当如何衡量？根据独立董事制度的相关特征，企业经营绩效的评价指标体系，如表 6-5 所示。

表 6-5　经营绩效的评价指标体系

绩效类型	方式	具体指标
财务绩效	绝对盈利	息税前盈余 EBIT、息税后盈余 EAIT、普通股盈余、每股盈余 EPS
	相对盈利	股权回报率 ROE、资产回报率 ROA、投入资本回报率 ROIC、动用资本回报率 ROCE
市场绩效	资产市场	资产市场价值 V、托宾 Q 值
	股权市场	股权市场价值 E、每股净资产 BPS、市净率 PB、市盈率 PE、市销率 PS、市现率 PC
	商品市场	品牌认知度、市场占有率、顾客满意度
战略绩效	研发战略	研发强度、研发人员占比、专利、新产品销售占比
	管理战略	管理强度、投资强度、经济增加值 EVA、市场增加值 MVA

上述评价指标中，综合性最强的可能是投入资本回报率，计算公式为

$$投入资本回报率=息前税后盈余（税后营业利润）\div 投入资本$$

三、独立董事制度运行环境的缺陷及其完善措施

我国的独立董事制度之所以没有取得应有的效果，关键在于独立董事制度运行环境存在若干缺陷。

（一）独立董事制度运行环境的缺陷

1. 公司治理结构的障碍

目前，我国公司治理结构的基本状况是股权高度集中，大股东通过关联交易、加强财务控制权、通过董事会操纵股东大会等各种手段，谋取不正当利益，侵害中小股东利益，也阻碍了独立董事制度作用的有效发挥。

2. 独立董事与监事会的双重监督效率低下

我国公司法规定股东大会下设立董事会和监事会，分别行使决策权和监督权。独立董事与监事会的监督职责有着重叠，且各项具体监督职责没有明确分工，造成多头监督，不仅导致监事会的法定职能不能得到应有发挥，而且造成监督效率低下。通过表 6-6，可以看出监事会与独立董事二者都定位于企业内部的监督者，而且职能多有重叠。

表 6-6　监事会与独立董事的监督权力比较

监督权力	独立董事	监事会
聘请或解聘高级管理人员	发表意见	无
确认重大交易事项	事前认可	发表意见
评价企业高管的职责履行情况	有	无
聘用或解聘会计师事务所	有	有
公开向股东征集投票权	有	无
决定企业高管的薪酬	发表意见	无
向监管部门汇报情况	无	有
对董事的提名权和任免权	发表意见	无
聘请咨询机构	有	无
提请召开临时股东大会	有	有

3. 独立董事的聘任制度和薪酬制度使其不能真正独立

根据中国证监会的有关规定，独立董事的聘任和薪酬都由其受聘服务的上市公司董事会决定，而董事会决议又受大股东的影响，这样，独立董事与大股东不可避免存在千丝万缕的联系，难免会在董事会中屈服于大股东的意志，被迫附和大股东的意见，无法维持独立客观的判断。

（二）独立董事制度运行环境的完善措施

1. 独立董事比例刚性化

严格按照法律要求，将独立董事人数按最大比例配置，使独立董事在董事会中得到足够的话语权，真正起到监督的目的，减少代理成本，提高经营绩效。目前，我国许多公司董事会结构弹性过大，约束力不够。今后要在我国国情和公司特征的基础上，参照发达国家较为完善的公司治理结构，选择合适自身发展的独立董事比例。当然，独立董事比例是随着社会经济环境的变化而变化的，需要不断实践，使独立董事制度发挥最大作用。

2. 独立董事评价专门化

独立董事发挥有效作用的动力来源于经济利益的驱动和社会声誉的评价。较高的经济报酬和良好的社会认可，会激励其尽心尽力为上市公司服务，尤其是社会认可，对经济报酬已经相对较高的独立董事来说更为重要。因此，应当建立专门的中介机构，对独立董事的薪酬状况、经营绩效、业内评价、个人专业优势等建立档案数据库，对独立董事的市场信息进行管理，对独立董事的市场影响、行业影响和社会影响进行评价。

3. 独立董事选聘公开化

我国上市公司股权集中度较高，“一股独大”问题较为严重，独立董事候选人通常由董事会尤其是董事长提名，也即：独立董事的选聘由大股东提名，再由大股东操纵的股东大会通过。这样选聘出来的独立董事是名义上的独立董事，实际上是为大股东服务的，难以避免监守自盗。因此，只有把独立董事的选聘工作公开化、透明化和制度化，才能真正实现独立董事的独立性，使之契合独立董事制度设立的初衷。

4. 独立董事薪酬合理化

若独立董事薪酬由公司大股东或董事会决定，则无论如何不能保证独立董事在公司治理结构中的制衡作用。美国法律协会的《公司治理原则》指出，在过去两年中任何一年从公司获取超过 20 万美元商业报酬的人，不得担任该公司的独立董事。独立董事只能从董事基金中领取独立董事费。我国独立董事的薪酬来源不妨借鉴这种方式。

第七章　财务评价：必需的财务手段

评价不为权势所左右。

评价的一言一行，都在构筑自己的高尚大厦。

财务评价是必需的财务手段，是财务控制的终点和下轮财务选择的起点，是指企业通过评价机制，对员工尤其是管理者的财务行为进行约束，使其符合财务目标。

第一节　财务评价概述

财务评价是财务主体对评价对象做出的客观、公正的综合判定，也即从评价目标出发，遵循一定的评价原则，以企业财务报告及相关非财务资料为基础，采用先进的评价标准和科学的评价方法，全面、系统地评价企业过去和当前财务战略和计划执行情况以及财务资源配置和使用状态，为股东、债权人、管理者等利益攸关人提供决策依据。

一、财务评价目标和原则

财务评价目标作为财务评价的基本纲领，财务评价原则作为财务评价的总体方针，在财务评价体系中占据重要地位。

（一）财务评价目标

财务评价目标是指财务评价主体预期要达到的总体效果，包括揭示和说明的经济现象、制定并实施财务战略和计划的有效性、对管理层及员工激励的落实情况、尽早发现财务战略和计划执行中存在的问题及其成因、对改进财务战略和计划提供对策性建议等。因此，财务评价目标不仅是对过去项目运营、企业绩效管控和社会责任履行的评价，更重要的是通过这种评价，激励和约束项目运营人、企业绩效管控人和社会责任履行人，降低代理成本和交易成本，从属和服务于企业的财务目标。这也是财务评价目标的根本意义。

明确财务评价目标，有利于企业有效地划分评价客体、选择评价内容、设计评价指标和运用评价方法，也有利于企业在财务战略和计划执行中采取有效的控制手段，从而提高财务评价的有用性、适应性和可操作性。可以说，财务评价目标是整个财务评价活动的灵魂。只有财务评价目的或需求明确，才能有针对性地开展财务评价活动。财务评价的主要目标是为企业制定财务战略及其各项财务计划提供信息支持和判断依据。通过财务评价，能够看清企业优势与劣势，扬长避短，酌盈剂虚，完善财务运行机制，制定有利于企业生存与发展的最佳财务战略和计划。

（二）财务评价原则

为客观、科学、全面、公正地进行财务评价，必须遵循以下基本原则：

1. 客观性原则

财务评价要如实反映企业的财务状况和经营成果，且要以经注册会计师审计过的财务报告为依据，确保财务评价结果的真实性，为利益攸关人提供相对准确的经济决策信息。

2. 适用性原则

财务评价要综合考虑投资者（股东、债权人及潜在投资者）决策特征和企业实际情况，使评价内容、评价指标、评价模型等的设计和选择，都能够做到兼容。

3. 公开性原则

财务评价要面向广大企业利益攸关人，评价内容和指标设立不要涉及企业的商业秘密，以便保护企业的合法权益，切实保障利益攸关人的最终诉求。

4. 简明性原则

财务评价要简明扼要，便于使用者操作。无论多么完善的财务评价体系，若过于复杂，则不可能得到广泛应用，尤其对高度分散的投资者而言，没有时间和精力采用一个非常复杂的评价系统去了解企业情况，否则，将违背“成本—效益”原则。

5. 实用性原则

财务评价过程和结果只有能够被使用者理解和适当地解释，才是有用的。因此，财务评价要保证概念通俗易懂，论证思路清晰，让普通使用者一看就明白财务评价所使用的具体方法、操作原理、利弊分析等。晦涩难懂的财务评价会误导使用者的经济行动。

6. 可比性原则

财务评价系统的设计思路和操作框架要保持相对稳定，否则，就会缺乏通用性，不利于企业的纵向比较，也不利于行业的横向比较。

此外，财务评价应当坚持引导性、系统性、动态性和深入性原则。

（三）财务评价与财务战略及财务预算

财务评价的实质是对财务战略及财务计划（预算）的执行情况进行总结，由此推断，财务评价与财务战略、财务预算的关系密切。

1. 财务评价与财务战略

财务战略是财务评价的依据和目标。虽然许多企业建立了财务评价机制，但仍有一些与财务战略相脱节，既没有根据财务战略制定的框架来设计财务评价指标，也没有依照财务战略实施的需求来改进财务评价指标，财务评价也就不能充分发挥作用。

财务战略的具体实施手段是财务评价。尽管严格经过财务战略的前三个阶段，但仍不能保证财务战略获得成功。第一，如果企业的财务环境在财务战略制定和实施中发生了重大变化，而财务战略目标和措施的基础或理由没有改变，那么无论财务战略有多好，都会失去意义。第二，财务战略实施是非常复杂和长期的过程，任何一个环节没有达到预期目标，都可能导致整个财务战略实施的失败。因此，必须对财务战略实施进行评价，主要做好以下三项工作：一是根据财务环境的变化，定期检查财务战略的基础；二是按时比较财务战略实施的预期和实际进度；三是及时采取纠正行动或者应急措施，保证财务目标的实现。

2. 财务评价与财务预算

财务预算的专业性使企业利益攸关人（经营者以外）难以及时识别企业的财务预算制定和执行情况，财务评价可以帮助决策者辨别这种财务信息，便于获取财务决策所需要的真实信息，以及对企业的未来业绩作出预测。对财务预算的合理性和合法性进行财务评价，有利于改善财务预算的质量，使财务信息使用人能够作出理性的财务决策。

二、财务评价机制

财务评价机制有主体、对象、模式和方法。

（一）财务评价主体

财务评价主体是指由谁来进行评价。

1. 财务评价主体演进阶段

财务评价主体演进过程大致分为一元评价主体、二元评价主体和多元评价主体三个阶段。

一元评价主体时期对应于早期的业主制和合伙制的古典企业，企业的显著特点是所有权与经营权的高度统一，生产过程和工艺简单，销售链条短，生产销售环节少，投资者仅需采取一些简单的产出指标，就能凭经验对生产进行有效管理。这时期的财务评价，其行为动机是满足自己生产管理的需要，唯一的评价主体是投资者。

二元评价主体时期产生于 19 世纪 40 年代，公司制企业问世、所有权与经营权分离、古典企业向现代企业转化之时。大部分投资者不再直接参与企业的生产经营活动，把经营管理权委托给了职业经理人，产生所有者与经营者之间的信息不对称和激励不相容问题。投资者单靠先进的技术不足以取得绝对优势，为了在激烈的市场竞争中立于不败之地，除了增加主权资本之外，还要向银行举借贷款。而银行家面对众多的、数额巨大的资金需求者，也深深感到，仅像以前那样以企业经营状况的主观判断或经验估测作为贷款依据，必然会身陷泥潭。因此，建立在委托代理理论基础上的财务评价是委托人为了达到与代理人激励相容的目的，测定代理人努力程度，并将其作为定量计值或主观效用的行为。

多元评价主体时期出现在 20 世纪 80 年代后期，伴随利益相关者理论的产生。企业不再单纯是为资本所有者谋利益，而是要为包括股东、债权人、经营者、员工、顾客、供应商、政府等利益攸关人谋福利，其实质是承认各要素所有者都是企业价值的创造者。

2. 财务评价主体分类

财务评价主体是多个利益攸关人的集合。按资本形态及专用性，将利益攸关人分为物质资本利益攸关人（股东、债权人）、人力资本利益攸关人（管理者、员工）、社会资本利益攸关人（政府、所在社区、社会公众、顾客、供应商、媒体等）和生态资本利益攸关人（潜在投资者、环境保护者）。

按信息使用者，将利益攸关人分为外部利益攸关人（投资者、债权人、政府、资本市场评论者等）和内部利益攸关人（董事会、监事会、管理者、员工等）。

按公司治理，将利益攸关人分为如下几种：

（1）投资者。投资者包括大股东、中小股东和潜在投资者，可以是自然人，也可以是信托公司、保险公司、基金等机构投资者。投资者拥有公司的所有权，其根本目的是保证投入资本的保值增值，需要定期评价企业绩效，作出正确的投资决策。

（2）债权人。债权人主要分为信贷金融机构和债券投资者，最关注的是债权的安全性，本息能否按期收回。短期债权人所重点关心的是企业短期偿债能力，需要利用财务信息来分析企业的流动性和现金流。长期债权人更关心的是企业长期偿债能力，除了流动性和现金流之外，还关注企业的盈利能力和资本结构，通过分析财务信息，作出正确的信贷决策。

（3）管理者。管理者主要包括企业总经理及部门经理，作为受托经营的代理人，面临资本市场、经理人市场等多种压力，也会受到股东的约束。管理者拥有公司经营状况的全部信息，能够作出最全面、最准确的评价，为公司战略目标服务，同时获得自身价值的认可。

（4）员工。员工希望获得更高的收入和更多的升迁机会，从而选择更有发展潜力和归属感的企业。因此，员工所关注的是企业能否持续经营，能否为其提供学习和发展机会。

（5）政府。政府对企业负有监督管理职能，也具有对产业部门的宏观调控职能，需要定期了解企业的盈利状况、风险水平、市场运行等信息，以便作出征税、政府补贴、行政干预、市场监管等决策。

（6）供应商和顾客。供应商和顾客是企业所在供应链的上下游节点，决定着公司的材料供应和产品销路，是财务价值实现的根本保证。顾客对企业的评价，决定了其消费取向和采购政策。供应商对企业的评价，决定了其信用条件和销售政策。

（7）中介机构。中介机构包括会计师事务所、资产评估机构、资本市场评论者等，其财务评价通常受托于第三方，力求做到全面、客观、公正。随着资本市场的发展，证券（投资）分析师应运而生。虽然每个证券分析师关注的侧重点可能不同，如资产重组、债务偿付风险、政策变动、经营决策等，但凡是影响股票价格变动的财务因素和非财务因素都是关注的焦点和重点。

（8）董事会和监事会。董事会是最高决策机构，决定企业的重大战略和发展方向，只有较深地了解企业的财务状况，才能准确地把握企业有关利润分配、高层管理人员变动、年度财务预决算等方面的重大决策。监事会是最高监督机构，肩负着监督企业全面业务、财务状况的使命，必须详细了解企业的财务状况。

（二）财务评价对象

财务评价对象亦即对谁进行评价，是财务评价实施的客体。财务评价对象是一个变化范畴，由评价主体根据具体目的确定。一般来说，从以下两个方面着眼。

1. 企业评价和经营者评价

对企业的评价，可以由不同的评价主体组织。依据企业财务会计资料、管理控制档案、注册会计师审计报告等，对企业经营业绩作出综合评定，满足不同评价主体的需求。企业评价关系到企业是否扩张、收缩、并购、重组、转型、退出，意义重大。

对经营者的评价，通常由企业的所有者组织。通过对企业绩效的纵向、横向对比，或者与计划的比较，以判断经营者受托责任的完成情况，并决定是否更换经理人。

2. 单项评价和综合评价

单项评价是指对财务报表项目，一项一项地单独逐一分析，对项目变更进一步分析变更的真实原因，以及对企业当期和未来财务状况损益的影响等。况且，单项财务评价强调结果而忽视过程，强调短期业绩而忽视长期发展，不能反映经营业绩与经营战略的关系。

综合评价是指在找出财务报表各项目之间的联系后，将财务报表视为整体，综合评价其提供的相关信息，其目的是对企业未来的经营状况作出恰当的预测。

（三）财务评价模式

财务评价模式有财务指标评价和非财务指标评价之分。

1. 财务指标评价

纵观企业财务评价理论和实践，财务指标评价侧重于企业以往的经营活动，侧重于实物资产运用，侧重于企业内部因素对经营绩效的影响。

值得一提的是，现代企业制度下，信息、知识、技术对企业发展越来越重要，外部因素的影响越来越大。因此，构建财务指标评价模型时，若选择过多的财务指标，则难以进行有效的财务评价；若财务指标之间的相关性越大，则财务评价的有效性越低。

2. 非财务指标评价

单纯的财务指标评价难以全面衡量企业价值。随着时间的推移，市场竞争越发激烈，非财务指标评价逐渐发挥出与财务指标分庭抗礼的作用。市场占有率、服务质量等非财务指标一般是不能直接从企业财务报表中获取，而只能从企业的某些信息中反映出来。更重要的是，非财务指标是财务指标的驱动因素。因此，设计财务指标与非财务指标相结合的评价体系是极其必要的。非财务指标主要包括以下内容。

（1）顾客满意维度

企业经营成果不仅取决于内部经营，而且依赖于顾客满意度。以客户价值为中心是企业全部经营活动的行为宗旨，其评价指标有：客户利润贡献（客户收入-客户成本）、客户满意度 CSR、顾客钱袋份额和市场占有率等。市场占有率（产品产销量/行业同种产品产销量）说明企业产品在同类产品中占据的市场份额，市场占有率越高，表明企业产品越受消费者欢迎。

（2）业务流程维度

业务流程的各个环节代表企业内部价值链环节，是否真正创造了价值完全取决于对外提供的产品质量，其评价指标有：一是劳动生产率，既反映劳动效率，也综合体现产品的核心竞争力；二是产品质量，如经权威部门认定的优质名牌产品、驰名商标产品等信誉评价，生产中的优质品率、产品合格率等产品规格，产品销售后未达到消费者期望而引起的退货率、消费者投诉率等负面影响；三是新产品开发能力，不断开拓适应市场需求的新产品。

（3）学习成长维度

学习成长指标考察的是企业可持续发展的能力。只有通过不断地学习和创新，企业才能保持恒久的竞争优势，此类评价指标有：员工培训次数、员工保持率、员工满意度、员工知识水平、员工所提建议数、员工所提建议被采纳数等。

（四）财务评价方法

财务评价方法通常分为定性评价法和定量评价法。

1. 定性评价法

定性评价法包括调研法、访谈法、头脑风暴法、德尔菲法等，应用较广的是德尔菲法。德尔菲法也称专家咨询法，是通过征集专家意见据以判断的一种分析方法，由美国兰德公司 1946 年首先提出，区别于其他专家调查法的主要特征是匿名性（所有专家成员不直接见面）、反馈性（需要经过 3～4 轮的信息反馈）和统计性（反映多数人的意见）。

2. 定量评价法

定量评价法一般分为单因素评价法和多因素评价法，以后者见多，主要有杜邦分析法、沃尔评分法、平衡计分卡、关键绩效指标和一些综合分析法。

（1）杜邦分析法

1919 年美国杜邦（DuPont）公司创立杜邦财务分析体系，以股权回报率为核心指标，根据财务比率之间的相互作用和相互影响，综合评价企业的财务情况。

股权回报率是销售净利率、资产周转率和股权乘数的积，即：

$$股权回报率=\frac{净利润}{股权}=\frac{净利润}{收入}\times\frac{收入}{资产}\times\frac{资产}{股权}=销售净利率\times资产周转率\times股权乘数$$

（2）沃尔评分法

1928 年亚历山大·沃尔（Alexander Wall）提出信用能力指数，具体步骤如下：第一，选择流动比率、产权比率、固定资产比率、存货周转率、应收账款周转率、固定资产周转率、自有资金周转率七个财务比率；第二，主观上为各指标赋予一定权重，确定各指标比重；第三，将实际比率与标准比率（通常以行业平均数为基础）比较，得出相对比率；第四，将此相对比率与各指标比重相乘，计算总评分。

（3）平衡计分卡

平衡计分卡（Balanced Score Card，BSC）由 Robert Kaplan 和 David Norton（1992）提出，以财务（Financial）、客户（Customer）、内部运营（Internal Business Processes）、学习与成长（Learning and Growth）为维度，通过图、卡、表来实现战略规划，提高了企业战略的可操作性，实现了财务指标与非财务指标、长期指标与短期指标的平衡，为企业提供了实用的管理工具，解决了以往评价制度过于偏重财务的问题。

（4）关键绩效指标

关键绩效指标（Key Performance Indicator，KPI）是通过对组织内部流程的输入端、输出端的关键参数进行设置、取样、计算、分析，衡量流程绩效的一种日标式量化管理指标，是把企业的战略目标分解为可操作的工作目标的工具，是企业绩效管理的基础。

KPI 的理论基础是帕累托（Pareto）的二八定理，即企业价值创造过程中，每个部门和每位员工 80%的工作任务是由 20%的关键行为完成的。构建 KPI 的关键是流程性、计划性和系统性，利用头脑风暴法和鱼骨图分析法确定关键业务。

关键绩效指标一般分为结果类和动因类。结果类指标是反映企业绩效的价值指标，包括投资回报率、经济增加值、息税前利润、自由现金流等；动因类指标是反映企业价值关键驱动因素的指标，包括资本性支出、单位生产成本、产量、销量、客户满意度、员工幸福感等。

（5）层次分析法

层次分析法（Analytic Hierarchy Process，AHP）由美国运筹学家托马斯·萨蒂（T. L. saaty）于 20 世纪 70 年代提出，是一种定性和定量相结合的、系统化的、层次化的分析方法，其基本思想是将指标首先进行分解，然后判断其是否属于一个层次，并将属于一个层次的指标综合起来考虑。第一，建立层次结构模型。在深入分析实际问题的基础上，将有关的因素按照不同属性自上而下分解为若干层次，最上的（通常只有 1 个因素）为目标层，最下的为方案层，中间的为准则层。当准则过多时（譬如多于 9 个），应进一步分解出子准则层。第二，构造成对比较阵。从层次结构模型的第二层开始，对从属于（或影响）上一层每个因素的同一层次的诸因素，用成对比较法和 1～9 构造各层对上一层每个因素的成对比较阵，直至方案层。第三，计算权向量并做一致性检验。对每个成对比较阵，计算最大特征根及对应特征向量，利用一致性指标、随机一致性指标和一致性比率做一致性检验。若检验通过，归一化后的特征向量为权向量；若不通过，需要重新构造成对比较阵。第四，计算组合权向量并做组合一致性检验。计算方案层对目标的组合权向量，并做组合一致性检验。若检验通过，则可按照组合权向量表示的结果进行决策。否则，需要重新考虑模型或重新构造那些一致性比率较大的成对比较阵。

（6）主成分分析法

主成分分析（Principal Component Analysis，PCA）由 Hotelling（1933）首次提出，它利用降维的思想，把多指标转化为少数几个综合指标（即主成分），其中每个主成分都能反映原始变量的大部分信息，且所含信息互不重复。

主成分分析法作为一种数学变换方法，把给定的一组相关变量通过线性转化成另一组不相关的新变量，并按方差依次递减的顺序排列，但数学变换前后的总方差不变。第一个变量的方差最大，称为第一主成分；第二个变量的方差次之，且与第一个变量不相关，称为第二主成分；以此类推。

（7）因子分析法

因子分析（Factor Analysis，FA）由 Charles Spearman 和 Karl Pearson（1904）首次提出，其基本原理是从研究指标相关矩阵内部的依赖关系出发，把一些信息重叠、具有错综复杂关系的变量归结为少数几个不相关的综合因子的一种多元统计分析方法。其基本思想是根据相关性大小把变量分组，使同组内的变量之间相关性较高，但不同组的变量不相关或相关性较低，每组变量代表一个公共因子。其主要步骤为：对数据样本进行标准化处理；计算样本的相关矩阵 R；求相关矩阵 R 的特征根和特征向量；根据系统要求的累积贡献率确定主因子的个数；计算因子载荷矩阵 A；确定因子模型；根据上述计算结果，对系统进行分析。

因子分析 FA 与主成分分析 PCA 都属于因素分析法，都基于统计分析法，但两者有较大区别：主成分分析是通过坐标变换提取主成分，也即将一组具有相关性的变量变换为一组独立的变量，将主成分表示为原始观察变量的线性组合；因子分析法是构造因子模型，将原始观察变量分解为因子的线性组合。

（8）数据包络分析法

数据包络分析（Data Envelopment Analysis，DEA）以相对效率概念为基础，运用线性规划技术，处理多投入、多产出的复杂决策单元（Decision-Making Unit，

DMU），对相同类型DMU的效率进行评价。DEA模型起源于Farrell（1957）创立的现代效率测度方法，目前已有150多种应用模式，其中最传统、最典型的莫过于CCR-DEA、BCC-DEA、SE-DEA和SBM-DEA。

CCR-DEA由Charnes、Cooper和Rhodes（1978）首次提出，建立在规模收益（Constant Returns to Scale，CRS）不变的基础上，通常采用“产出不变，投入尽可能小”的投入导向模型（Input Oriented），用于衡量DMU的总效率。

BCC-DEA由Banker、Charnes和Cooper（1984）提出，不考虑生产可能性集满足锥性，建立在规模报酬可变VRS（Varible Returns to Scale）的基础上，用于衡量DMU的纯技术效率和规模效率。

SE-DEA（Super Efficiency DEA）由Andersen和Peterson（1993）提出，可以对多个同时有效的DMU的效率进行比较。SE-DEA与CCR-DEA、BCC-DEA同属于径向距离函数，最大不同之处是效率值可以大于1。

SBM-DEA（Slack Based Measure DEA）由Tone Kaoru（2001）提出，是引入松弛变量计算效率的非径向距离函数，常与SE-DEA模型一起使用。

（9）熵权法

熵权（Entropy Weight，EW）理论来源于物理学，是对系统不确定性的一种度量。按照信息论的基本原理，信息是系统有序性的一个度量，熵是系统无序性的一个度量。对某项指标，用信息熵来判断该指标的离散程度，该指标值越大，对综合评价的影响（权重）越大。如果某项指标的信息熵值全部相等，则该指标在综合评价中不起作用。

（10）模糊综合评价法

模糊综合评价（Fuzzy Comprehensive Evaluation，FCE）以模糊数学为基础，把定性评价转化为定量评价，可以对受大量因素且无法区分定性定量因素的事物作出一个总体评价。其优点是结果清晰，系统性强，把定性分析和定量分析结合起来，比较适用于企业财务竞争力的评价。由于企业财务竞争力通常分为“强、较强、中、较差、差”五个等级，没有具体的界定标准，带有模糊性，采用模糊综合评价法可以对企业财务竞争力做评价分析。其缺点是运算较为烦琐，受人为主观因素影响较大，可能导致评价结果偏离实际结果。

（11）灰色系统法

灰色系统（Grey System，GS）法也称灰色关联法，是指某影响因子对分析主体的关联不能确定，基于因子序列之间发展趋势的差异，衡量其对主行为的贡献程度。当选取评价指标时有个数的限制，且选取指标也存在定性特征时，采用灰色关联方法是可行的。其优点是对样本量没有要求，操作简单、计算量小、简单易懂，具有直接性，不易丢失信息。其缺点是评价结果受指标变换的影响较大，只是好坏的判断，无法给出实际的绝对值。

第二节　财务质量评价

财务质量评价是以企业的财务报告及其他相关资料为主要依据，针对某一阶段的财务状况、经营成果、现金流量进行的质量分析，为优化财务决策提供重要的财务信息。

一、财务质量特征

财务质量特征的表现形式有内在的，也有外显的。

（一）内在特征

财务质量的内在特征包括向好的增值性、协调性和持续性。“向好”意味着各种财务要素的组合趋于更为合理，从而形成更大的增值性、协调性和持续性。

1. 增值性

增值性是指经过管理者的有效经营，能够向客户提供满意的产品和服务，从而帮助企业降低产品成本，创造财务价值，增加股东财富。

资产的增值性体现在：流动资产的变现质量和周转速度，固定资产、无形资产的利用频率和时间，投资的组合和回报率等。现金流的增值性主要是指企业当期经营活动创造增量现金流的能力，主要表现在投资活动要具备充足的盈利能力。

2. 协调性

企业发展过程中会遇到许多协调性问题，如生产与销售的协调、投资与企业目标的协调、投资与现金流的协调、资产与资本的协调等。前两者属于非财务因素的协调，后两者则是财务因素的协调。从财务视角看，财务因素的协调性表现为资产结构、资本结构、盈利结构、现金流结构的匹配性。

资产结构的协调性包括货币资金持有的合理性，存货与固定资产、存货周转率与应收账款周转率、投资方向与企业发展目标、有形资产与无形资产的匹配性等。资本结构的协调性是指负债和所有者权益各自内部构成以及负债与所有者权益比例的合理性。盈利结构的协调性是指主营业务利润占比、各环节利润（主营业务利润、营业利润、息税前利润、息税后利润、股东利润）比例的合理性。现金流结构的协调性主要是指经营活动现金流、投资活动现金流、筹资活动现金流的关系合理性。若经营性现金流加上投资性现金流减去筹资性现金流大于零，则说明现金流结构的协调性较好；反之则相反。

3. 持续性

财务质量的持续性表现在盈利能力、偿债能力、筹资能力的持续性。持续的盈利能力是企业可持续发展的根本基础，既要用主营业务利润、营业利润、息税前利润、息税后利润等绝对指标衡量，也要用资产回报率、净资产回报率、投入资本回报率等相对指标衡量。持续的偿债能力是企业可持续发展的重要表现，既要用流动比率、速动比率等短期指标衡量，也要用资产负债率、产权比率等长期指标衡量。持续的筹资能力是企业可持续发展的物质保证。当经营性和投资性现金流小于零时，要及时补充筹资性现金流；当经营性和投资性现金流大于零时，应及时寻找其他投资渠道，提高盈利能力和水平。

（二）外显特征

财务质量的外显特征主要表现为安全性、盈利性和成长性。

1. 安全性

安全性要从资产流动性和偿债风险来把握。资产流动性的大小是判断安全性的重要标志。不同资产都有盈利性要求，但其流动性不同，使用价值不同，经营风险不同。偿债风险的大小是决定安全性的重要因素。当偿债风险产生时，企业可能出现资金链断裂，从而影响经营活动，产生经营风险，形成连锁反应。

2. 盈利性

盈利性要从盈利能力和盈利实现性来观察。盈利能力是指企业通过加强资产管理和提高运转效率，优化财务资源配置，获得更大的财务收益。盈利能力越大，企业可持续发展能力就有了物质保障。盈利实现性是指在现金至上的管理理念中，比较收付实现制下的盈余与权责发生制下的盈余。若两种制度的盈余差额较小乃至相当，则说明盈余实现性极为出色。

3. 成长性

成长性要从成长能力和成长持续性来了解。成长能力通常包括销售增长能力、资产增长能力和利润增长能力，通过业务收入、企业规模和营业利润的扩张速度来实现。成长持续性不仅体现在行业领先、技术垄断、管理高效上，而且体现在市场竞争力大、投资回报率高、风险抵御性强上。

二、财务质量评价与影响因素

资产质量，是指其变现能力或能够与其他资产组合使用为企业增加财富，特定资产在企业管理过程中满足企业对其预期的质量，企业的资产资源能够充分地为实现企业的战略目标服务。具体表现为资产的变现质量、单独增值质量、被利用质量、与其他资产组合增值的质量等方面。

（一）财务质量评价内容

一般来说，财务质量评价分为资产、资本结构、收益和现金流的质量评价。

1. 资产质量评价

资产质量是指特定资产在企业财务运作系统中所发挥的作用和效应，具体表现为变现质量、被利用质量、与其他资产组合增值的质量、为企业发展目标做出贡献的质量等。

资产质量评价可分类进行：按账面价值的金额等值实现的资产质量评价、按低于账面价值的金额贬值实现的资产质量评价、按高于账面价值的金额增值实现的资产质量评价。

资产质量评价内容包括：一是资产获利能力的评价，包括资产回报率、股权回报率、销售利润率等。二是资产营运能力的评价，包括应收账款周转率、存货周转率、流动资产周转率、固定资产周转率等。三是资产结构的评价，包括流动资产的占比、固定资产的占比、无形资产的占比等。四是资产项目的评价，包括资产的减值性、摊销性、表外性等。

不断优化资产质量，促进资产的新陈代谢，保持资产的良性循环，是决定企业能否长久保持竞争优势的源泉。

2. 资本结构质量评价

资本结构是指企业各种资本的构成及比例关系，包括负债结构、所有者权益结构以及负债与所有者权益之间的比例。资本结构质量是指企业资本来源及结构与企业当前或未来资产使用及结构相适应的情况。资本结构质量评价应当关注如下方面：

（1）资产使用与资本来源的对比。企业增加永久性流动资产或长期资产，应当通过自发性流动负债与长期资本（所有者权益和非流动负债）来解决；企业增加波动性流动资产，应当由临时性流动负债来应对。

（2）资产回报与资本成本的对比。只有当资产回报率（息税前利润与总资产之比值）大于企业资本成本（加权平均资本成本）时，并向资金所有者支付报酬之后，企业净资产规模才能扩大。特别地，只有当企业资产回报率大于负债利率时，净资产回报率才能提高。

（3）负债筹资与负债杠杆的对比。企业负债杠杆水平越高，表明企业筹资对负债的依赖性越高，负债风险越高，企业未来从潜在债权人那里筹资的难度越大。

（4）股东持股与企业组织的对比。企业具有什么样的股权结构，对企业组织的类型、结构的形成和发展具有重大的意义，股权结构的动态变化直接导致企业组织结构、经营走向和管理方式的变化。

根据资本结构理论，最佳资本结构的企业资本成本最低。从企业持续经营角度看，资本结构质量高的企业，应当筹资能力和偿债能力强，负债杠杆合理。

3. 收益质量评价

收益质量也称盈利质量或利润质量，是指利润在形成、结构、分配等方面的考察，一般从三个方面进行：一是分析企业核心利润的形成过程；二是分析企业利润结构；三是分析企业利润结果。企业收益质量高，表明资产运转状况、市场发展前景、企业对利润具有较好的现金支付（税金、利息、股利等）能力。

4. 现金流质量评价

现金流质量是指企业的现金流能够按照企业的预期目标，恰好满足顺畅运转的需求，应当具有如下特征：一是企业现金流的结构与状态体现了企业发展战略的要求；二是在稳定发展阶段，企业经营性现金流应当与营业利润有较强的对应关系，并能为企业扩张提供现金流支持；三是筹资性现金流能够适应经营性、投资性现金流的需求，且无不当筹资行为。

（二）财务质量影响因素

既然财务质量包括资产质量、资本结构质量、收益质量和现金流质量，那么财务质量各个方面的影响因素又是什么？

1. 资产质量的影响因素

影响资产质量的因素很多，主要有以下方面。

（1）资产收益性。资产收益性是指资产使用能够为企业带来一定的经济利益，是资产质量的综合体现，是企业生存和发展的必要条件。可以用资产回报率来衡量。

（2）资产运转性。资产运转性是指资产运行和周转的效率。一般而言，资产运转性强的企业，获利能力和偿债能力也强。通常用流动资产周转率、固定资产周转率来衡量。

（3）轻资产的占比。固定资产（重资产）和无形资产（轻资产）分别反映企业可持续发展的物质基础和技术装备水平。在信息经济时代，轻资产占总资产的比重会逐渐上升。

（4）虚资产的占比。虚资产包括待摊费用、递延资产、待处理财产损溢、递延税款借项等，是企业过去已耗用的资源，是企业按照权责发生制原则确认的推迟至以后计提的费用，是企业未来不能动用的资源，是企业未来利润的抵减项目，其实质是企业的实有费用支出或损失，必须用过去的积累或今后的收入来补偿，最终减少所有者权益。当虚资产与总资产的比例过大，会加剧经营风险，削弱企业所提供的会计信息的可靠性、有用性、公允性，降低资产质量。

2. 资本结构质量的影响因素

影响资本结构质量的因素主要包括：

（1）偿债能力。偿债能力是指企业偿还到期债务（本金及利息）的能力。能否及时偿还到期债务，是衡量企业财务状况的重要标志。通过偿债能力分析，可以考察企业持续经营的机会和风险。

（2）负债杠杆比率。负债杠杆比率越高，表明企业资源对负债的依赖程度越大，企业未来进行债务筹资的难度和成本越大，负债风险越高，资本结构质量越差。

（3）企业资本成本。从成本效益关系的角度看，只有当资产回报率大于企业资本成本（加权平均资本成本）时，企业净资产规模才能得以扩大，资本结构质量趋好。

3. 收益质量的影响因素

影响收益质量的因素主要有以下方面：

（1）利润结构的合理性。利润结构是指企业不同形式的利润（营业利润、投资收益、营业外收支净额）的有机搭配及比例，其中营业利润特别是主营业务利润及其占比是企业利润稳定可靠的根本基础。在其他条件不变的情况下，营业利润的占比越大，收益质量越高。

（2）一定的盈利能力。一定的盈利能力是指在维持会计政策一贯性的前提下，企业每年能够获得与经营规模、行业特点、成长周期等相适应的净利润规模，并能得到可持续增长。企业盈利能力的大小，一定程度上反映了收益质量的高低。盈利能力越大，收益质量越高。

（3）利润的获现能力。在现金流获取能力上，无论是核心利润还是其他利润，都会产生恰当的净现金流，从而为企业正常经营活动提供稳定的现金来源。利润的获现能力强，收益质量就好。利润的现金保障程度是衡量收益质量的核心标准。

4. 现金流质量的影响因素

影响现金流质量的主要因素有以下方面：

（1）现金流结构的合理性。企业现金流包括经营性现金流、投资性现金流和筹资性现金流，其中占主要地位的是经营性现金流，构成是企业的主营业务。主营业务越突出，销售越兴旺，收入越稳健，现金流越充足，现金流质量越好。

（2）经营性现金流是否具有支付能力。在稳定发展阶段，经营性净现金流应当对企业利润有足够的支付能力。正常情况下，经营性现金流除了要维护企业经营活动的正常运转外，还有许多用处：补偿折旧和摊销，支付利息和现金股利，支持扩张性投资。

财务质量评价指标体系，如表 7-1 所示。

表 7-1　财务质量评价指标体系

财务评价内容	财务评价指标
资产质量	资产回报率、存货周转率、应收账款周转率、流动资产周转率、固定资产周转率、总资产周转率、轻资产的占比、虚资产的占比
资本结构质量	流动比率、速动比率、现金比率、产权比率、资产负债率、负债杠杆、资产回报率与加权平均资本成本的比较
收益质量	主营业务鲜明率（主营业务利润贡献率）、营业利润的占比、销售净利率、股权回报率、盈余现金保障系数（经营性净现金流与净利润之比）
现金流质量	经营性现金流比率、盈利现金比率（经营性净现金流与净利润之比）、现金流利息保障系数（经营性现金流与利息费用之比）

第三节　财务绩效评价

财务绩效评价是选取适当的财务指标，运用综合评价方法对特定时期的财务绩效进行评价，在一定程度上反映企业的财务状况和经营成果。尽管财务绩效评价具有一定局限性，但相比非财务绩效评价，其客观性和直接性使其成为企业绩效评价的主要部分。

一、财务绩效评价特征和对象

财务绩效评价将企业绩效评价限定在财务范畴，那有何基本特征？

（一）财务绩效特征

1. 财务绩效与企业绩效

企业绩效是指一定期间的企业经营效益和经营者业绩。企业经营效益包括盈利能力、偿债能力、营运能力、成长能力、社会贡献能力等；经营者业绩主要通过企业生存与发展所取得的成果和经营者在经营管理和企业治理上所做出的贡献来体现。

财务绩效是注重结果导向的企业绩效，可以定义为企业在一个生产经营周期内的生产总额、销售总额、总利润以及对企业其他相关财务情况进行改善的程度。

2. 财务绩效评价与企业绩效评价

企业绩效评价是指为实现企业目标，运用数理统计和运筹学原理，采用科学方法和特定指标体系，对一定期间的企业经营效益和经营者业绩做出客观、公正的价值判断。

财务绩效评价是指为实现财务目标，以管理学、会计学、计量经济学原理、现代分析技术为理论基础，以一定参照物为标准，主要采用定量评价方法，构建一个基于财务比率的综合评价指标体系，对一定期间的财务绩效情况做出客观、公正的综合评价。

财务绩效评价是企业绩效评价的核心部分，也是最容易测量和获得的。

（二）财务绩效评价对象

按不同标准，财务绩效评价有不同的对象。

1. 内部评价和外部评价

根据评价主体的不同，分为内部评价和外部评价。

内部评价是企业经营者利用完全信息优势，通过定期或不定期地对企业生产经营活动进行评估，以事实为依据，发现企业经营管理过程中的薄弱环节，提出改进措施，实现企业目标的过程。内部评价是经营绩效和财务绩效并重的评价模式。外部评价是企业外部利益攸关人（投资者、债权人、政府、中介机构等），利用所获得的企业公开信息，对一定时期内资产运营、财务效益、资本保值增值等，进行真实、客观、公正的综合评判。外部评价因信息的局限性，大多为财务绩效评价模式。

2. 企业评价、行业评价和市场评价

根据评价范围的不同，分为企业评价、行业评价和市场评价。

企业评价是指对某个企业的财务绩效进行综合评定，找出与目标的差距，为该企业的发展指明方向。行业评价是指对某一行业的部分或全部企业进行评定和比较，区分绩效好和绩效差的企业，为不同的利益攸关人决策服务。市场评价是指对不同地域、不同行业的企业进行综合评定和比较，找出地域、行业之间的差异，为宏观调控及决策服务。

3. 结果评价、过程评价和责任评价

根据评价内容的不同，分为结果评价、过程评价和责任评价。

结果评价主要依据财务报告，综合分析企业在某一时点财务状况和某一时期经营成果。过程评价主要依据企业生产经营过程中产生的各种财务或非财务信息，实时评价企业的生产经营状况，用以发现问题并加以解决，以实现既定的财务目标。责任评价主要依据各种信息评价企业所完成的社会责任，如就业率、纳税、环境保护程度、社会保障贡献率等。

二、财务绩效评价内容

从投资者角度看，财务绩效评价的基本要素包括：

（一）财务能力

财务能力包括盈利能力、偿债能力、营运能力和成长能力。

1. 盈利能力

企业生产经营的根本出发点是盈利，否则，各利益攸关人所关心的其投入资本的预期回报难以得到兑现。因此，首先要重视盈利能力的评价。

2. 偿债能力

企业采取负债筹资方式，可以享受杠杆经营的好处。如果负债水平过低，失去了杠杆经营的便利，降低了企业的获利能力。但是，负债水平高，负债风险大，企业破产的可能性也大。因此，保持适度水平的负债非常重要。市场经济下，竞争日趋激烈，每个企业存在资不抵债或无力偿还到期债务的破产风险，必须重视偿债能力的评价。

3. 营运能力

企业是由一系列硬资源（有形、现存、显性）和软资源（无形、潜在、隐性）构成的整合体，这些资源以“资本→资产→费用→收益→资本”的逻辑顺序，不断地周转和循环，并完成营运过程，体现营运能力。如果营运不畅或效率低下，获利能力和价值创造的能力就会相应降低。因此，绝对不能忽视营运能力的评价。

4. 成长能力

成长就是增长，表现为收入、资产、利润的增长，不仅关系到企业可持续发展，也关系到投资者和债权人的根本利益。一般来说，成长能力强，能够为企业偿还债务、抑制破产风险、拓展生存空间等提供可靠保障，也能够有效地克服企业的短视行为。当然，许多研究表明，成长能力依托于盈利能力、偿债能力和营运能力。

（二）财务实力

许多企业重扩张轻结构，重业务轻财务，重投资轻收益，表现为收入、资产、利润增长率提升缓慢，成为“经营规模的巨人，财务实力的矮子”。

1. 收入增长率

假如一个企业没有明确的主营业务，经营内容过于分散，很难形成核心竞争力；又如一个企业虽有明确的主营业务，但市场占有率很小，也谈不上核心竞争力。有研究表明，收益质量与可持续发展呈显著正相关，主营业务鲜明率（主营业务利润占比）在很大程度上决定了企业收益质量和获利能力。因此，只有扎根主业，壮大主业，才能提高核心盈利能力，才能提升企业的市场竞争力。

2. 资产增长率

资产增长来源于资本增长和利润增长，利润增长又来源于收入增长。资本增长关系到股票定价、收益分配等问题，是投资者的重大关切。每股净资产 BPS 反映了投资者所持股票的价值低限，如果股票的市场价格高于每股净资产，投资者就有可能获得资本利得。

第四节 财务责任评价

财务责任评价是指通过对企业应当承担的社会责任履行情况进行监测和评审，全面、深入、系统评估其社会责任的战略、目标和计划执行效果。

一、财务责任评价意义和标准

传统财务评价通常要求企业强制披露信息，但引入企业社会责任理念之后，允许一定的自愿披露项目存在，具有划时代的重大意义。

（一）财务责任评价意义

企业社会责任对企业发展具有严格自律作用、广泛渗透作用和持久激励作用。

1. 严格自律作用

企业从事生产经营活动时，要时时事事处处与生态环境发生联系。企业社会责任促使从人与自然和谐共处的社会需要出发，自觉减少污染物排放，保护生态环境，企业行为从“要我做”转化为“我要做”。这种行为无须外部力量的强制，而是出于社会利益考虑而形成的一种主动的自律行为，大大降低了由于信息不对称而产生的“道德风险”，也在一定程度上减少了政府监测的成本。

2. 广泛渗透作用

企业社会责任往往与企业文化融为一体，产生潜移默化的柔性影响，渗透到每个员工的社会价值取向之中。当前，企业文化的影响越来越深入人心，让企业员工牢固树立可持续发展的理念，认真遵守环保规定，使企业管理成本大大降低。

3. 持久激励作用

企业社会责任的培育和养成是一个复杂而渐进的过程，具有可重复性，会激励一代又一代企业员工，成为改进技术、加强管理、控制污染、保护环境的基本准则。

（二）财务责任评价标准

用不同的社会责任标准进行财务评价，会得出不同的结论。财务责任评价标准通常有经验标准、历史标准、行业标准、预算（计划）标准和法律标准。

1. 经验标准

经验标准是指依据人们长期大量的实践经验而形成的标准。虽然经验数据不具有法律效力，但被普遍认可是约定俗成的标准。如流动比率为2，速动比率为1，流动负债与有形净资产的比率不应超过80%，存货与营运资本的比率不应超过80%等，都是经验标准。值得注意的是，经验标准仅对一般情况而言，不同时期、不同行业、不同地区可能会有不同的经验数据，选择适当的经验标准作为企业社会责任财务评价指标非常重要。

2. 历史标准

历史标准是指以企业过去某一时间的实际数据为标准，如上年平均值、上年同期实际值、某年典型水平、历史最好水平等。历史标准的优势是具有较好的可靠性和可比性，其不足之处是历史要求比较保守、历史数据适用范围狭窄，仅能说明企业自身的发展变化，不能全面评价企业的行业地位与外部环境。

3. 行业标准

行业标准是指根据行业生产经营特点制定的标准，在企业财务评价中应用广泛。行业标准从不同的视角划分不同的类别，但有以下因素会影响行业标准的运用：一是同行业不同链节上的两个企业不一定可比；二是特大企业不适合运用行业标准进行评价；三是同行业运用不同会计方法核算的企业相比较会不准确。

4. 预算标准

预算（计划）标准是指企业根据自身条件所制定的目标标准。预算标准通常将行业标准与历史标准相结合，比较全面地反映企业实际。对内部评价，预算标准更具优越性，可评价企业及各部门的社会责任履行情况，但对外部评价的作用不明显，且易受人为因素影响。

5. 法律标准

法律标准是指国家对企业承担社会责任在法律法规中所做的必须遵守的标准。目前我国尚未有统一的企业社会责任法律规范，许多规定分散在相关的法律法规中。

二、财务责任评价体系

埃尔金顿（John Elkington，1980）提出“三重底线”模型，企业履行社会责任要满足经济底线、社会底线与环境底线。卡罗尔（Lewis Carroll，1991）在 1979 年提出的企业社会责任“四成分”学说的基础上，提出“金字塔”模型，指出企业社会责任是社会期望企业在经济、法律、伦理和慈善（自愿决定）方面履行的义务。综合来说，企业社会责任包括经济责任、法律责任、生态责任和伦理责任。

（一）经济责任评价

企业经济活动分为筹资活动、投资活动、经营活动和分配活动，直接影响到企业利益攸关人的利益。传统财务评价以封闭系统中的经济责任为目标进行，已不符合现代企业理论的要求。现代企业理论认为企业是一个开放系统，应对所有利益攸关人承担责任。

1. 筹资责任评价

企业筹资活动的基本目标是以较低的资本成本实现最佳的资本结构。资本成本是筹资决策的重要参照物。以资金成本为基础，增强企业筹资活动的社会责任意识。

（1）社会责任成本。社会责任成本是指企业从事经营活动而消耗的并未计入自身成本的社会资源或给社会带来的损失，即消极外部效应或负外部性。一个企业的经济行为可能会产生两种成本：一是由自己承担的私人成本；二是由他人承担的社会成本。这两种成本合称为社会成本，后者称为社会责任成本。

社会责任成本的本质决定了它具有间接性、潜在性和成本负担主体不明的特点，也决定了采用货币形式计量的难度。当然，并非不能计量，其方法有调查分析法、替代品评价法、实支成本法、复原或避免成本法、法院裁决法、影子价格法等。

（2）资本社会成本。作为资本成本和社会责任成本的交叉概念，资本社会成本是指企业和社会为企业经营过程中取得和使用的资本所付出的代价。很显然，资本社会成本包括企业本身承担的资本成本（资本内部成本）和社会共同承担的资本成本（资本外部成本）。资本内部成本来源于银行借款、实收资本和留存收益；资本外部成本来源于不带息应付票据、应付账款、应付职工薪酬、应交利润、其他应付款等。

基于企业社会责任的筹资评价，既要考虑企业的筹资成本，也要考虑筹资的社会成本，不能简单地用资本成本来评判。

2. 投资责任评价

当投资回报率超过资本成本时，财务价值会增加；否则，财务价值将减少。因此，投资收益是投资决策的财务评价标准。

同样，基于企业社会责任的投资评价，既要考虑企业的投资收益，也要考虑投资的社会收益，不能简单地用投资收益来评判。

3. 经营责任评价

经营责任表现在以下方面。

（1）为股东创造最大价值。股东作为企业的所有者，最关心的是企业生存、发展和盈利。企业的首要社会责任是借助一切传播手段，利用一切传播机会，向社会公众展示企业的竞争力，扩大企业的影响面，提高企业的美誉度，使企业的经营效率稳中有升，为企业创造更多的价值。

（2）为员工提供发展平台。企业经营规模的扩大，经济效益的提高，有利于扩大社会就业，有利于调动员工的积极性、主动性和创造性，形成良好的社会发展平台。

（3）为顾客提供优质服务。市场经济造就了“顾客是上帝”的大厦，也决定了企业生存和发展的现实，要求企业强化“为顾客而存在”的意识和“为顾客服务”的观念。只有这样，企业才能认清“利润来源于服务的报酬”。站在消费者立场上认识企业存在的价值，是企业社会责任的具体体现。

（4）维护国家利益。企业应当维护国家利益，承担依法纳税等义务。

（5）支援社区建设。企业应当积极支援社区建设，承担市政规划、环境保护等义务。

（6）重视资源和环境保护。企业应当高度重视资源和环境保护，着力发展低能耗、低污染、低排碳的项目。

4. 分配责任评价

分配责任评价是基于可以计量的会计信息而进行的。现行会计管理系统能够较好地披露分配信息，在增值表基础上反映分配活动的情况。

（1）股东所得率。股东凭借股本取得股利，包括优先股和普通股。该指标是衡量企业价值创造中股东直接受益的部分。

股东所得率＝股利÷增值总额

（2）债权人所得率。债权人作为企业投资者，有权要求企业及时偿债并支付利息。

债权人所得率＝利息÷增值总额

（3）职工所得率。该指标反映职工劳动所得占整个增值额的份额，代表了企业给职工的报酬。当然，从效率角度看，该比率并非越大越好。因为该比率的倒数是一个产出衡量指标，即工资增值率，反映的是职工的劳动生产率。

职工所得率＝薪酬÷增值总额

（4）政府所得率。该指标反映企业对国家作为行政管理者的贡献。

政府所得率＝税款÷增值总额

税款包括增值税、消费税、所得税等。

（5）企业所得率。该指标反映企业的发展后劲和市场前景。

企业所得率＝留存收益÷增值总额

留存收益包括本期计提的盈余公积（有法定和任意之分）和未分配利润，是企业根据有关财务制度提留给企业作为扩大再生产的积累资金，是股东的再投资。

（6）社会捐助率。社会捐助的力度通常与企业实力正相关。优秀的企业一般都制订社会捐助计划，它既能体现企业的一种社会贡献，又能为企业带来巨大的宣传效应和市场声誉。该指标提醒企业管理者对社会捐助应当尽力而为。

社会捐助率＝社会捐助÷增值总额

（7）社会贡献率。该指标用于评价企业运用全部资产为社会创造价值的能力。

社会贡献率＝社会贡献总额÷企业平均资产总额

社会贡献总额包括工资、奖金、津贴等工资性收入，劳保退休统筹及其他福利支出，利息支出净额，交纳的税金，净利润，捐赠支出等。

（8）社会积累率。该指标用于评价企业社会贡献总额中多少用于上交国家财政和支持社会公益事业。

社会积累率＝上交国家财政总额与公益性捐助支出之和÷社会贡献总额

（二）法律责任评价

法律责任是指企业按照有关法律法规的规定，照章纳税和承担政府规定的其他责任义务，接受政府的监督，不得逃税、偷税、漏税和非法避税；企业对员工的福利、安全、教育等承担义务；企业对消费者在产品或服务质量方面的承诺等。财务责任评价指标包括：

1. 小时工资率

该指标反映企业是否执行企业所在地政府的最低工资标准法律规定。

小时工资率=某职工月工资额÷该职工月工作小时数

2. 工资支付率

该指标越大越好，反映企业对国家相关劳动法规的遵守情况。

工资支付率=已付工资总额÷应付工资总额

3. 法定福利支付率

该指标越高越好，其中法定福利是指按相关法律政策规定职工享有的医疗卫生、困难补助等福利。

法定福利支付率=企业已支付的法定福利÷职工工资总额×14%

4. 社保提取率

该指标越大越好，用来反映企业对国家相关社会保障法律法规的执行情况。

社保提取率=企业已提取的社会保障基金÷按相关法律规定应提取的社保基金

5. 社保支付率

该指标越大越好，反映企业是否有挤占挪用社保基金的违法行为。

社保支付率=已付社保基金÷应付社保基金

6. 资产纳税率

该指标反映企业对国家相关税收法律法规的遵守情况，评价标准为接近或超过行业资产纳税率。

资产纳税率=企业纳税总额÷平均资产总额

7. 税款上缴率

该指标越大，表明企业的税收法律责任越好，用来分析企业是否有挤占挪用国家税款的违法行为。

税款上缴率=已交纳税款÷应缴纳税款

8. 罚项支出比率

该指标越高，表明企业遵纪守法状况越差。

罚项支出比率=罚项支出总额÷企业收入总额×100%

罚项支出总额包括企业支付的各种罚金、罚款、罚息、滞纳金、赔偿费、诉讼费等，其发生与企业遵纪守法直接相关。

（三）生态责任评价

20 世纪 80 年代以来，西方国家环境保护意识日益加强。企业对生态环境产生了极其重要的影响，对生态环境的破坏负有不可推卸的社会责任和义务。因此，企业对环境的保护或破坏成为企业社会责任评价的一个重要环节。生态责任评价指标主要包括：

1. 单位收入材料消耗量

该指标反映企业生产对材料的消耗强度，指标值越小，表明企业材料越节约，对子孙后代越负责。

单位收入材料消耗量=主要材料消耗量÷主营业务收入

2. 单位收入不可再生资源消耗量

该指标反映企业生产对不可再生资源的消耗强度，指标值越小越好。

单位收入不可再生资源消耗量=不可再生资源消耗量÷主营业务收入

3. 材料用废率

该指标反映企业对资源的珍惜和节约程度，指标值越大，企业的社会责任感越强。当然，对于不能使用可循环使用资源的企业来说，不适应该指标。

材料用废率=可循环使用的废旧资源加工的材料÷材料消耗总额

4. 单位收入耗能量

该指标反映企业生产对能源的消耗强度，指标值越小越好。要注意的是，为加强单位收入能耗的可比性，应将能耗量统一换算为热值。

单位收入耗能量=企业能源消耗量÷营业收入

5. 单位收入耗水量

该指标反映企业生产对水资源的消耗强度，指标值越小越好。

单位收入耗水量=企业水资源消耗量÷营业收入

6. 单位收入排废量

该指标反映企业对人类生存环境所承担的生态责任，指标值越小，表明企业的社会责任感越强。值得关注的是，“三废”排放量的确定只能依赖于企业的自愿披露，目前尚无强制披露要求。

单位收入排废量=企业未达标“三废”排放量÷主营业务收入

7. 环保投资率

该指标一定程度上反映企业对人类生存环境的责任感，指标计算应取环保设备净值和固定资产净值的平均值，为使分析结论更有用，该指标需辅以环保设备开工率指标进行分析。

环保投资率=环保设备净值÷固定资产净值×100%

8. 单位收入研发费

该指标反映企业对人类社会技术进步的责任。单位收入研发费越多，企业的开发力度越大，为人类进步承担的社会责任越多。值得注意的是，年研发费的确定，包括计入管理费用的研发费和计入无形资产成本的研发费。

单位收入研发费=年研发费÷营业收入

9. 环保经费与销售收入的占比

该指标越高，表明企业在环保上的力度越大，越具有社会责任意识；反之，则社会责任意识越淡薄。

环保经费与销售收入的占比=环保经费÷销售收入总额

10. 环保经费增长率

该指标值越大，表明企业对环保越重视，社会责任意识越强。值得注意的是，若企业上年度环保经费过小或者本年度进行环保设备更新，则要慎重运用该比率。

环保经费增长率=（本年度环保经费-上年度环保经费）÷上年度环保经费

（四）伦理责任评价

现代企业具有经济和伦理的双重属性，既要作为经济实体承担经济责任，也要作为伦理实体承担伦理责任，对企业进行伦理责任评价是非常必要的。伦理责任评价主要指标有：

1. 人力资本投入水平

该指标是正指标，指标值越高，表明企业越重视员工的发展，具有以人为本的社会责任观。

人力资本投入水平=每年招聘、培训等费用÷销售收入×100%

2. 人力资本维持能力

该指标反映企业对员工及其家属生活水平的保证情况，也就是为国家和社会持续提供人力资本的保证程度，指标值越高，表明企业社会责任感越强，为国家和社会的持续和谐发展贡献越大。

人力资本维持能力=每年员工工资总额÷销售收入×100%

3. 员工人均年教育经费

该指标反映企业对员工素质的提升和未来发展所承担的社会伦理责任，指标值越大越好。

员工人均年教育经费=职工教育经费总额÷职工人数

4. 单位员工利润

该指标可以反映企业员工的工作效率，指标值在不同的行业差别较大，其评价标准为所在行业的平均单位员工利润，一般以大于行业平均数为好。

单位员工利润=利润总额÷职工人数

5. 单位员工利润增长率

该指标反映企业员工生产效率的提高程度，指标值以高出行业平均水平为好。

单位员工利润增长率=本年度单位员工利润增长额÷上年度单位员工利润额

6. 员工工资增长率

该指标反映企业员工对企业增长的利润的分享程度，指标值以高出行业平均水平和物价上涨率为好，同时与单位员工利润增长率进行比较，比较二者的增长幅度是否一致，以反映企业的伦理责任。

员工工资增长率=本年度员工工资增长额÷上年度员工工资额

7. 就业贡献率

该指标用来衡量企业运用全部净资产为社会公众提供就业的能力。一般来说，该比率越高，说明企业为社会提供的就业能力越强。

就业贡献率=支付给职工以及为职工支付的现金÷平均净资产

8. 捐赠收入比率

该指标反映企业的社会伦理责任，该指标值越大越好。

捐赠收入比率=慈善与公益捐款÷企业收入总额

第五节　财务风险评价

财务风险来源于：第一，未来事件的结果会随着时间、环境等客观条件的变化而变化，即客观上的不确定性。第二，未来事件的结果受人们预测能力的局限性及差异而存在差异，即主观上的不确定性。第三，未来事件的预期结果和实际结果不一致：一是预期结果与实际结果的正向偏差，表现为风险收益，是人们乐意接受的；二是预期结果与实际结果的反向偏差，表现为风险损失，是人们不愿看到的。究竟是风险收益还是风险损失，需要评价。

一、财务风险本质和构成

正确界定财务风险的本质和构成极为重要，能够做到对症下药。

（一）财务风险本质

从财务风险所涉及的范围、财务风险与经营风险的区别、财务风险与财务危机以及财务困境的关系，可以洞悉财务风险的本质。

1. 财务风险

财务风险有狭义、常义和广义之分。狭义的财务风险是由于使用金融性筹资活动给普通股收益所增加的不确定性，包括负债风险和优先股风险。常义的财务风险是筹资（金融性和经营性）、投资（经营性和金融性）活动给企业收益所带来的不确定性。广义的财务风险是筹资、投资、供产销商业活动给企业收益所带来的不确定性。以往，很多学者将金融性筹资风险称为财务风险，将供产销商业风险称为经营风险。那么，经营性筹资风险、投资风险（经营性和金融性）应当归为何处？

本文采用常义的财务风险。风险管理实务中也大都如此。

2. 财务危机

财务危机是指由于企业不能适应外部环境的变化或者由于企业经营管理不善，导致企业生产经营活动陷入各种危及企业生存和发展的严重困境，财务上具体表现为流动性不足、权益不足、债务拖欠、流动资金不足四种形式。一般来说，财务危机分为四个级次：第一，技术破产。企业无法按期履行债务合约，还本付息。第二，会计失败。企业账面净资产出现负数，资不抵债。第三，企业失败。企业清算后仍无法支付到期债务。第四，法定破产。企业无法到期履行债务合约，在呈持续状态时，债权人或企业向法院申请企业破产。

财务风险与财务危机的关系，要按照以下逻辑思路去分析。

（1）财务危机的发生可能是财务风险控制不当所致。财务风险与财务危机并非一对同质概念。财务风险是客观存在的，只要企业从事财务活动，就可能存在财务风险。财务危机发生要经历一个过程，分为潜伏期、发作期、恶化期、实现期四个阶段。

（2）财务风险的加剧最终导致财务危机。财务风险并不会必然导致财务危机的发生，只要企业管理当局具有良好的风险意识，并有充分的风险抵御能力和手段，企业完全可能转险为安，转危为机。但是，如果不对财务风险加以控制，或者控制不当，任其蔓延，就会面临财务危机。

（3）财务风险与财务危机的后果不同。财务风险带来的可能是收益，也可能是损失；财务危机带来的必然是损失，严重时企业不得不进入破产清算程序。因此，对财务风险，只要企业加强财务风险管控，往往能够在一定风险条件下获得超过预期的收益。而对财务危机，企业要么防止其发生，要么尽量减少其发生所造成的损失。

3. 财务困境

财务困境是指企业由于公司治理机制不合理、管理低效、投资决策失误、难以获取必需的资源、宏观经济或政策环境发生不利变化等原因，经营陷入困境，经营业绩发生亏损且出现逐渐恶化的趋势，严重情况下出现资不抵债，主要经营活动被迫中止或被迫发生更改，甚至走向破产的一种状态。

（二）财务风险构成

企业的资金运动分为筹集、投入、耗费、收回、分配五个环节，其中投入、耗费、收回属于资金使用，是投资范畴。分配主要是将企业收益在股东和企业之间进行分配。留存于企业之内的收益，属于股东的再投资，形成企业的资金来源，可以归属为筹资范畴。因此，财务活动分为投资和筹资，相应地，财务风险分为筹资风险和投资风险。

1. 筹资风险

筹资风险是指企业在筹资环节中面临的风险，可能是由于金融市场、宏观环境的变化以及筹资来源、期限、币种等因素而给企业带来的实际结果与预期结果的差异，分为金融性筹资风险和经营性筹资风险，前者就是狭义的财务风险。

2. 投资风险

投资风险是指企业在投资活动中面临的风险，可能是由于商品市场、技术市场、宏观环境的变化以及投资方向、领域、地区等因素而给企业带来的实际结果与预期结果的差异，分为经营性投资风险和金融性投资风险。

财务风险的构成，如表 7-2 所示。

表 7-2　财务风险的构成

<table>
<tr><th>一级分类</th><th>二级分类</th><th>三级分类</th><th colspan="2">归纳分类</th></tr>
<tr><td rowspan="4">筹资风险</td><td rowspan="2">金融性筹资风险</td><td>负债风险</td><td rowspan="2">狭义财务风险</td><td rowspan="11">常义财务风险</td></tr>
<tr><td>优先股风险</td></tr>
<tr><td rowspan="2">经营性筹资风险</td><td>普通股发行风险</td><td rowspan="9">较广义财务风险</td></tr>
<tr><td>留存收益风险</td></tr>
<tr><td rowspan="7">投资风险</td><td rowspan="4">经营性投资风险</td><td>营运资本投资风险</td></tr>
<tr><td>母公司长期股权投资风险</td></tr>
<tr><td>固定资产投资风险</td></tr>
<tr><td>无形资产投资风险</td></tr>
<tr><td rowspan="3">金融性投资风险</td><td>股票投资风险</td></tr>
<tr><td>债券投资风险</td></tr>
<tr><td>基金产品投资风险</td></tr>
</table>

二、财务风险识别

识别财务风险的目的，在于全面了解企业各类财务风险的暴露情况，并对其大小和影响程度作出初步评估和判断，以便针对风险特点，确定财务风险管控的重点和应对策略。从财务风险识别的内容看，首先要了解导致财务风险产生的主要原因是什么。

（一）财务风险成因

在日益激烈的市场竞争条件下，财务风险的存在时刻威胁着企业的生存和发展。只有认真分析财务风险的成因，找出影响财务风险的因素，才能更好地识别财务风险，以便有效预防和控制。总体来说，财务风险产生的根本原因是财务活动本身及其环境的复杂性。

1. 外部环境

外部环境是指对企业财务活动发生作用的外部条件，是企业财务决策的外部约束因素，涉及范围很广，包括经济环境、政治环境、法律环境、社会文化环境、自然资源环境等，其中金融市场是影响最直接的环境，信息技术（大数据）是影响最深刻的环境。

2. 筹资决策

筹资决定资本结构，筹资决策失误会引发筹资风险，主要表现在：

（1）筹资规模不当

投资规模加大，筹资规模要相应加大，否则，可能会因筹资过少而坐失良好的投资机会甚至蒙受重大经济损失。反之，投资规模减小，筹资规模也要相应减小，否则，可能因筹资过多，且不能合理使用，造成资源闲置，增加资本成本。

（2）筹资来源和方式不当

负债比例增大，负债杠杆利益增大，负债风险也相应增大。此外，不能以低于收益率的成本筹资，引起筹资成本过高。

（3）筹资期限结构安排不当

企业大量举借短期负债，用于长期投资，那么，当短期负债到期时，由于投资回收期未到，可能会出现难以筹集到足够现金来偿还短期借款，从而引发财务风险。

3. 投资决策

投资决定资产结构，投资决策失误会引发投资风险，主要表现在：

（1）投资流动性不足

投资不能以适当价格迅速变为现金，就会引发流动性风险。

（2）投资盈利性不足

投资的盈利性是企业偿债的信用保障，也是企业可持续发展的根本基础。一般而言，盈利能力越强，企业财务基础越牢，筹资能力越强，企业发生财务风险的可能性越小。

（3）投资领域不合理

一般来说，高科技产业面临的财务风险要高于传统产业。投资领域如果集中在高科技产业，财务风险发生的可能性更高。

（4）投资管理

投资管理需要规范不同主体之间的责、权、利关系，解决监督、激励和风险分配等问题，将投资风险降低到最低程度。

（二）财务风险识别方法

财务风险识别方法的研究较多，研究时间也较长。总体而言，财务风险识别方法分为定性识别方法和定量识别方法。

1. 定性识别方法

定性识别方法主要是从定性概念来判断企业面临财务风险因素，该风险因素的结构及未来发展的性质。财务风险性质的识别矩阵，如表 7-3 所示。

表 7-3　财务风险的定性识别矩阵

风险程度		作用程度				
		影响轻微	影响较小	影响中等	影响较大	影响很大
发生概率	可能性很大（0.9 以上）	低	低	中	高	高
	可能性较大（0.6～0.9）	中	显著	显著	高	高
	可能性中等（0.5～0.6）	低	中	显著	高	高
	可能性较小（0.5～0.2）	低	低	中	显著	高
	可能性很小（0.2 以下）	低	低	中	显著	显著

前文已提到，财务危机分为潜伏期、发作期、恶化期和实现期四个阶段，每个阶段有不同的危机症状表现。通过分析危机症状，判断危机所处的阶段，就能采取有效措施，帮助企业摆脱财务困境，恢复财务正常运作。

2. 定量识别方法

定量识别方法包括统计类和非统计类，统计类方法主要有单变量分析和多变量分析；非统计类方法主要有模拟预测和行为反映，如表 7-4 所示。

表 7-4　财务风险的定量识别方法

一级分类	二级分类	三级分类
统计预测法	单变量分析	传统比率分析，系统比率分析，资产负债分解，赌徒理论
	多变量分析	回归分析，判别分析，逻辑概率分析，生存分析
非统计预测法	模拟预测	信用评级，递归划分算法，人工智能，神经网络
	行为反映	股价分析，实验，纯粹描述

三、财务风险度量

财务风险度量是在财务风险识别的基础上，通过大量搜集过去详尽的损失资料，运用概率论和数理统计，分析、估计和预测财务风险发生的概率和损失幅度，并据此确定财务风险的高低或可能造成损失的大小。

（一）财务风险分析

1. 杠杆分析

杠杆分析是指利用销售、资产回报、股权回报三个变量的相关性分析，一是研究在固定经营性成本（折旧）的作用下，销售（销售量、销售额、边际贡献）变动对资产回报（息税前盈余）的影响；二是研究在固定金融性成本（债务利息、优先股股息）的作用下，资产回报变动对股权回报（息税后盈余、普通股盈余、每股盈余）变动的影响。前者称为经营性杠杆，用来衡量经营性风险；后者称为金融性杠杆，用来衡量金融性风险。

2. 敏感性分析

敏感性分析是研究有关因素发生变化时对某一个（一组）关键指标影响程度的一种不确定分析技术，通常分为以下步骤：第一，确定敏感性分析指标。敏感性分析的对象是具体的技术方案及所反映的经济效益，如息税前盈余、投资回收期、净现值、内含报酬率等。第二，计算该技术方案的目标值。将正常状态下经济效益评价指标值，作为目标值。第三，选取不确定因素。进行敏感性分析时，并不需要将所有不确定因素都考虑进去，应视方案的具体情况选取几个变化可能性较大，并对经济效益目标值影响较大的因素，如产品售价变动、产量变动、投资额变化、建设期缩短、达产期延长等。第四，计算不确定因素变动时对分析指标的影响程度。若做单因素敏感性分析，则假定其它因素不变，依此类推，以此求出某个不确定因素对方案效益指标目标值的影响程度。第五，找出敏感因素，采取改进措施，提高技术方案的抗风险能力。

（二）财务风险度量模型

1. 马柯维茨（μ~σ）模型

马科维茨（Markowitz）的投资组合理论揭示了组合资产风险的决定因素，也得出了“资产的期望收益由其自身的风险的大小来决定”这一重大结论，即资产由其风险大小来定价，单一资产价格由其方差来决定，组合资产价格由其协方差来决定。这种风险定价思想在其创建的“均值～方差”（μ~σ）二维空间中投资机会集的有效边界上表现得最清楚。

马科维茨的风险定价思想模型具有开创意义，奠定了现代金融学、投资学、财务管理学的理论基础，只是这种理论的数学模型较为复杂，不便实际操作。

2. 哈洛 LPM 模型

哈洛（Harlow）的 LPM（Lower Partial Moments）模型是半方差方法的典型代表。用方差度量投资风险时，正、负离差数据对方差有同样的影响，但这不符合投资者的主观感受，因此，提出专注下方风险（Downside Risk）的概念，即实现的收益率低于期望收益率的风险，用收益分布的左尾部分来度量风险，以半方差（Semi-Variance）方法替代 Markowitz 模型的方差方法，更符合投资者对风险的真实感受。

3. VaR 模型

受险价值（Value at Risk，VaR）是目前最引人瞩目的风险管理方法，尤其是近年来，许多银行和法规制定者把这种方法作为全行业衡量风险的一种标准来看待。VaR 之所以有如此的吸引力，是因为它把银行的全部资产组合风险概括为一个简单的数字，并以美元作为计量单位来表示潜在亏损（风险管理的核心）。也即 VaR 要回答的是在概率给定情况下，银行投资组合价值在下一阶段最多可能损失多少，其特点主要有：一是简单明了表示市场风险大小，单位是美元或其他货币，没有任何技术色彩，没有任何专业背景的投资者和管理者都可以通过 VaR 值对金融风险进行评判；二是可以事前计算风险，不像以往的风险管理方法一般是在事后衡量风险大小；三是既能计算单个金融工具的风险，也能计算由多个金融工具组成的投资组合风险，这是传统金融风险管理所不能做到的。

四、财务风险防控

财务风险度量之后是财务风险防控，其目的是通过采取经济合理的防范和控制策略，规避或分散可能发生的损失，财务风险防控是财务风险管理的关键环节。

（一）财务风险防控工具

从动态角度，财务风险防控分为事前防控、事中防控和事后防控。按集中程度，财务风险防控分为集中防控、分散防控和集中防控与分散防控相结合。

1. 经营性防范工具

对经营性风险，使用的工具有四类：风险承担（自担和共担）或风险自留；风险回避或规避；风险转换；风险控制。

2. 金融性防范工具

对金融性风险，使用的工具有三类：风险转移（订合同，转让或转包、联合投资、多角化投资；买保险）；风险对冲；风险补偿（设立补偿基金和风险准备基金）。

（二）财务风险防控目标

在财务风险防控系统中，有什么目标，就要求与之相对应的财务风险防控体系。为此，首先要确定财务风险防控目标。

1. 损失发生前的财务风险防控目标

为了避免财务风险发生或可能造成的各种后果，在识别、度量财务风险的基础上，采取一切措施尽量防止财务风险发生或将财务风险控制在某一可接受的限度之内。

2. 损失发生后的财务风险防控目标

从风险与收益的权衡关系看，企业要实现期望的收益率水平，必然要承担一定的风险。也就是说，即便企业采取了一系列的财务风险防控措施，也要承担一定的财务风险。这些财务风险给企业可能带来风险收益，也可能带来风险损失。此时，企业应当采用适当的财务风险防控工具，力求将财务风险发生后的损失降低到最小。

需要指出的是，财务风险防控目标应当服从于财务目标。根据“财务风险是预期结果与实际结果的差异”这一概念可以推知，财务风险防控的最终目的是实现企业价值最大化。

第六节 财务竞争力评价

财务竞争力是企业竞争力的重要组成部分，与企业竞争力有着相似的特征。目前，国内外财务竞争力的理论研究滞后于实践发展。在大数据时代，如何科学地识别、评价和提升财务竞争力，成为亟待解决的重要课题。

一、财务竞争力特征

随着企业竞争力理论趋于成熟，研究重点转向企业各个职能含有的竞争优势，如采购、生产、销售、研发、财务等竞争优势，财务竞争力概念破土而出。

（一）财务竞争力特征与构成要素

剖析财务竞争力的具体特征，是识别财务竞争力的前提。通过分析财务竞争力的内涵，发现财务竞争力具有如下特征：

1. 价值性

财务竞争力的形成是一个持久发展过程。在财务战略的指导下，通过不断完善财务运行机制，合理配置财务资源，降低财务运行成本，提升财务运行效率，为财务价值创造建立可持续增长优势。

2. 动态性

财务竞争力的形成是一个动态发展过程。在激烈的市场竞争中，企业必须随着内部条件和外部环境的变化，不断调整财务战略和财务运行机制。只有这样，才能生存和发展。

3. 异质性

财务竞争力的形成基于企业特有的财务战略、财务资源、财务能力等，也是企业区别于其他企业的竞争优势。财务竞争力是企业文化、组织结构、管理机制等个性化的产物。

4. 系统性

企业特有的财务资源、财务战略、财务能力等，均不能独立形成财务竞争力，需要这些要素相互作用、相互补充和相互协调，才能使竞争优势最大化。

5. 独特性

各个企业由于主营业务、组织结构、盈利模式、发展战略、管理机制等不同，财务竞争力特点也不同。如生活消费品零售企业的应收账款可能较高，汽车制造企业的固定资产可能特别高，这一因素导致了财务竞争力的行业独特性。

6. 相对稳定性

财务竞争力通常以企业的财务战略为导向，受到财务战略的制约，而财务战略与其他职能战略一样，其制定和执行具有一定的惯性，使财务竞争力能够保持相对稳定。

（二）财务竞争力构成要素

迈克尔·波特（Porter，1990）的钻石模型认为产业和企业竞争优势的形成，会受到生产要素、需求条件、相关和支持性产业、企业战略、组织结构和同业竞争四个因素的最直接影响，也会受到机会和政府两个因素的间接影响。

1. 生产要素

生产要素是生产所需要的资源，分为基本要素和高级要素。基本要素是国家和产业具有的与生俱来的资源，如人口、土地、地理等；高级要素是通过不断投入和后天开发的资源，如知识、信息、技术等。在大数据时代，高级要素的重要性逐步上升。

2. 需求条件

需求条件主要是指本国的需求。国内消费者的成熟和挑剔，有助于本国企业形成国际竞争优势，而且任何一个产业的国内需求上升，会带来该产业的规模效应。

3. 相关和支持性产业

国内坐拥具有国际竞争优势的相关和支持性产业与供应商，为其取得国际竞争优势创造条件。相关和支持性产业投资形成的高级要素在不同产业之间流动，产生“溢出效应”。任何产业要形成竞争优势，不可能缺少国际顶尖的供应商和顾客以及上下游产业之间的相互配合。另外，国内有竞争力的产业也会带动与其相关的其他产业的竞争力。同时，只要上游产业具有国际竞争力，即使下游产业不在国际竞争之列，整个产业也会受益。

4. 企业战略、组织结构和同业竞争

国内的行业激烈竞争，可以激发企业的技术创新，推动企业的对外扩张，完善企业的发展战略，取得持久的国际竞争优势。同时，企业选择的竞争目标，与组织形式、产权结构、产业性质、外部环境都有关系。

5. 机会

机会包括产业政策变化、新发明、技术升级等。机会是双向的，可能使新的竞争者获得优势，也可能使原有竞争者失去优势，只有满足需求的企业，才能获得发展机会。

6. 政府

政府通过相关政策的制定，对上述四种直接因素产生影响，从而改变产业结构和竞争格局，对国家竞争优势的增强和削弱起到重要作用。

（三）财务竞争力与企业竞争力的依存关系

1. 财务竞争力与企业竞争力密不可分

企业财务活动由各项基本的生产管理活动构成，服务于企业一定时期的整体管理战略和具体管理目标，渗透于企业经营管理的各个流程和细节，而且企业的各个职能部门与财务部门在使用资金时会发生一定联系。

2. 财务竞争力是企业竞争力的特殊部分

企业竞争力由许多子系统构成，其中财务竞争力是一个重要组成部分。也即财务竞争力是企业竞争力表现出来的局部竞争力，具有特殊性。

3. 财务竞争力评价指标是企业竞争力评价的部分指标

现有的财务竞争力评价指标，以前基本上是用于企业竞争力评价的，如盈利能力、偿债能力、营运能力、成长能力等财务竞争力评价指标，经常作为企业竞争力的部分评价指标。

二、财务竞争力分析

通过分析钻石模型中六个要素带来的竞争优势，基于战略管理理论、资源配置理论与利益相关者理论三个财务竞争力理论，按照“竞争优势带来竞争力，财务竞争优势带来财务竞争力”的逻辑思路，将钻石模型中六个要素能够为产业带来的竞争优势归纳于为企业带来三个方面的财务竞争优势，从而推导出构成财务竞争力的三个核心要素是财务战略管理力、财务资源配置力和财务利益协调力，以此来分析和评价财务竞争力。如表 7-5 所示。

表 7-5　财务竞争力的构成

财务竞争力	财务竞争优势	产业竞争优势
财务战略管理力	财务战略管理优势	企业战略、组织结构和同业竞争
财务资源配置力	财务资源配置优势	生产要素
		机会
财务利益协调力	财务利益协调优势	需求条件
		相关和支持性产业
		政府

（一）财务战略管理力

财务战略管理力对应于钻石模型中的企业战略、组织结构和同业竞争一个要素。原因是企业的组织形式体现企业战略，组织结构建立的合理性影响企业竞争效率，从而对企业竞争优势和竞争力产生影响。财务战略从属于企业战略，财务组织形式体现企业的财务战略，财务组织制度的合理性也是财务战略管理能力的体现，必将对财务竞争效率产生影响。企业战略管理的主要目的是通过竞争提高企业对外部竞争环境的适应性，促进企业可持续发展。

财务战略管理对财务竞争力的形成与提高，具有长期的助推作用：第一，通过财务战略的制定和实施，提高了企业财务对外部环境的适应性，使企业获得竞争优势，提高财务竞争力。第二，财务战略作为一个系统工程，为企业财务活动明确了方向和目标，协调财务活动，有助于提高企业的协同发展效应。第三，财务战略是站在战略高度对企业整体财务活动进行长远性全局性规划，注重眼前利益和长远利益相结合，有利于企业保持持久的财务竞争力。

（二）财务资源配置力

财务资源配置力对应于钻石模型中的生产要素和机会两个要素。其内在联系在：生产要素是企业生产经营所需要的资源条件，包括企业拥有的有形和无形资源。企业生产经营是通过可控资源的配置实现的，而财务活动就是财务资源配置。机会在企业生产经营过程中以不同的形式出现，如产业升级、政府宏观调控等，机会是具有时间性的有利环境，从而也是财务活动可以利用的有利条件，充分利用机会，可以提高整体的财务资源配置能力。

财务资源配置对财务竞争力的形成与提高，具有重要的支撑作用。第一，财务资源的持续增长是财务竞争优势持续取得的源泉，是财务竞争力不断提升的基础。第二，企业要整合现有财务资源，将一切可控财务资源的配置力发挥到最大。第三，企业应当加大智力资本、知识资本、信息资本等高级要素的进一步投资，因为这些异质性资源是其他企业不可模仿和复制的外在诱因，也是形成财务资源不断增长的内在动因。第四，财务资源的有限性决定了其配置效率必须提高，只有这样，才能通过有限的财务资源不断地获取新资源，从而实现财务资源的快速增长，获得更大的财务竞争优势和更强的财务竞争力。

（三）财务利益协调力

财务利益协调力对应于钻石模型中的需求条件、相关和支持性产业与政府三个要素。三者都是企业的利益攸关人。需求条件对应的是客户需求，对应于企业的下游企业。客户的需求对企业生产经营不断产生影响，客户往往希望通过拖延付款、增大购买折扣等获得更高的财务利益，从而影响企业正常的财务管理秩序。因此，如何满足客户的要求，协调好与客户的财务利益关系，降低其对企业财务管理秩序的负面影响，提高财务竞争优势，提高财务竞争力。企业不可能全部包揽所有的生产经营环节，需要相关产业的支持与合作，应当协调好与上游供应商等相关产业和企业的关系，及时得到支持，通过科学合理的财务活动，争取自身财务利益，实现共赢，获得财务竞争优势，增强财务竞争力。政府是宏观经济调控者和市场环境监管者，其一举一动与企业的生产经营息息相关。在市场经济中，政府对经济环境起指导与调控作用，通过制定相关宏观经济政策、采取相关行政手段、颁布相关法律法规对产业和企业经营活动予以支持或限制，这就要求企业以财务管理活动为基础与政府进行协调，诚信经营，合法纳税，树立良好的企业形象，争取政策扶持，获得财务竞争优势，增强财务竞争力。

财务利益协调对财务竞争力的形成与提高，具有极大的促进作用。第一，协调与各个利益攸关人的经济关系，包括内部关系和外部关系。内部关系是指企业与股东、管理层、员工等之间的关系；外部关系是指企业与上下游企业、债权人、政府、社会团体等之间的关系。第二，企业不同的利益攸关人尽管存在不同形式的诉求，但最终的落脚点是财务利益。企业有限的财务资源不可能同时满足所有利益攸关人的诉求，各个利益攸关人之间必然会产生利益冲突，如何协调好各利益攸关人的关系，直接影响企业的生存和发展。第三，建立良好的利益攸关人关系，有助于企业获得利益攸关人的信任，为企业建立良好的财务信息管道。

第七节　财务可持续性评价

财务可持续性也称可持续性财务，主要包括财务手段（选择和控制）、财务行为（投资和筹资）、财务人格（能力和绩效）、财务资源（关系和信息）的可持续性，集中体现在企业与人、企业与社会、企业与环境之间的财务关系上。

一、财务可持续性的依据和目标

在追求可持续发展过程中，企业不能以牺牲长远利益来换取眼前利益，经营规模扩张要充分考虑近期的财务能力、市场份额和技术进步等，也要着力考虑未来的社会发展趋势、企业利益关系和盈利持续增长等，不断实现自我超越，从小到大，从弱到强，长盛不衰。

（一）可持续性财务的理论依据

在现有稀缺资源存量和增量约束条件下，企业通过不断优化财务活动和妥善处理财务关系，实现财务可持续增长，且这种增长对财务资源的耗用不会影响企业长远发展对财务资源的需求。如果外部市场容量允许企业高速增长，企业的技术、管理、人力也能跟上步伐，企业的资源需求就会增加，面临的风险也会增大，需要寻求一个可持续增长的平衡点。

1. 可持续发展理论

可持续发展理论重视经济的可持续发展，也关注经济、社会、文化、生态的协调发展，提倡自然环境的保护、社会资源的充分高效利用和绿色GDP，强调经济发展绝不能以牺牲环境和资源为代价，更不能牺牲下一代的利益。只有企业可持续发展有了保障，经济社会才能有序稳定快速发展。

2. 企业公民身份理论

企业公民身份理论突破了企业单一的经济型人格，认为企业不只是追求利润最大化的理性经济人，而是具有更多社会意识、承担更多社会责任的理性社会人、管理人、文化人等。如同居民（自然公民）一样，企业有权利也有义务参与社会事务管理，承担和履行社会义务和责任，如保护环境、节约资源、提供高质量产品等，不能为追求个人利益而置社会利益于不顾。

3. 利益攸关人理论

利益攸关人理论认为企业不能只为股东谋取价值最大化，也不能只是追求利润最大化，而要统筹和兼顾各利益攸关人的利益。企业的兴衰荣辱与其所处的环境有关，特别是与利益攸关人息息相关，既受到利益攸关人的影响，也影响利益攸关人的利益，互相依存，互相影响，相辅相成，相得益彰。

4. 企业社会责任理论

企业社会责任理论意味着企业不仅要关注自身的发展，而且要考虑其所在社区及地区的发展，为社区公众谋福利，为地区发展做贡献，为社会福祉添砖瓦。

（二）可持续性财务目标

可持续性财务目标比传统财务目标要关注的问题更多。

1. 确立可持续性财务目标应注意的问题

与传统财务目标相比，可持续性财务目标至少要强调三个兼顾。

（1）兼顾长远经济绩效与当前经济绩效

强调企业要立足当前，面向未来，将长远利益与当前利益统一起来。一方面，当前经济绩效计划要兼顾长期经济绩效，在着力提升当前经济绩效的基础上，兼顾一些新产品、新技术、新服务项目的研究开发，培育新的经济绩效增长点，同时考虑广告投入，提升行业形象，增加市场占有率，为企业长远发展做准备。另一方面，长期经济绩效不能以牺牲当前经济绩效为代价，长期经济绩效目标的确定要力所能及，切实可行，否则，就会缺乏现实基础。

（2）兼顾经济绩效与环境绩效

经济绩效与环境绩效都与企业可持续发展息息相关。企业发展要以环境和资源为基础，只能在环境和资源的承受范围之内。环境为企业发展提供所必需的资源，并容纳所产生的废料，如果企业一味追求经济绩效，对环境无节制地开采，造成环境污染和能源枯竭，会反过来影响经济绩效。追求环境绩效，在避免政府环保惩罚的同时，能够树立良好的市场形象，吸引广大投资者纷纷入盟企业，提高企业可持续筹资能力。

（3）兼顾股东利益与其他利益攸关人利益

企业是多个利益主体共同参与的契约联合体，各签约主体的目标有所不同，过分强调一方的利益，就会损害其他各方的利益，可持续性财务就不可能发展。企业利益关系大体包括三类：一是与人的关系，包括与股东、债权人、政府、社区、供应商、顾客、合作伙伴、竞争对手等；二是与社会的关系，包括职工劳动权、企业产品责任等；三是与环境的关系，包括“三废”排放。能否处理好这些利益关系，是机会，也是挑战。

2. 可持续性财务目标函数

利益攸关人效用约束下财务价值最大化是可持续性财务目标。该目标函数保持了财务价值最大化的根本特征，也运用了利益攸关人理论的精髓，将长期价值最大化作为企业财务目标，并将注意力集中在如何权衡和分配企业所有利益攸关人的利益。

二、财务可持续性分析

可持续性财务目标是在利益攸关人价值约束下的企业价值最大化，利益关系处理是否得当，影响财务目标的实现。

（一）财务可持续增长模型

可持续增长（Sustainable Growth）是指在经济发展与生态环境系统相协调相适应，实现整个社会的良性循环发展模式。

当市场环境不变时，企业增长的主要动力是投入资金的增加、管理效率的提高和财务政策的改变。投入资金的增加主要表现在留存收益、增发债券和增发股票等。管理效率的提高主要表现在各种成本费用的降低、盈利能力的提高和资金利用率的提高等。财务政策的改变主要表现在分配政策的改变、资本结构的改变和财务杠杆的改变等。

通过改变企业增长的动力因素，能够促进企业短期快速增长，但很难保证长期可持续增长，这要求企业高度重视可持续性增长。

1. 希金斯的财务可持续增长模型

国外财务学界有两类著名的可持续增长模型：一类是基于会计口径提出的；一类是基于现金流量口径提出的。罗伯特·希金斯（Robert C.Higgins）的可持续增长模型，揭示了企业增长的实质和途径，认为企业的可持续增长率（Sustainable Growth Rate）是指在不需要耗尽财务资源的条件下，企业销售所能够增长的最大比率，其推导的起点是股权增长率，所确定的可持续增长率是企业资源所能支持的最大增长率。若企业的实际增长率超过可持续增长率，则说明增长过快，企业有追加资源的内在需求；反之，则说明增长过慢，企业存在资金闲置情况。

假设基期负债为 B_1，股权为 E_1；计划期负债为 B_2，在销售净利率和留存收益率不变的情况下的股权为 E_2；产权比率 C 和资产周转率 D 保持不变。则有

$$\text{基期收入} \div \text{基期资产} = D$$

$$\text{基期收入} = \text{基期资产} \times D = (B_1 + E_1) \times D$$

$$\text{计划期收入} \div \text{计划期资产} = D$$

$$\text{计划期收入} = \text{计划期资产} \times D = (B_2 + E_2) \times D$$

设股权增长率为 H，则 $H = (E_2 - E_1) / E_1$，即：

$$E_2 = E_1 \times (1 + H)$$

因产权比率不变，故有

$$C = B_1 / E_1 = B_2 / E_2$$

$$B_2 = B_1 E_2 / E_1 = B_1 \times E_1 \times (1 + H) / E_1 = B_1 \times (1 + H)$$

此时，

$$\text{销售增长} = (\text{计划期收入} - \text{基期收入}) / \text{基期收入}$$

$$G = \left[(B_2 + E_2) \times D - (B_1 + E_1) \times D \right] / (B_1 + E_1) \times D$$

$$G = \left[(B_2 + E_2) - (B_1 + E_1) \right] / (B_1 + E_1)$$

$$G = \frac{\left[B_1 \times (1 + H) + E_1 \times (1 + H) - (B_1 + E_1) \right]}{B_1 + E_1} = H$$

可见，在满足上述条件下，销售增长率与股权增长率是一致的。可持续增长率（Sustainable Growth Rate，SGR）的计算公式为：

$$\text{SGR} = \text{本期股权变动} \div \text{期初股权}$$

式中的股权变动值为期末股权与期初股权的差额，在企业不发售新股的条件下，恰好等于留存收益。上式经过变换，可以写成：

$$\text{SGR} = \text{销售净利率} \times \text{资产周转率} \times \text{留存收益率} \times \text{资产股权率}$$

该模型将股权和负债通过资本结构连接起来，将企业财务管理情况通过四个财务比率综合反映出来，使模型因素之间的关系更加清晰。

2. 范霍恩的财务可持续增长模型

范霍恩的可持续增长模型分别研究了发行新股和不发行新股两种情况，构建了可持续增长的稳态均衡模型和动态均衡模型，其推导的起点是销售额增长率。其中稳态均衡模型与希金斯的可持续增长模型在理论逻辑上基本一致。

3. 可持续增长率与经营业绩

根据SGR＝销售净利率×资产周转率×留存收益率×资产股权率，可持续增长率由多个因素决定。其中销售净利率与资产周转率的乘积是资产收益率，反映企业资产利用的综合效果，代表企业的经营业绩，其中销售净利率体现盈利能力，资产周转率体现营运能力。

（1）销售净利率。销售净利率是企业净利润与销售收入之比，反映企业的盈利能力，被广泛采用评估企业运营效率的比率。产业的特点、结构和性质，会影响企业的销售净利率。处于新兴产业的企业，由于市场需求增长较快，盈利能力强，销售净利率趋高；处于成熟期产业的企业，由于市场需求增长速度变缓，市场竞争激烈，回报率处于平均线上，销售净利率增长平稳；处于衰退期产业的企业，被新兴产业替代，发展变得缓慢，销售净利率会有所下降。

商品的销售价格、销售成本、销售结构和市场环境，也会影响企业的销售净利率。销售净利率主要取决于营业收入、营业成本和其他费用的高低，可以进一步分解为

$$\text{销售净利率}=\frac{\text{营业收入}-\text{营业成本}-\text{管理和营业费用}-\text{利息}-\text{所得税}}{\text{营业收入}}$$

当由资产规模与资产周转率共同决定的销售规模一定时，销售净利率的高低主要受成本费用大小的影响。所以，降低企业的成本费用，是提高销售净利率的基本途径。当然，销售净利率不会无限度的提高，依靠提高销售净利率来维持企业发展是有一定限度的。

销售净利率是盈利能力提高的关键因素。若其他条件不变，销售净利率增长，因销售增长而产生的企业净利润就会增长，通过净利润提取的留存收益就会增长，企业的可持续增长率就会增大；反之则相反。

（2）资产周转率。资产周转率也称资产周转速度或者资产周转次数，是衡量企业资产实现销售收入的综合能力。资产周转率进一步分解为流动资产周转率和固定资产周转率。流动资产周转率是销售收入和流动资产之比，一年中流动资产周转次数越多，说明周转速度越快，变现能力越强，偿债能力越大。固定资产周

转率是销售收入与固定资产之比，反映销售收入与固定资产产出能力之间的关系。在销售收入不变的情况下，降低固定资产，特别是非生产用固定资产，或者在固定资产一定的情况下，增加销售收入，加快固定资产周转速度。

挖掘资产周转速度潜力是有一定限度的。资产周转速度低于产业平均水平的企业，提速潜力较大；资产周转速度高于产业平均水平的企业，提速潜力相对较小。由于企业竞争的需要，会有大量应收账款，资产周转率会受到较大影响。在一定条件下，通过提高资产周转率来达到提高企业发展速度是可行的，虽然在特定条件下可能会受限制。因此，企业要联系销售收入分析资产结构及资产利用的合理性，并进一步分析资产周转率的影响因素。

总体来说，资产周转率越高，企业利润积累速度越快，股权增加越多，可持续增长率相应越大；反之，资产周转率越低，可持续增长率相应越小。

4. 可持续增长率与财务政策

根据SGR＝销售净利率×资产周转率×留存收益率×资产股权率，在四个因素中，留存收益率与资产股权率的高低，概括了企业在经营中采取的财务政策，其中留存收益率表明管理层对股利分配的态度，资产股权率反映企业财务杠杆的政策。

（1）留存收益率。留存收益率是留存收益与息税后利润的比例，反映了企业利润分配政策。留存收益是企业在生产经营过程中形成的股东权益，企业可以加以利用进行扩大再生产，包括法定盈余公积、任意盈余公积和未分配利润。留存收益增加，既可以减少负债筹资，又可以维持原股东对公司的控制权，增强抵御风险的能力。但是，大幅提高留存收益率，会降低股东的投资回报。因此，要兼顾公司发展和股东利益，制定适当的股利分配和留存比例。

在其他因素不变的情况下，留存收益率越高，企业可持续增长率越大；反之则反之。

（2）资产股权率。资产股权率也称股权乘数，是反映企业负债程度和财务结构的财务指标，计算式为

$$资产股权率=(1+产权比率)$$

产权比率越高，股权乘数越大，利用留存收益筹集的债务资本越大，相应支持销售增长的水平越高。但是，当资产负债率为100%时，股权乘数趋于无穷大，企业面临破产的可能性。所以，在保证债务偿还的前提下，要将产权比率提高到最大。

在其他因素不变的情况下，股权乘数越高，企业可持续增长率越大。反之则反之。

（二）财务可持续增长的影响因素

在激烈的市场竞争环境中，生存和发展对企业至关重要。许多经理人将可持续增长视为企业重要的财务目标，但实现企业的可持续增长并非易事，会受到许多因素的影响。

1. 影响财务可持续增长的内部因素

（1）盈利能力。盈利能力是指企业用各项资产获取利润的能力，体现了经营业绩和管理效率。盈利能力是企业所有利益攸关人（投资者、债权人等）共同关心的焦点，通过对企业过去和现在的盈利能力信息进行分析，以可持续增长能力进行决策。

（2）偿债能力。偿债能力是指企业用各项资产偿还债务（长期债务和短期债务）的能力，主要取决于两个方面：一是能够转换为偿债资产的数量，数量越大，偿债能力越强；二是资产变现的速度，速度越快，偿债能力越强。偿债能力提高，会增强投资者信心，有利于企业可持续增长。

（3）营运能力。营运能力是指企业各项资产利用程度的能力，可以通过资产周转速度的指标反映资产利用效率。资产周转速度越快，资产利用效率越高，企业营运能力越强。企业只有在强大营运能力的支撑下，才能进行规模化的扩张和集约化的改进，实现可持续增长。

（4）成长能力。成长能力是指企业收入、利润、资产、净资产的增长能力。依据企业生命周期理论，每个企业都会经历创业期、成长期、成熟期和衰退期，需要不断提高自身的增长能力。企业的增长能力体现了企业当前的发展实力和未来的发展潜力，有利于可持续增长。

2. 影响财务可持续发展的外部因素

影响财务可持续发展的根本外部因素是信息技术。与专门技术不同，信息技术是一种典型的通用性、渗透性技术，能产生较强的关联性和带动性，使传统工业、农业和服务业的生产组织形态发生改变，能够不断迸发新的经济增长点。信息技术与传统产业结合衍生新的产业形态，使经济增长的质量和效益能够得到有效提高。

有了信息技术，其他的外部环境有了根本性的变化，会影响财务可持续性。

（1）科学技术的突破。科学技术发展历史表明，从科学发现到技术创新再到实现产业化往往需要很长时间。与以往相比，随着信息技术的广泛应用，使软件开发与硬件制造的对接、服务管理与物质生产的互动、虚拟经济与实体经济的结合更加紧密，成为社会发展的强大推动力。新材料、新能源、航空航天等工程技术的进步，提高了人们保护、理解、改造和适应自然的能力。

（2）生产和生活方式的改变。技术革命总是对人类生产和生活方式产生深刻影响。信息技术的应用，使传统的通信手段、交通工具取得了突破，使交流和沟通空间得到了拓展，能够随时随地灵活安排、有机整合劳动者、劳动工具和劳动对象，变革生产模式。

（3）全球化趋势的加快。当今我国信息技术产业不断面向国内外市场，在更广领域、更高层次、更多区域参与国际交流合作，在全球范围内合理配置并有效利用资源，全方位加强经济技术交流合作。

参考文献

安瑛晖，张维．期权博弈理论的方法模型分析与发展[J]．管理科学学报，2001（1）：38-44．

蔡童秋，何宗祥．企业财务数据的决策模型分析[J]．安徽师范大学学报（自然科学版），2015，38（5）：432-436．

陈秀霞．财务管理[M]．重庆：重庆大学出版社，2013．

陈艺云．基于信息披露文本的上市公司财务困境预测：以中文年报管理层讨论与分析为样本的研究[J]．中国管理科学，2019，27（7）：23-34．

陈志斌．现代企业战略现金流管理三维均衡[J]．管理世界，2006（3）：144-145．

程平，王晓江．大数据、云会计时代的企业财务决策研究[J]．会计之友，2015（2）：134-136．

戴亦一，潘越，刘思超．媒体监督、政府干预与公司治理——来自中国上市公司财务重述视角的证据[J]．世界经济，2011（11）：121-144．

邓丽曲，高绍福．重构民营企业财务决策体系——引入基于价值链的管理会计报告[J]．商业会计，2018（22）：63-66．

杜志平，张盟．跨境电商物流企业绩效评价[J]．统计与决策，2020（21）：181-184．

范亚东，张琦，闫雨．基于强度维度的高管激励与企业价值——高管特征的调节效应[J]．企业经济，2016（12）：72-79．

宫娟．战略导向企业全面预算管理模式研究[D]．厦门：厦门大学，2009．

郭素勤．企业财务决策模型构建及启示[J]．统计与决策，2012（18）：180-182．

郭晓威．基于企业可持续增长的财务战略选择研究[D]．天津：天津大学，2010．

郭远．民营上市公司财务监督问题——兼评《上市公司治理准则》《证券法》的相关修订[J]．财经法学，2020（2）：43-53．

郭仲伟．风险分析与决策[M]．北京：机械工业出版社，1987．

韩林静．金融发展与企业财务战略的选择[J]．财会之友，2014（1）：39-43．

何保国．全面预算视角下的中小企业“业财融合”应用研究[J]．中国注册会计师，2019（7）：104-108．

贺正楚，黄颖琪，潘红玉，等．高端装备制造企业财务竞争力的评价及测度[J]．财经理论与实践，2016，37（4）：124-129．

胡援成，樊嫱．家族因素、高管激励与企业绩效——基于我国家族类上市公司的经验数据[J]．金融与经济，2017（5）：55-61．

黄锦亮，白帆．论财务风险管理的基本框架[J]．财会研究，2004（6）：35-37．

纪连贵．论企业财务风险的构成与成因[J]．河北经贸大学学报，1998（1）：89-91．

姜旭，胡雪芹．基于组合赋权模型的物流企业绩效评价指标体系构建研究[J]．管理评论，2020，32（8）：304-313．

卡尔·冯·克劳塞维茨．战争论[M]．北京：解放军出版社，2005．

李秉成，王秋艳，凌暄．企业财务五状态预测模型研究——《五状态财务困境预测模型》导读[J]．财会通讯，2020（3）：10-12．

李博，刘琳．企业价值创造与财务预算融合性研究[J]．财会月刊，2013（9）：76-77．

李常青，赖建清．董事会特征影响公司绩效吗[J]．金融研究，2004（5）：64-77．

李西军．推行全面预算管理，提高企业核心竞争力[J]．会计之友，2003（5）：26-28．

李心合．儒家伦理与现代企业理财[J]．会计研究，2001（6）：26-32．

李银香，刘汉武．高管激励、研发投入与企业价值[J]．财会月刊，2018（15）：59-64．

李兆杰，现代企业全面预算管理理论与实务研究[D]．郑州：郑州大学，2007．

刘春岩．财务预算管理在企业中的作用[J]．财务管理，2011（18）：39-40，43．

刘恩禄，汤谷良．论财务风险管理[J]．北京商学院学报，1989（1）：50-54．

刘启胜，刘跃．我国上市公司独立董事制度有效性的实证分析[J]．统计与决策，2003（11）：30-32．

迈克尔·波特．竞争三部曲[M]．北京：中信出版社，2012．

迈克尔·波特．竞争优势[M]．北京：华夏出版社，1997．

尼古莱·丁·福斯，克里斯第安·克努森．企业万能：面向企业能力理论[M]．大连：东北财经大学出版社，1998．

彭正辉．企业业务流程再造中的全面预算管理[J]．企业经济，2008（4）：29-32．

怯来法．现代公司理财与财务风险研究[D]．北京：国家图书馆，1995．
任广乾．企业财务危机的董事会决策行为因素及其预警[J]．中南财经政法大学学报，2018（6）：52-61．
任海芝，赵玉鑫．基于真实企业价值视角的上市公司高管激励模式研究[J]．辽宁工程技术大学学报（社会科学版），2019，21（3）：184-193．
斯蒂芬・罗宾斯，玛丽・库尔特．管理学[M]．4 版．北京：中国人民大学出版社，1988：153-155．
唐恒书，罗祖敏．基于模糊层次综合评价方法的企业财务困境成本评价[J]．技术与创新管理，2013，34（3）：236-239．
涂剑文，战略导向下的企业预算管理探讨[D]．上海：上海交通大学，2008．
王洪洲．生产型企业财务预算指标体系的探讨[J]．生产力研究，2012（10）：237-238．
王琦琪．低碳经济下电力企业财务绩效评价体系构建[J]．中国农业会计，2020（1）：38-40．
魏春奇．构建以战略为导向的全面预算管理制度[J]．会计之友，2007（28）：10-11．
魏宏．企业财务风险评价体系研究[J]．经济研究导刊，2017（1）：78-79．
魏文雪．高管激励与企业价值关系的实证研究[J]．西安工业大学学报，2017，31（1）：49-54．
吴淑琨．基于股权结构的董事会独立性与公司绩效的实证研究[J]．西安交通大学学报（社会科学版），2004（1）：17-24．
伍中信．现代企业财务治理结构论：以财权为基础的财务理论研究[M]．北京：中国财政经济出版社，2010．
武淑琴，李灵珊，陶宏娟．参数检验在企业财务预算编制中的应用[J]．统计与决策，2020，36（15）：185-188．
席酉民，肖宏文，王洪淘．和谐管理理论的提出及其原理的新发展[J]．管理学报，2005，2（1）：23-32．
谢志华．出资者财务监督与经营者资产控制（上）[J]．财务与会计，2016（21）：72-74．
谢志华．出资者财务监督与经营者资产控制（下）[J]．财务与会计，2016（22）：72-75．
徐飞．战略管理[M]．4 版．北京：中国人民大学出版社，2019．
徐彦辉，谢会丽．高管激励与上市公司绩效相关性研究[J]．生产力研究，2015（8）：135-138．
杨茜．企业财务风险评价体系建设研究[J]．金融经济，2019（18）：200-201．
杨青龙，田晓春，胡佩媛．基于 LASSO 方法的企业财务困境预测[J]．统计与决策，2016（23）：170-173．
杨有红．疫情之下企业战略调整及财务战略协同[J]．财务研究，2020（4）：11-17．
伊迪丝・彭罗斯．企业成长理论[M]．赵晓，译．上海：上海人民出版社，2007．
易鸣．轻资产运营模式下 B 企业财务绩效评价研究[D]．秦皇岛：燕山大学，2020．
尹美群，盛磊，李文博．高管激励、创新投入与公司绩效——基于内生性视角的分行业实证研究[J]．南开管理评论，2018，21（1）：109-117．
于川，潘振锋．风险经济学导论[M]．北京：中国铁道出版社，1994．
余浪，赵露，李秉成．财务比率还能有效预测企业失败吗？——《财务比率预测企业破产能力的证据》导读[J]．财会通讯，2020（19）：9-12．
余廉，胡华夏，王超．企业预警管理实务[M]．石家庄：河北科学技术出版社，1999．
余明桂，夏新平，邹振松．管理者过度自信与企业激进负债行为[J]．管理世界，2006（8）：104-112，125，172．
袁萍，刘士余，高峰．关于中国上市公司董事会、监事会与公司业绩的研究[J]．金融研究，2006（6）：23-32．
张朝辉．媒体监督、财力重述与公司治理——来自创业板的经验数据[J]．财会月刊，2016（17）：22-26．
张纯．现代企业财务战略下的预测机制研究——战略、预测、绩效的互动[J]．会计研究，2005（8）：77-81．
张红云．基于大数据的企业财务决策研究[J]．经营与管理，2020（3）：69-71．
张杰．基于全面财务预算的企业财务内控体系构建[J]．中国集体经济，2019（27）：46-47．
张峻华，刘情，刘好恝．高管激励机制与企业绩效相关性研究——基于主板、创业板上市公司的对比分析[J]．上海管理科学，2014，36（5）：68-75．
张文成．墨菲定律[M]．苏州：古吴轩出版社，2019．
张曦臻．电商企业多元化战略的财务决策分析——以京东为例[D]．昆明：云南财经大学，2018．
张先治．完善财会信息披露是强化财会监督的根本[J]．财务与会计，2020（14）：4-6．
张新民．企业财务战略研究——财务质量分析视角[M]．北京：对外经济贸易大学出版社，2007．
张雅薇，白雪梅．中小企业财务战略选择——来自制造行业的经验分析[J]．合作经济与科技，2014（4）：80-81．
张延波，彭淑雄．财务风险监测与危机预警[J]．北京工商大学学报（社会科学版），2002（5）：57-60．
张照南，王裕，姜越群．监督还是干扰：中小股东积极主义与企业财务风险[J]．财务研究，2020，32（2）：71-83．
赵宝福，王辛平．基于直觉时间模糊序列的上市公司财务风险预测研究[J]．辽宁工程技术大学学报，2020，2（1）：

17-23.

赵红瑞．高新技术企业财务风险评价研究——基于熵权 TOPSIS 视角[J]．当代会计，2020（5 上）：130-132.

赵益菲，赵一诚．企业社会责任履行视角下现代企业财务战略研究[J]．当代会计，2020（16）：1-2.

郑广念，车丽萍．科技企业高管激励、企业创新和企业价值研究[J]．改革与开放，2020（17）：102-108.

郑治平．基于模式识别的企业财务风险预测方法[J]．商业会计，2018（6）：25-28.

周建华．基于全面财务预算的企业财务控制体系研究——以 PZ 公司为例[D]．兰州：兰州交通大学，2016.

周祈燕．战略新兴企业财务战略选择与实施[J]．财会通讯，2015（20）：67-69.

周首华，杨济华，王平．论财务危机的预警分析——F 分数模式[J]．会计研究，1996，（8）：8-11.

周正．政府绩效考核导向下国有企业高管薪酬激励及财务监督效应研究[J]．求是学刊，2017，44（4）：47-54.

AGRAWAL A, KNOEBER C. Firm performance and mechanisms to control agency problems between managers and shareholders[J]. Journal of Financial and Quantitative Analysis, 1996(31): 377-397.

Allen F, Qian J, Qian M. Law, finance and economic growth in China[J]. Journal of Financial Economics, 2005(77): 57-116.

Altman Edward I. The prediction of corporate bankruptcy: A discriminant analysis[J]. Journal of Finance, 1968, 23(1): 193-194.

Baker M, Wurgler J. Market timing and capital structure[J]. Journal of Finance, 2002(57): 1-32.

Barber B M, Odean T. Boys will be boys: Gender, overconfidence,and common stock investment[J]. Quarterly Journal of Economics, 2001(116): 261-292.

Ben-David I, Graham J R, Harvey C R. Managerial overconfidence and corporate policies[J]. Nber Working Papers, 2007: 1-57.

Brown, Rayna, Sarma, Neal. CEO overconfidence, CEO dominance and corporate acquisitions[J]. Journal of Economics and Business. 2007, 59, (5): 358-379.

Camerer C, Lovallo D. Overconfidence and excess entry: An experimental approach[J]. American Economic Review, 1999, 89(1): 306-318.

Chandler A D. Organizational capabilities and the economic history of the industrial enterprise[J]. The Journal of Economic Perspectives, 1992(3): 79-100.

Chris Charalambous, Spiros H Martzoukos, Zenon Taoushianis. Predicting corporate bankruptcy using the framework of Leland-Toft[J]. Evidence from U.S, 2020, 20(2): 329-346.

Coase R H .The Nature of the Firm[J]. Economica, 1937, 4(16): 386-405.

Cochran P L, Wood R A, Jones T B. The composition of boards of directors and incidence of golden parachutes[J]. The Academy of Management Journal. 1985, 28(3).

Fairehild. Managerial overconfidence, agency problems, financing decisions and firm performance[D]. Working Paper, 2007.

Fauzi R. Rahim, Muhammad Ali, Syamsu Alam, et al. The Evaluation model of financial decision-making companies of state-owned companies, foreign companies and private companies[J]. Journal of Global Economy, Business and Finance, 2020, 2(4).

Forbes D P. Managerial determinants of decision speed in new ventures[J]. Southern Medical Journal, 2005, 26: 355-366.

Fosberg R, Outside directors and managerial monitoring[J].Akorn Business and Economic Review, 1989(20): 24-32.

Fraser S, Greene F J. The effects of experience on entrepreneurial optimism and uncertainty[J]. Economica, 2006, 73(290): 169-192.

Galasso A, Simcoe T S. CEO overconfidence and innovation[J]. Management Science, 2011, 57(8): 1469-1484.

Gervais, Heaton, Odean. Overconfidence, investment policy and executive stock options[R]. Working paper, University of Pennsylvania, 2003.

Graham J, Harvey C. How do CFOs make capital budgeting and capital structure decisions?[J]. Journal of Applied Corporate Finance, 2002, 15(1): 8-23.

Hackbarth D. Determinants of corporate borrowing: A behavioral perspective[J]. Journal of Corporate Finance, 2009, 15(4): 389-411.

Hackbarth D. Managerial traits and capital structure decisions[J]. Journal of Financial and Quantitative Analysis, 2008,

43(4): 843-881.

HAYWARD M, HAMBRICK D. Explaining the premiums paid for large acquisitions: Evidence of CEO hubris[J]. Administrative Science Quarterly, 1997, 42: 103-127.

HEALY P M, WAHLEN J M. A Review of the earnings management literature and its implications for standard setting[J]. Accounting Horizons, 1999, 13(4) .

HERMALIN B E, WEISBACH M S. Endogenously chosen boards of directors and their Monitoring of the CEO[J]. Social Science Electronic Publishing, 1996, 88(1): 96-118.

JENSEN M C, W H MECKLING. Theory of the firm: Managerial behavior, agency costs and ownership structure[J]. Journal of Financial Economics, 1976(3): 305-360.

JENSEN M, MECKLING W. Theory of the firm: Managerial behavior, agency costs, and ownership structure[J]. Journal of Financial Economics, 1976(3): 305-360.

JENSEN MICHAEL. Agency costs of free cash flow, corporate finance, and takeovers[J]. American Economic Review. 1986, 76(2): 323-329.

KAHNEMAN D, TVERSKY A. Prospect theory: An analysis of decision under risk[J]. Econometrica, 1979, 47(2): 263-292.

KRYLOV. Target financial forecasting as an instrument to improve company financial health[J]. Cogent Business & Management, 2018, 5(1).

LANDIER A, THESMAR D. Financial contracting with optimistic entrepreneurs theory and evidence[J]. Review of Financial Studies, 2009, 22(1): 117-150.

MALMENDIER U, TATE G. CEO Overconfidence and corporate investment[J]. Journal of Finance, 2005(60): 2661-2700.

MALMENDIER U, TATE G. Does overconfidence affect corporate investment? CEO overconfidence measures revisited[J]. European Financial Management, 2005, 11(5): 649-659.

MANUEL SIEGRIST, GARY BOWMAN, EVELYN MERVINE, et al. Embedding environment and sustainability into corporate financial decision-making[J]. Accounting & Finance, 2020, 60(1).

MOORE D A, KIM T G. Myopic social prediction and the solo comparison effect[J]. J Pers Soc Psychol, 2003, 85(6): 1121-1135.

OLIVER B R. The impact of management confidence on capital structure[D]. Working Paper, 2005.

OSKAMP, STUART. Overconfidence in case-study judgements[J]. Journal of Consulting Psychology,1965,29(3): 261-265.

OTTO C A .CEO optimism and incentive compensation[J]. Journal of Financial Economics, 2014, 114(2): 366-404.

RODNEY C Shrader, Mark Simon, et al. Financial forecasting and risky decisions: an experimental study grounded in Prospect theory[J]. International Entrepreneurship and Management Journal, 2020(prepublish).

ROSS B. Financial ratios and different failure processes[J]. Journal of Business Finance, 2000(3): 18-24.

SCHIPPER K. Earnings management[J]. Accounting Horizons, 1989, 3(4): 91.

SHIVDASANI A, YERMACK D. CEO involvement in the selection of new board members: An empiricalanalysis[J]. The Journal of Finance, 1999, 54(5): 1829-1853.

STARBUCK W H, Organizational growth and development[M]//Handbook of organizations. Skokie: Rand McNally, 1965.

STEFAN DIERKES, IMKE DE MAEYER. Valuation with mixed financing strategies[J]. Business Research, 2020(prepublish).

STEIN, JEREMY C. Rational capital budgeting in an irrational world[J]. Journal of Business, 1996(69): 429-455.

TADAAKI HOSAKA. Bankruptcy prediction using imaged financial ratios and convolutional neural networks[J]. Journal of Mathematics, 2018, 117(1).

THALER R H, JOHNSON E J. Gambling with the house money and trying to break even: the effects of prior outcomes on risky choice[J]. Management Science, 1990, 36: 643-660.

TOSI H L, CARROLL S J. Management, contingencies, structure and process[M]. Chicago: Clair Press, 1976: 25-41.

TREWATHA, NEWPORT. Management: functions and behavior[M]. Texas: Business Publications, 1979.